KB135840

인텔리제이, JPA, JUnit 테스트, 그레이들,
소셜 로그인, AWS 인프라로 무중단 배포까지

스프링 부트와
AWS로
혼자 구현하는
웹 서비스

인텔리제이, JPA, JUnit 테스트, 그레이들,
소셜 로그인, AWS 인프라로 무중단 배포까지
스프링 부트와 AWS로 혼자 구현하는 웹 서비스

초판 1쇄   2019년 11월 29일
    7쇄   2024년 1월 31일

지은이 이동욱
발행인 최홍석

발행처 (주)프리렉
출판신고 2000년 3월 7일   제 13-634호
주소 경기도 부천시 원미구 길주로 77번길 19 세진프라자 201호
전화 032-326-7282(代)   **팩스** 032-326-5866
URL www.freelec.co.kr

편집 고대광
표지 디자인 공간42
본문 디자인 박경옥

ISBN 978-89-6540-260-2

인텔리제이, JPA, JUnit 테스트, 그레이들,
소셜 로그인, AWS 인프라로 무중단 배포까지.

스프링 부트와
AWS로
혼자 구현하는
웹 서비스

이동욱 지음

프리렉

지은이의 글

　최근 입사한 신입 개발자와 이야기를 나누다 요즘 대학생과 취준생들은 어떤 언어와 프레임워크로 웹 개발을 하는지 물어보았습니다.

- PHP
- NodeJS와 Express 프레임워크
- Python과 Django 프레임워크
- Ruby와 Rails 프레임워크

　위 목록처럼 답변은 다양했습니다.

　필자가 놀라웠던 것은 누구도 **자바와 스프링 프레임워크**로 웹 개발을 하진 않는다는 것이었습니다.

　물론 국비학원을 통해 배운 개발자도 있었습니다.

　하지만 그런 개발자도 **본인이 만들고 싶은 것이 있을 때**는 **스크립트 언어들**을 선택했습니다.

　대표적으로 자바나 스프링을 사용하는 회사(네이버/카카오/라인/쿠팡/우아한형제들 등)로 취업 준비를 하는 예비개발자들도 파이썬 혹은 NodeJS로 포트폴리오를 작성하고 있다는 이야기도 들었습니다.

　그 이유가 궁금해서 물어보았습니다.

　답변은 하나같이 모두 스프링 프레임워크는 어렵고, 복잡하고, 거추장스럽다는 것이었습니다.

　필자는 이 생각이 과거에는 맞지만, 현재는 틀렸다고 생각합니다. 스프링 부트가 나오면서 더는 스프링으로 하는 웹 개발이 복잡하고 거추장스럽지 않습니다. 스프링 부트가 권장하는 방식을 사용하면 서버에 톰캣과 같은 웹 애플리케이션 서버를 설치할 필요도 없고 오로지 Jar 하나만 있으면 서비스를 운영할 수 있습니다. 거추장스럽던 수많은 설정이 자동화되어 비즈니스 로직에만 집중할 수 있습니다.

그렇다면 기존에 스프링 부트 자료가 많음에도 시작하는 예비개발자들의 선택을 받지 못한 이유는 무엇일까요? 필자의 생각은 만드는 **재미**보다는 개념 설명에 좀 더 집중했기 때문이라고 생각합니다. 반면에 스크립트 언어의 자료에는 만드는 **재미**가 있습니다. 그래서 이 책 역시 **만드는 재미에 집중**하고자 했습니다.

"이 책을 보고 나면 무엇을 만들 수 있나요?"라는 질문에서 집필을 시작했습니다.

이 책을 보고 나면 본인이 원하는 **소규모 웹 서비스**를 만들 수 있습니다. localhost:8080에서만 개발이 끝나는 것이 아니라, 실제 URL 주소를 가지고 CI/CD 환경을 갖춘 서비스를 만들 수 있습니다. 무료 서비스를 적극적으로 사용했기 때문에 무료로 서비스를 출시하고 운영해 볼 수 있습니다.

현재 국내에서 선망의 IT 회사(네이버, 카카오, 라인 등)라고 불리는 곳들의 대부분은 **자바와 스프링 프레임워크**를 사용합니다. 티몬과 쿠팡, 우아한형제들 등 스타트업으로 시작해서 이제는 국내에서도 손꼽히는 트래픽을 처리하는 서비스들 역시 서비스가 커지자 자바와 스프링 기반으로 전환했습니다. 아마 앞으로도 계속해서 자바와 스프링 개발자의 수요는 높을 것으로 생각합니다.

이런 상황에서 본인이 만들고 싶은 서비스를 쉽고 빠르게 만들면서 **원**

하는 **회사의 기술 스택과도 일치**한다면 얼마나 좋을까요? 이 책은 철저히 만드는 **재미**와 **포트폴리오**에 집중했습니다.

　본문에서 나오는 여러 개념은 **만드는 데 필요한 수준**에서만 이야기합니다. 그 이상의 깊은 내용은 해당 개념을 다루는 전문서적을 이용하면 됩니다. 이를테면 토비의 스프링이나 김영한 님의 JPA 책 등을 참고하면 좋습니다.

　아무쪼록 이 책이 스프링 부트로 진행하는 웹 개발의 재미를 느낄 수 있는 좋은 시작점이 될 수 있기를 희망합니다.

　끝으로 주말마다 책 쓴다는 이유로 카페에서만 만났던 아름이에게 미안한 마음을 전합니다. 이해해주지 못했다면 절대 책을 완성하지 못했을 것입니다.

　그리고 못난 아들을 항상 응원해주시는 어머니께 깊은 감사의 말씀을 전하고 싶습니다.

이동욱

추천사

장소현 | 카카오페이

책을 덮을 때쯤 이보다 빠르게 읽히면서 내용이 풍부한 책은 만나기 힘들다는 느낌을 받았습니다. 빠르면 3일 안에 독자의 1페이지 블로그를 완성할 수 있게끔 도와줍니다. 서비스 운영에서 중요한 실전 개념들을 모두 다루고 있으며, 독자가 자신의 프로젝트에 그러한 개념을 적용해 볼 수 있도록 안내하고 있습니다.

이 책은 저자가 독자들을 위해 준비한 특별한 '지름길'입니다. 저자는 많은 트래픽이 발생하는 서비스를 개발하고 있으며, 경험에서 얻은 지식을 오랫동안 블로그로 쉽게 전달하는 활동을 해왔습니다. 독자가 어느 것에 집중해야 하는지 저자는 정확하게 알고 있으며 이 책은 그런 저자의 노하우를 한 데 집약한 결과물입니다. 저자의 노하우를 단기간에 습득할 기회로 여기고 접근한다면, 독자는 이 책을 통해 충분히 또 다른 시작점을 마련할 수 있을 것입니다.

홍종완 | 우아한형제들

이 책의 가장 큰 장점은 스프링 부트, JPA, 스프링 시큐리티를 활용한 웹 애플리케이션 개발에서부터, 테스트, 빌드, 배포 자동화, 무중단 배포까지 웹 개발에 필요한 전반적인 사이클을 빠르게 경험할 수 있다는 점입니다.

또한, 지식을 일방적으로 전달하는 것이 아니라 독자에게 끊임없이 질문을 던지고 그에 대한 답변으로 구성된 전개 방식은 마치 선배 개발자가 후배 개발자에게 친절히 알려주고 있다는 느낌을 받았습니다.

웹 개발을 처음 시작하시는 분들이나, 전반적인 웹 프로세스를 빠르게 경험하고 싶은 개발자분들에게 이 책은 최고의 길잡이가 될 거라고 확신합니다.

백지한 | **쿠팡**

이직을 준비할 당시 회사에선 C/C++로 개발하고 있었지만, 가고 싶은 회사는 대부분 자바와 스프링 프레임워크 개발 경험이 필요했기에 저자의 블로그 "기억보단 기록을"을 처음 접하게 되었습니다. 이후엔 꿈꾸던 회사로 이직을 하게 되어 원하던 개발환경에서 개발을 즐기며 생활하고 있습니다.

이 책은 마치 게임 튜토리얼처럼 실습 위주로 되어 있고 하나씩 따라가다 보면 어렵지 않게 나만의 서비스를 직접 만들어 볼 수 있습니다. 깃허브에 이미 구현된 코드와 알아야 하는 개념들이 예시와 함께 자세히 설명되어 있어 글로만 설명하고 있는 블로그보다 훨씬 이해하기 쉽고 재미있게 따라 할 수 있습니다.

저처럼 스프링 프레임워크를 학습하거나, 서비스를 만들어보고 싶은데 어려움 때문에 시작이 망설여지는 분들에게 이 책은 굉장히 큰 도움이 될 것입니다. 새로운 언어나 프레임워크를 접할 때 자신감과 흥미가 가장 중요하다고 생각하는데, 단계별로 결과물이 개선되는 모습을 보면 이 두 가지를 느낄 수 있을 거라 자신합니다.

최유성 | **우아한형제들**

스프링을 다루는 책들은 이미 많습니다. 하지만 스프링을 통해 무언가를 만드는 재미를 주는 책은 거의 없습니다. 이 책은 저자와 함께 하나의 프로젝트를 같이 만들어 나갑니다. 웹 서비스에 꼭 들어가야 하는 주요기능들을 스프링 부트를 통해 구현합니다.

스프링 부트로 만드는 재미를 주는 것과 동시에 초심자들이 꼭 알아야 하는 스프링의 핵심내용들을 쉽게 설명하고 있어 스프링에 대한 기본기를 쌓을 수 있습니다. 스프링이 접근하기 어렵고 딱딱하다고 느껴 입문하기 망설이는 분들이 계신다면 이 책을 차근차근 따라 해보며 만드는 재미를 얻을 수 있을 것입니다.

들어가며

이 책의 대상 독자

이 책은 스프링 부트를 이용해 혼자서 서비스를 구축해 보고 싶은 분들을 대상으로 합니다. 전공 과제, 졸업 작품, 취업 포트폴리오 등을 만들고 싶은 학생분들이나, 스프링을 사용하고 있지만 실제로 서비스 구축 경험은 없는 주니어 개발자분들 모두를 대상으로 합니다.

특히나 클라우드에서의 애플리케이션 개발 경험이 없는 분들에겐 애플리케이션 개발에서부터 클라우드 서비스 환경까지 적절하게 경험해볼 수 있습니다.

이 책의 내용을 이해하려면 기초 자바 지식이 필요합니다. 단, 서블릿이나 JSP, 톰캣 등 기존에 자바 웹 개발에 필요한 지식은 상대적으로 덜 필요합니다. 알면 좋지만, 모른다고 해서 이 책을 진행하는 데 어려움은 없으니 기초적인 자바 지식만 있다면 편하게 진행할 수 있습니다.

이 책의 구성

웹 서비스를 구축하려면 크게 두 가지 지식이 필요합니다. 서비스의 기능을 담당할 애플리케이션 개발 지식과 개발한 애플리케이션이 구동될 서버 인프라 지식입니다. 이 책은 두 가지 지식 모두를 실제 서비스가 가능한 수준에서 적절하게 다루고 있습니다. 책 전반부에서는 스프링 부트를 비롯한 애플리케이션 관련 내용을 학습하고, 후반부에서는 작성된 스프링 부트 애플리케이션이 실행될 AWS 인프라 관련 내용을 학습합니다.

이 책은 크게 세 부분으로 나눠집니다.

- 1장에서 5장까지는 스프링 부트와 JPA, 스프링 시큐리티를 활용한 소셜 로그인 등 기본 커뮤니티에 필요한 전반적인 애플리케이션 개발에 대해 다룹니다. 중간중간 JUnit을 이용한 테스트 방법과 객체지향 프로그래밍을 소개하고 다루어 봅니다.

- 6장과 7장은 AWS 인프라에 대한 기본 사용법과 서비스를 할 수 있는 수준의 설정을 배우게 됩니다. AWS의 가상 서버인 EC2와 관리형 데이터베이스인 RDS를 사용할 때 주의할 점과 서비스에 필요한 여러 설정 등을 배워 봅니다.

- 8장에서 10장까지는 스프링 부트 프로젝트를 AWS 인프라에 배포하는 방법을 점진적으로 개선해 가며 배웁니다. 10장이 끝나게 되면 해당 프로젝트는 무중단 배포 환경까지 구축하게 됩니다.

예제 코드 내려받기

이 책에서 진행하는 모든 코드는 아래 깃허브에서 확인할 수 있습니다.

http://bit.ly/fr-springboot

만약 깃허브가 익숙하지 않다면 다음 그림을 참고하여 전체 코드를
내려받으면 됩니다.

깃허브 코드 내려받기

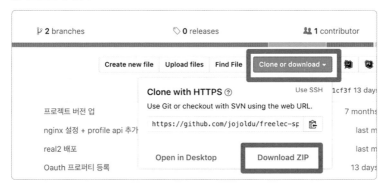

개발환경

이 책의 예제는 기본적으로 다음과 같은 환경에서 실행됩니다.

- Java 8(JDK 1.8)
- Gradle 4.8 ~ Gradle 4.10.2

이것보다 하위 버전에서는 정상적으로 작동하지 않습니다. Java 8의 람
다가 필요한 경우 그때마다 적절하게 사용하고 있습니다.

차례

인텔리제이로 스프링 부트 시작하기

스프링 부트로 웹 서비스를 만들기 위한 가장 첫 번째 단계로 개발환경을 구성해 보겠습니다. 이 장에서는 스프링 부트 개발에 필요한 개발 도구인 인텔리제이 ^{IntelliJ IDEA}를 설치하고 사용법을 간략하게 알아봅니다.

물론 이 책의 과정을 진행하는 데 있어 꼭 인텔리제이를 쓸 필요는 없습니다. 주로 사용하는 개발 도구(이클립스, 넷빈즈, VS Code) 중 어떤 것을 사용해도 무방하나, 여기서는 좀 더 스프링 부트 개발에 친숙한 인텔리제이를 사용하고자 합니다.

스프링 부트 개발을 하는 데 있어 이클립스와 같은 개발 도구가 아닌 인텔리제이를 써야 하는 이유와 사용법을 한번 살펴보겠습니다.

1.1 인텔리제이 소개

자바 웹 개발에 있어 대표적인 개발 도구는 이클립스일 것입니다. 이 책을 보고 있는 독자 중 대부분은 이클립스로 개발하고 있을 것으로 생각합니다.

필자가 생각하는 이클립스에 비해 인텔리제이가 갖는 강점은 다음과 같습니다.

- 강력한 추천 기능(Smart Completion)
- 훨씬 더 다양한 리팩토링과 디버깅 기능
- 이클립스의 깃(Git)에 비해 훨씬 높은 자유도
- 프로젝트 시작할 때 인덱싱을 하여 파일을 비롯한 자원들에 대한 빠른 검색 속도

- HTML과 CSS, JS, XML에 대한 강력한 기능 지원
- 자바, 스프링 부트 버전업에 맞춘 빠른 업데이트

이외에도 다양한 의견이 커뮤니티에서 나오고 있습니다.

혹시나 궁금한 독자들은 질의응답 사이트 쿼라(Quora)에서 여러 의견을 쭉 읽어도 좋습니다. Eclipse와 IntelliJ IDEA 중 Java 개발에 더 좋은 것은?(Which is better for Java development: Eclipse or IntelliJ IDEA?, http://bit.ly/2NuLxsG)

실제로 많은 IT 서비스 회사(네이버, 카카오, 라인, 쿠팡, 우아한형제들 등등) 에서는 **인텔리제이 얼티메이트(유료)를 공식 IDE**로 사용하고 있습니다.

이 책을 시작으로 인텔리제이를 시작해 보는 것을 독자에게 추천합니다.

여담이지만, 구글이 이클립스가 아닌, 인텔리제이를 선택해 공식 개발 도구인 안드로이드 스튜디오를 만들었다는 것도 그만큼 도구의 강력함을 증명하는 사례라고 생각합니다.

인텔리제이는 **유료 버전인 얼티메이트**와 **무료 버전인 커뮤니티 버전** 두 가지 가 있습니다. 두 버전의 차이는 다음과 같습니다.

인텔리제이 버전 비교

License	Commercial	Open-source, Apache 2.0 ⑦
Java, Kotlin, Groovy, Scala	✓	✓
Android ⑦	✓	✓
Maven, Gradle, SBT	✓	✓
Git, SVN, Mercurial	✓	✓
Perforce	✓	
JavaScript, TypeScript ⑦	✓	
Java EE, Spring, GWT, Vaadin, Play, Grails, Other Frameworks ⑦	✓	
Database Tools, SQL	✓	
Detecting Duplicates ⑦	✓	

인텔리제이 얼티메이트는 IDE(통합 개발환경)이란 말이 정말 어울릴 정도로 개발에 필요한 모든 기능을 지원합니다. 다만, 가격이 문제입니다.

인텔리제이 얼티메이트(유료)의 경우 개인이 구매할 때는 1년에 149달러(한화 약 15만 원)이며 회사에서 구매할 경우 1년에 499달러 (한화 약 50만 원)의 비용이 필요합니다.

개인이 구매하기에는 부담스러운 비용입니다. 그래서 이 책에서는 많은 독자가 사용할 수 있게 **인텔리제이 커뮤니티(무료)**를 사용하겠습니다. 인텔리제이 커뮤니티라 하더라도 스프링 부트를 개발하는 데는 크게 어려움이 없습니다. 이유는 다음과 같습니다.

- 자바 개발에 대한 모든 기능 지원
- Maven, Gradle과 같은 빌드 도구 기능 지원
- 깃 & 깃허브와 같은 VCS(버전 관리 시스템) 기능 지원
- 스프링 부트의 경우 톰캣과 같은 별도의 외장 서버 없이 실행 가능

다만, HTML과 CSS, 자바스크립트에 대한 지원이 없으므로 이들에 대한 개발은 VS Code를 비롯한 다른 무료 개발 도구를 사용할 것을 추천합니다.

> 인텔리제이에 대해 좀 더 알고 싶은 독자는 아래 링크를 참고하면 좋습니다.
> - 젯브레인 한국 사용자 모임 (http://bit.ly/2zSt3ie)
> - 필자 블로그 (http://bit.ly/2OF8w8Y)
> - 인프런 인텔리제이 가이드 (http://bit.ly/2xZLQHc)

그럼 인텔리제이를 한번 설치해 보겠습니다.

1.2 인텔리제이 설치하기

바로 인텔리제이를 내려받지 않고 젯브레인 툴박스를 이용해 보겠습니다. 툴박스는 인텔리제이를 만든 **젯브레인의 제품 전체를 관리해 주는 데스크톱 앱**입니다.

안드로이드 스튜디오(2019.01에 추가)와 웹스톰, 인텔리제이 커뮤니티/얼티메이트 등등 **모든 제품군의 버전 관리와 JVM 옵션 등**을 조정할 수 있어서 사용해 보기를 적극 추천합니다.

먼저 젯브레인 제품 내려받기 페이지(https://www.jetbrains.com/toolbox/app/)로 이동합니다.

그림 1-1 툴박스 내려받기 페이지

화면에서 [FREE DOWNLOAD] 버튼을 클릭해서 바로 설치를 진행하면 됩니다.

설치되었다면 **맥 OS에서는 화면 위쪽에, 윈도우에서는 화면** 아래쪽에 아이
콘이 생겼을 것입니다.

그림 1-2 툴박스 앱

해당 아이콘을 클릭하여 다음과 같이 툴박스 설정창을 열어 봅니다.

그림 1-3 툴박스 실행 화면

필자는 이미 설치된 여러 개발 도구가 있어 해당 도구들이 나오지만, 처
음 설치한 독자는 빈 화면이 나올 것입니다.

설정창 아래로 가보면 [AVAILABLE TOOLS]가 나오는데, 이는 현재 툴박스를 통해 설치할 수 있는 젯브레인사의 개발 도구 목록입니다.

여기서 [IntelliJ IDEA Community ⇨ Install]를 차례로 클릭해 설치합니다.

그림 1-4 툴박스에서 인텔리제이 커뮤니티 버전 설치

이렇게 툴박스를 통해 설치하게 되면 도구의 버전 관리가 쉬워집니다.

아래 그림에서 나오는 것처럼 새로운 버전이 나오면 툴박스 앱 안에서 업데이트를 바로 확인해서 진행할 수 있기 때문입니다.

그림 1-5 툴박스에서는 새 버전에 대한 확인과 업그레이드까지 지원

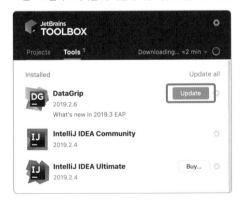

이외에도 좀 더 다양한 기능이 지원됩니다.

[IntelliJ IDEA Community ⇨ **설정(톱니바퀴)** ⇨ Settings]를 차례로 클릭하면 인 텔리제이에 관한 다양한 설정 기능을 볼 수 있습니다.

그림 1-6 인텔리제이 JVM 옵션 설정 화면

여기서 Maximum Heap Size가 750MB로 되어있습니다. 이 설정은 **인텔 리제이를 실행하는데, 어느 만큼의 메모리를 할당할지를 결정**하는 값입니다. 기 본값은 개발 PC의 메모리가 4G 이하일 때를 가정하고 설정된 값입니다.

본인의 개발 PC가 이보다 좋은 성능을 갖고 있다면 더 높여서 쾌적하 게 사용하면 됩니다. 일반적으로 개발 PC의 메모리가 8G라면 1024 ~ 2048을, 16G라면 2048 ~ 4096을 선택해서 사용합니다.

자 이렇게 모든 설정이 끝났다면 한번 인텔리제이로 스프링 부트 프로 젝트를 생성해 보겠습니다.

1.3 인텔리제이 커뮤니티에서 프로젝트 생성하기

프로젝트를 생성하기 전에, 기존에 이클립스를 사용하던 독자들이 많이 있기에 한 가지 개념을 짚고 가겠습니다.

인텔리제이에는 **이클립스의 워크스페이스**^{Workspace}**와 같은 개념이 없습니다.**

프로젝트^{Project}와 모듈^{Module}의 개념만 있습니다.

그래서 인텔리제이를 실행할 때 **모든 프로젝트를 한 번에 불러올 수 없습니다. 한 화면에서는 하나의 프로젝트만** 열립니다.

> 이에 대한 상세한 개념 설명은 필자의 블로그에 정리해 놓았습니다. Eclipse의 Workspace와 IntelliJ의 Project(http://bit.ly/2orXeGl)

그럼 이제 프로젝트를 생성해 보겠습니다. 툴박스 앱에서 인텔리제이 커뮤니티 아이콘을 클릭합니다.

그림 1-7 인텔리제이 커뮤니티 버전 실행

그럼 다음과 같이 인텔리제이 로딩 화면이 보이며 시작됩니다.

그림 1-8 인텔리제이 로딩 화면

로딩 화면이 끝나면 다음과 같이 본격적으로 인텔리제이의 기본 환경 설정이 시작됩니다.

처음 설치할 경우에는 가져올 이전 설정이 없으므로 [Do not import setting ⇨ OK]를 차례로 클릭합니다.

그림 1-9 이전 설정 가져오기 화면

다음 설정은 테마입니다.

이클립스를 사용하는 개발자들이 가장 부러워하는 것이 인텔리제이의 다큘라 테마입니다.

> 드라큘라가 아닙니다. 다크+드라큘라의 합성 테마라서 다큘라(Darcular)입니다. 다큘라 테마
> 는 별도의 방법으로 설치할 수 있습니다.

라이트Light 버전을 좋아하는 개발자가 있겠지만, 많은 개발자가 다큘라 테마를 좋아하기에 여기서도 다큘라 테마를 선택해서 넘어가겠습니다.

그림 1-10 테마 선택 화면

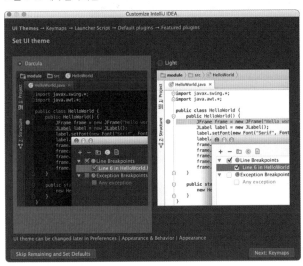

다음 설정은 단축키입니다. 한 가지 팁을 드리자면, 인텔리제이 단축키는 **디폴트 버전을 사용하길 추천**합니다.

인텔리제이에서는 이클립스 단축키를 그대로 사용할 수 있는 기능을 지원합니다. 하지만 이클립스 버전으로 사용할 경우 이후 **필요한 기능이 있을 때마다 이클립스 단축키를 찾고, 인텔리제이로 매핑되는 단축키를 또 찾아야**

하는 이중의 번거로움이 생깁니다.

기본값을 선택한 뒤, 다음으로 가면 런처 스크립트 설정이 나옵니다.

그림 1-11 단축키 설정

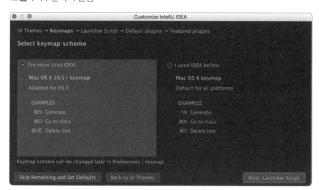

이 부분은 특별히 설정할 것이 없으므로 다음으로 넘어갑니다.

그림 1-12 시작 설정 스크립트 생성 화면

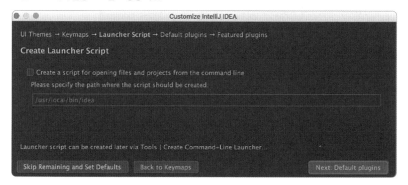

다음 화면은 기본 플러그인 선택 화면입니다.

인텔리제이가 설치되면 기본적으로 제공하는 플러그인 중, 사용하고 싶지 않은 것이 있다면 비활성화^{disable} 설정을 하게 됩니다. 특별히 갖고 있다고 해서 문제가 될 것이 없으므로 바로 넘어가겠습니다.

그림 1-13 기본 플러그인 비활성화 선택 화면

다음은 기본 플러그인 외에 추가로 제공하는 선택 플러그인들입니다.

자바뿐만 아니라 스칼라도 사용하고 싶다면 Scala 플러그인을, 인텔리제이를 Vim 모드로 쓰고 싶다면 IdeaVim을 설치하면 됩니다.

여기서는 Vim 모드를 사용하지 않을 것이기 때문에 모두 무시하고 바로 [Start using Intellij IDEA] 버튼을 클릭해 인텔리제이 설정을 마치겠습니다.

그림 1-14 추가 플러그인 선택 화면

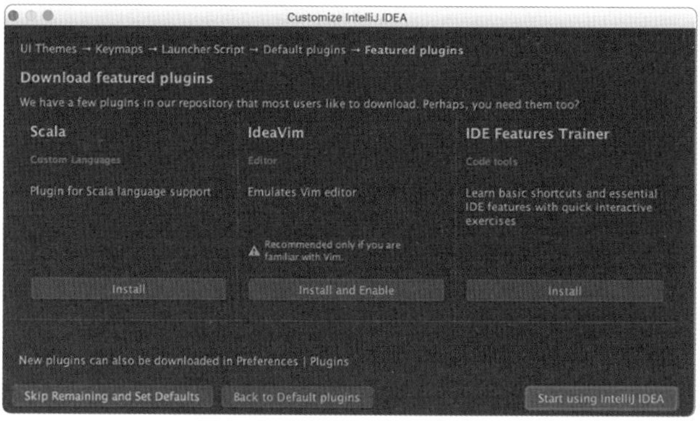

모든 설정이 끝나면 인텔리제이의 프로젝트 생성 화면이 나옵니다.

새로운 프로젝트를 생성할 것이기 때문에 [Create New Project] 버튼을 클릭합니다.

그림 1-15 인텔리제이 프로젝트 생성 화면

프로젝트 유형을 선택해야 하는데, 여기서는 그레이들Gradle을 선택해 프로젝트를 생성합니다.

그림 1-16 그레이들 프로젝트 선택 화면

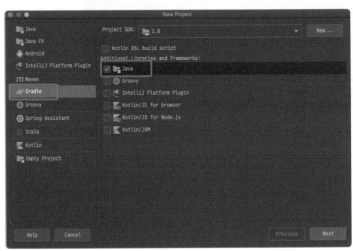

다음은 GroupId와 ArtifactId를 등록합니다. 특히 ArtifactId는 프로젝트의 이름이 되기 때문에 원하는 이름을 작성해 주면 됩니다.

그림 1-17 프로젝트 그룹명과 아티펙트명 등록 화면

다음은 앞에서 선택한 그레이들의 옵션을 선택해야 합니다. 인텔리제 이의 기본 설정값으로 그대로 두고 다음으로 넘어갑니다.

그림 1-18 그레이들 선택

다음은 새로 만들 프로젝트의 디렉토리 위치를 선택해야 합니다. 기본 적으로는 ArtifactId가 프로젝트 이름이 됩니다. 기본으로 잡혀 있는 위치 외에 원하는 위치가 있다면 Project location에서 수정하면 됩니다.

그림 1-19 프로젝트 생성 디렉토리 선택

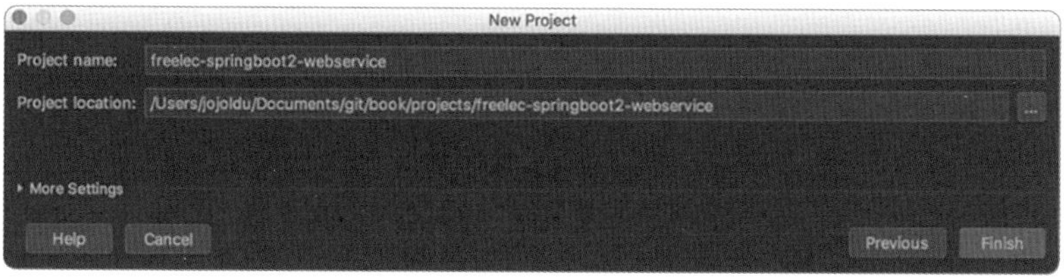

이렇게 모든 설정이 끝나면 그레이들 기반의 자바 프로젝트가 생성됩니다.

그림 1-20 그레이들 프로젝트 생성

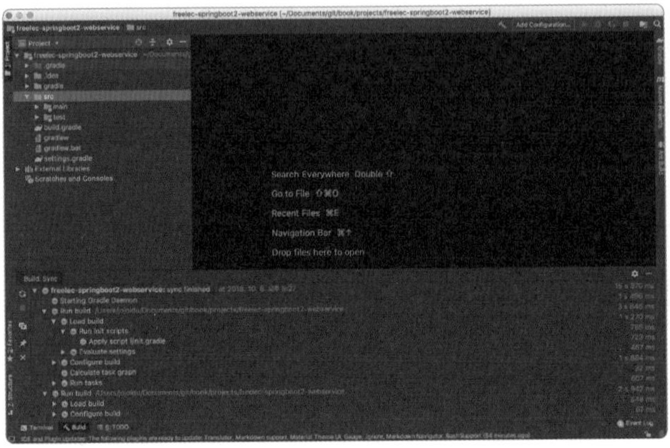

1.4 그레이들 프로젝트를 스프링 부트 프로젝트로 변경하기

이제 그레이들 프로젝트를 스프링 부트 프로젝트로 변경해 보겠습니다. 인텔리제이에서 build.gradle 파일을 열어 봅니다. 다음과 같은 간단한 코드들만 있습니다.

```
plugins {
    id 'java'
}

group 'com.jojoldu.book'
version '1.0-SNAPSHOT'

sourceCompatibility = 1.8
```

```
repositories {
    mavenCentral()
}

dependencies {
    testCompile group: 'junit', name: 'junit', version:
'4.12'
}
```

앞의 코드들은 자바 개발에 가장 기초적인 설정만 되어있는 상태입니다. 여기에 스프링 부트에 필요한 설정들을 하나씩 추가하겠습니다.

단, 여기서 **스프링 이니셜라이저(https://start.spring.io/)를 통해서 진행하지는 않겠습니다**. 이유는 스프링 이니셜라이저를 사용하게 되면 build.gradle 의 코드가 무슨 역할을 하는지, 이니셜라이저 외에 추가로 의존성 추가가 필요하면 어떻게 해야 할지 등을 모르는 상태로 개발하는 경우가 있습니다.

스프링 부트와 그레이들을 충분히 이해하고 있는 독자라면 스프링 이니셜라이저를 사용하고, 완전히 처음인 독자라면 하나씩 코드를 작성하면서 어떤 역할을 하는지 이해하는 것을 추천합니다. 자 그럼 하나씩 코드를 추가해 보겠습니다.

먼저 build.gradle 맨 위에 위치할 코드입니다.

```
buildscript {
    ext {
        springBootVersion = '2.1.7.RELEASE'
    }
    repositories {
        mavenCentral()
        jcenter()
    }
```

```
dependencies {
    classpath("org.springframework.boot:spring-boot-
gradle-plugin:${springBootVersion}")
    }
}
```

앞의 코드는 이 프로젝트의 플러그인 의존성 관리를 위한 설정입니다.

🔰 인텔리제이의 플러그인 관리가 아닙니다.

ext라는 키워드는 build.gradle에서 사용하는 전역변수를 설정하겠다는 의미인데, 여기서는 springBootVersion 전역변수를 생성하고 그 값을 '2.1.7.RELEASE'로 하겠다는 의미입니다. 즉, spring-boot-gradle-plugin라는 스프링 부트 그레이들 플러그인의 2.1.7.RELEASE를 의존성으로 받겠다는 의미입니다.

다음은 앞서 선언한 플러그인 의존성들을 적용할 것인지를 결정하는 코드입니다.

```
apply plugin: 'java'
apply plugin: 'eclipse'
apply plugin: 'org.springframework.boot'
apply plugin: 'io.spring.dependency-management'
```

io.spring.dependency-management 플러그인은 스프링 부트의 의존성들을 관리해 주는 플러그인이라 꼭 추가해야만 합니다.

앞 4개의 플러그인은 자바와 스프링 부트를 사용하기 위해서는 필수 플러그인들이니 항상 추가하면 됩니다. 나머지 코드는 다음과 같습니다.

```
repositories {
    mavenCentral()
    jcenter()
}
```

```
dependencies {
    compile('org.springframework.boot:spring-boot-starter-web')
    testCompile('org.springframework.boot:spring-boot-starter-
                                                        test')
}
```

repositories는 각종 의존성 (라이브러리)들을 어떤 원격 저장소에서 받을지를 정합니다. 기본적으로 mavenCentral을 많이 사용하지만, 최근에는 **라이브러리 업로드 난이도** 때문에 jcenter도 많이 사용합니다.

mavenCentral은 이전부터 많이 사용하는 저장소지만, 본인이 만든 라이브러리를 업로드하기 위해서는 정말 **많은 과정과 설정**이 필요합니다. 그러다 보니 개발자들이 직접 만든 라이브러리를 업로드하는 것이 힘들어 점점 공유가 안 되는 상황이 발생했습니다.

최근에 나온 jcenter는 이런 문제점을 개선하여 **라이브러리 업로드를 간단하게** 하였습니다. 또한, 여기서 한 걸음 더 나아가 jcenter에 라이브러리를 업로드하면 mavenCentral에도 업로드될 수 있도록 자동화를 할 수 있습니다. 그러다 보니 개발자들의 라이브러리가 점점 jcenter로 이동하고 있습니다. 여기서는 **mavenCentral, jcenter** 둘 다 등록해서 사용하겠습니다.

dependencies는 프로젝트 개발에 필요한 의존성들을 선언하는 곳입니다. 여기서는 org.springframework.boot:spring-boot-starter-web와 org.springframework.boot:spring-boot-starter-test를 받도록 선언되어 있습니다. 재미있는 것은 인텔리제이는 메이븐 저장소의 데이터를 인덱싱해서 관리하기 때문에 커뮤니티 버전을 사용해도 의존성 자동완성이 가능합니다.

compile 메소드 안에 라이브러리의 이름의 앞부분만 추가한 뒤 자동완성(단축키: 윈도우, 맥 모두 [Ctrl + Space])을 사용하면 다음과 같이 해당 라이브러리들의 목록을 볼 수 있습니다.

그림 1-21 인텔리제이 의존성 자동완성

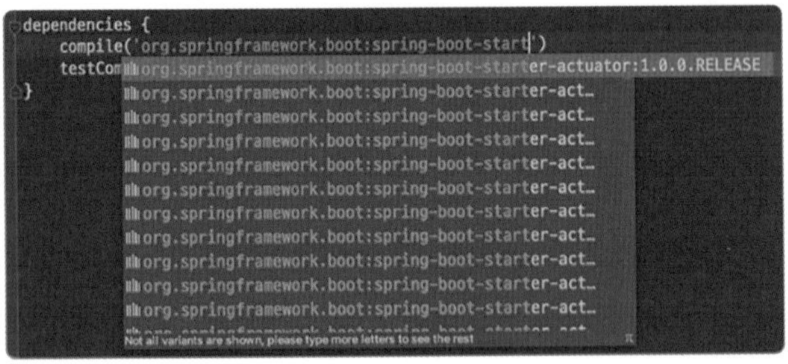

의존성 코드는 직접 작성해도 되고, 자동완성으로 만들어도 됩니다. 단, 특정 버전을 명시하면 안 됩니다. 버전을 명시하지 않아야만 맨 위에 작성한 'org.springframework.boot:spring-boot-gradle-plugin:${spring BootVersion}'의 버전을 따라가게 됩니다.

이렇게 관리할 경우 각 라이브러리들의 버전 관리가 한 곳에 집중되고, 버전 충돌 문제도 해결되어 편하게 개발을 진행할 수 있습니다.

이 코드를 모두 적용한 전체 코드는 다음과 같습니다.

```
buildscript {
    ext {
        springBootVersion = '2.1.7.RELEASE'
    }
    repositories {
        mavenCentral()
        jcenter()
    }
    dependencies {
        classpath("org.springframework.boot:spring-boot-
                gradle-plugin:${springBootVersion}")
    }
```

```
}

apply plugin: 'java'
apply plugin: 'eclipse'
apply plugin: 'org.springframework.boot'
apply plugin: 'io.spring.dependency-management'

group 'com.jojoldu.book'
version '1.0-SNAPSHOT'
sourceCompatibility = 1.8

repositories {
    mavenCentral()
}

dependencies {
    compile('org.springframework.boot:spring-boot-starter-
                                                web')
    testCompile('org.springframework.boot:spring-boot-
                                        starter-test')
}
```

코드 작성이 다 되었다면 'build.gradle에 변경이 있으니 반영하라'는 인텔리제이의 알람이 오른쪽 아래에 나옵니다. 알람 오른쪽의 [Enable Auto-import]를 클릭하면 build.gradle 변경이 있을 때마다 자동으로 반영이 되며, 왼쪽 [Import Changes] 버튼을 클릭하면 1번만 반영됩니다.

변경이 있을 때마다 클릭하기는 번거로우니 [Enable Auto-import] 버튼을 클릭합니다.

그림 1-22 그레이들 설정 변경 반영

클릭하게 되면 그레이들이 변경된 내용을 반영하기 시작합니다.

아래와 같이 추가한 두 개의 라이브러리인 spring-boot-start-web과 spring-boot-starter-test와 관련된 라이브러리들을 받고 있는 것을 확인할 수 있습니다.

그림 1-23 그레이들 변경 반영

모두 받게 되면 다음 그림과 같이 화면 오른쪽 위의 [Gradle] 탭을 클릭해서 의존성들이 잘 받아졌는지 확인해 봅니다.

그림 1-24 프로젝트 의존성

main에서는 spring-boot-start-web이, test에서는 spring-boot-start-web, spring-boot-start-test 의존성이 잘 받아졌던 것을 확인할 수 있습니다.

그림 1-25 프로젝트 의존성

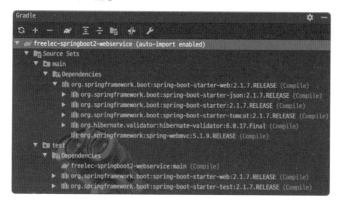

인텔리제이에 기본적인 스프링 부트 개발환경을 구축했습니다! 여기서 한 가지 환경을 더 구성해 보겠습니다. 바로 프로젝트를 깃허브에 연동하는 것입니다.

1.5 인텔리제이에서 깃과 깃허브 사용하기

최근의 개발 상황에서 버전 관리는 뺄 수 없는 요소입니다. 그리고 이 버전 관리는 SVN에서 깃[Git]으로 완전히 전환되어 가는 중이며, 실제로 **대부분의 IT 서비스 회사는** 깃을 통해 버전 관리를 하고 있습니다.

깃의 원격 저장소 역할을 하는 서비스는 대표적으로 깃허브[Github]와 깃랩[Gitlab]이 있습니다. 둘 다 무료로 사용할 수 있지만, 이 책에서는 가장 대중적인 깃허브를 사용하겠습니다.

이번 절에서는 이 프로젝트와 깃허브를 연동할 예정입니다. 그리고 이 과정은 모두 인텔리제이를 통해서 진행하겠습니다. 만약 본인이 이미 소스트리나 깃 명령어가 더 익숙하다면 편한 방식으로 연동해도 무방합니다.

먼저 https://github.com/에 계정이 없다면 가입을 먼저 해야 합니다. 깃허브의 계정이 있으면 바로 인텔리제이 화면으로 이동합니다.

인텔리제이에서 단축키로 윈도우에서는 [Ctrl + Shift + A], 맥에서는 [Command + Shift + A]를 사용해 Action 검색창을 열어 **share project on github**을 검색합니다.

그림 1-26 인텔리제이 깃허브 Action 검색

해당 Action을 선택한 후 엔터를 누르면 깃허브 로그인 화면이 나옵니다.

그림 1-27 인텔리제이 깃허브 로그인

본인 깃허브 계정으로 로그인을 합니다. 그럼 다음과 같이 깃허브에 생성할 저장소 정보를 입력하는 화면이 나옵니다. [Repository name] 필드에 등록한 이름으로 **깃허브에 저장소가 생성**됩니다. 대부분은 프로젝트 이름을 깃허브 저장소와 같은 이름을 사용하니, 같은 이름을 등록합니다.

그림 1-28 인텔리제이 깃허브 프로젝트 생성

[Share] 버튼을 클릭하면 깃허브 저장소와 동기화를 진행합니다.

동기화 과정에서 커밋 항목으로 추가할 것인지 묻는 안내문이 나올 수 있는데 **처음에는 [No]를 선택합니다.**

그림 1-29 git ignore 확인

그럼 바로 프로젝트의 첫 번째 커밋을 위한 팝업창이 등장합니다.

그림 1-30 git ignore 확인

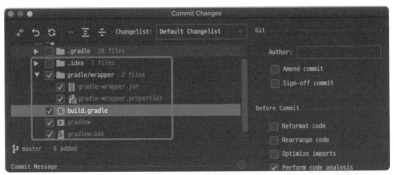

여기서 .idea 디렉토리는 커밋하지 않습니다. 이는 인텔리제이에서 프로젝트 **실행시 자동으로 생성되는 파일들**이기 때문에 깃허브에 올리기에는 불필요합니다. 그림 1-30에 체크되어 있는 파일들만 체크해서 커밋 메시지를 작성합니다. 그리고 [OK] 버튼을 누르면 깃 커밋과 깃허브 푸시가 진행됩니다.

그림 1-31 커밋과 푸시 성공 메시지

커밋과 푸시가 성공했다면 본인의 깃허브 계정으로 이동합니다. 그럼 다음과 같이 인텔리제이로 만든 프로젝트가 그대로 깃허브에도 생성된 것을 확인할 수 있습니다.

그림 1-32 깃허브 프로젝트 자동 생성

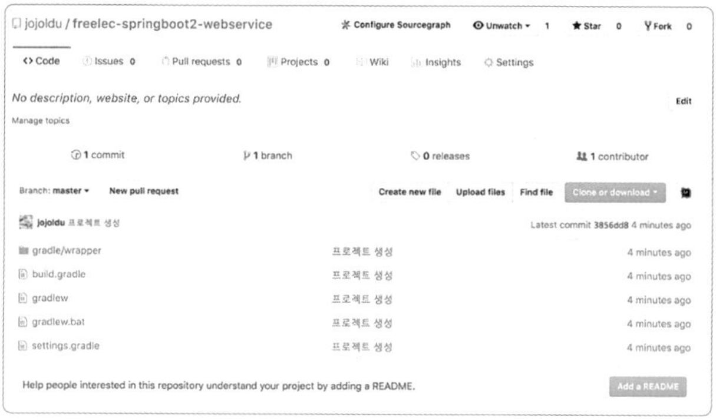

깃허브와 동기화가 되었으니 좀 전에 커밋을 하면서 대상에서 제외했던 .idea 폴더를 앞으로의 **모든 커밋 대상에서 제외되도록** 처리를 해보겠습니다.

깃에서 특정 파일 혹은 디렉토리를 관리 대상에서 제외할 때는 **.gitignore 파일**을 사용합니다. 이 파일 안에 기입된 내용들은 모두 깃에서 관리하지 않겠다는 것을 의미합니다.

인텔리제이에서는 이 .gitignore 파일에 대한 기본적인 지원이 없습니다. 대신 플러그인에서 .gitignore 지원을 하고 있습니다.

.ignore 플러그인에서 지원하는 기능들은 다음과 같습니다.

- 파일 위치 자동완성

- 이그노어 처리 여부 확인

- 다양한 이그노어 파일 지원(.gitignore , .npmignore, .dockerignore 등등)

그럼 이제 .ignore 플러그인을 설치해 보겠습니다. 인텔리제이에서 단축키로 윈도우에서는 [Ctrl + Shift + A], 맥에서는 [Command + Shift + A]를 사용해 Action 검색창을 열어 **plugins**을 검색합니다. Plugins Action을 선택하면 플러그인 설치 팝업창이 나옵니다.

그림 1-33 plugins 검색

　[Marketplace] 탭은 설치 가능한 플러그인 목록을 보여주며, [Installed] 탭
은 이미 설치된 플러그인 목록을 나타냅니다. 새로운 플러그인을 설치할
것이므로 [Marketplace] 탭을 선택합니다.

그림 1-34 플러그인 목록

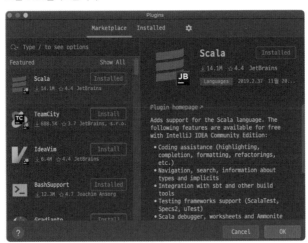

그럼 다음과 같이 설치 가능한 플러그인 목록이 나옵니다. .ignore을 검색하거나 목록에서 찾아 다음과 같이 [.ignore] ⇨ [Install] 버튼을 차례로 클릭해서 설치합니다.

그림 1-35 플러그인 목록

이때 반드시 **인텔리제이를 다시 시작해야만 설치한 플러그인이 적용**되므로 잊지 말고 재시작을 해야만 합니다.

　설치가 다 되었다면 이제 이그노어^{ignore} 파일을 한번 생성해 보겠습니다. 다음 그림과 같이 왼쪽 위의 프로젝트 이름을 선택한 뒤, 마우스 오른쪽 버튼을 누르거나 단축키를 눌러 생성 목록을 열어 봅니다. 단축키는 윈도우에서는 [Alt + Insert], 맥에서는 [Command + N]입니다.

생성 목록 아래에 [.ignore file ⇨ gitignore file(Git)]을 선택해서 .gitignore 파일을 생성하겠습니다.

그림 1-36 git ignore 파일 생성

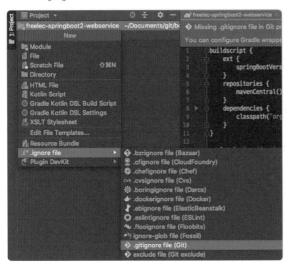

그럼 다음과 같이 .gitignore 생성 화면이 나옵니다.

그림 1-37 git ignore 파일 생성 화면

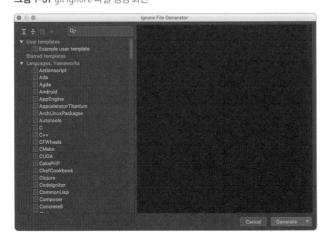

Generator 화면의 경우 사용자가 미리 만들어 둔 이그노어 템플릿을 선택하는 화면입니다. 예를 들어 본인이 이미 인텔리제이 프로젝트를 사용할 때는 A라는 디렉토리와 B라는 파일을 이그노어하도록 미리 설정해 둔 것이 있다면 해당 템플릿을 선택하고 [Generate] 버튼을 클릭하면 바로 생성됩니다.

미리 만들어 둔 것이 없기 때문에 바로 [Generate] 버튼을 클릭해 .gitignore 파일을 생성합니다. 생성된 .gitignore 파일에 깃 체크 대상에서 제외하고 싶은 이름을 작성하면 됩니다.

인텔리제이에서 자동으로 생성되는 파일들을 모두 이그노어 처리하겠습니다. 다음과 같이 코드를 추가합니다.

```
.gradle
.idea
```

다음과 같이 작성된 것을 확인합니다.

그림 1-38 gitignore에 코드 등록

이렇게 이그노어 처리된 것을 깃허브에도 반영해 보겠습니다. 깃 커밋 창을 열어 봅니다. 윈도우에서는 [Ctrl +K], 맥에서는 [Command + K]입니다.

그림 1-39 커밋 파일 선택과 메시지 화면

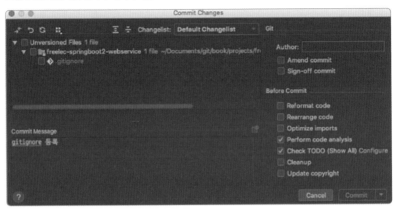

.gitignore 파일을 선택하고, 메시지를 작성하셨다면 [Commit] 버튼을 클릭합니다.

바로 깃허브로 푸시도 해보겠습니다. 푸시의 단축키는 윈도우에서는 [Ctrl + Shift + K], 맥에서는 [Command + Shift + K]입니다. 단축키를 누르면 다음과 같이 푸시 화면이 나옵니다.

그림 1-40 깃허브 푸시 화면

[Push] 버튼을 클릭하면 바로 푸시가 진행됩니다.

푸시가 성공했다면 다시 깃허브의 프로젝트로 이동하면 다음과 같이 커밋과 푸시가 성공적으로 반영된 것을 확인할 수 있습니다.

그림 1-41 깃허브 푸시 확인

이제 개발하는 과정에서 커밋과 푸시가 필요하면 인텔리제이에서 바로바로 진행하고 다시 개발에 돌입할 수 있습니다.

모든 개발 환경 설정이 끝났습니다!

이제 인텔리제이로 스프링 부트 프로젝트를 개발하고, 깃허브로 푸시도 바로 할 수 있는 환경이 구축되었습니다. 깃허브와의 연결은 필수입니다.

책 후반부에서 깃허브에 푸시만 하면 바로 배포가 진행되는 환경을 구성할 예정입니다. 이를 위한 기반 작업이니 꼭 설정해서 진행하기를 추천합니다.

이클립스는 좋은 개발툴이지만, **많은 회사와 개발자가 인텔리제이로 전환 중**입니다. 이번 장에서 그 이유에 대해 설명했지만, 직접 경험하는 것이 체감하기 가장 좋은 방법입니다. 이후 장들의 내용을 다루다 보면 인텔리제이의 장점을 더욱 느낄 수 있습니다.

다음 장부터는 본격적으로 스프링 부트 개발을 시작해 보겠습니다.

이번 장에서는 다음을 배웠습니다.

- 인텔리제이를 비롯한 각종 IDE를 관리하는 툴박스 소개

- 인텔리제이의 설치와 기본 사용법

- mavenCentral, jcenter 비교

- 스프링 부트 프로젝트와 그레이들 연동 방법

- 인텔리제이에서 깃허브 사용하는 방법

스프링 부트에서 테스트 코드를 작성하자

예전부터 테스트 코드에 대한 이야기가 많았습니다. 특히나 견고한 서비스를 만들고 싶은 개발자나 팀에선 TDD를 하거나 **최소한 테스트 코드는 꼭 작성**했었습니다.

하지만, 여러 이유로 테스트 코드를 진행하는 비율은 많지 않았습니다만, 최근의 추세는 그렇지 않습니다. **대부분의 서비스 회사가 테스트 코드에 관해 요구**하고 있습니다.

그림 2-1 흔한 채용 정보

[우대사항]
- AWS를 활용한 개발, 운영 경험이 있으신 분
- 빌드/테스트/배포 자동화 경험이 있으신 분
- Microservices 아키텍처 기반의 시스템 개발 유경험자
- Open API 기반 서버 시스템의 개발 및 운영 경험이 있으신 분
- JPA, Hibernate 등 ORM 사용과 도메인 모델링 경험

실제로 요즘 뜨고 있는 모 서비스 회사의 경우 코딩 테스트를 알고리즘이 아닌 프로젝트를 만들고, **단위 테스트를 필수조건**으로 두었습니다. 테스트 코드를 전혀 해보지 못했던 필자의 지인들은 당연하게도 코딩 테스트에서 모두 탈락하기도 했었습니다.

그만큼 요즘 선망하는 서비스 회사에 취업과 이직을 하기 위해서는 **테스트 코드는 절대 빠질 수 없는 요소**입니다.

이번 시간에는 앞으로 진행할 프로젝트에서 가장 중요한 **테스트 코드 작성의 기본**을 배워 봅니다.

2.1 테스트 코드 소개

먼저 한 가지 짚고 갈 것은 TDD와 단위 테스트^{Unit Test}는 **다른 이야기입니다**. TDD는 **테스트가 주도하는 개발**을 이야기합니다. **테스트 코드를 먼저 작성**하는 것부터 시작합니다.

그림 2-2 레드 그린 사이클

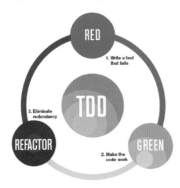

- 항상 실패하는 테스트를 먼저 작성하고 (Red)
- 테스트가 통과하는 프로덕션 코드를 작성하고(Green)
- 테스트가 통과하면 프로덕션 코드를 리팩토링합니다(Refactor).

반면 단위 테스트는 TDD의 첫 번째 단계인 **기능 단위의 테스트 코드를 작성**하는 것을 이야기합니다. TDD와 달리 테스트 코드를 꼭 먼저 작성해야 하는 것도 아니고, 리팩토링도 포함되지 않습니다. 순수하게 테스트 코드만 작성하는 것을 이야기합니다.

이번 장에서는 TDD가 아닌 **단위 테스트 코드**를 배웁니다. 이번 장을 통해 테스트 코드를 먼저 배운 뒤, TDD를 배워 보길 추천합니다.

> 혹시나 TDD를 좀 더 알고 싶은 독자들은 다음 링크를 참고하기 바랍니다. 채수원, 'TDD 실천법과 도구' 공개 PDF(https://repo.yona.io/doortts/blog/issue/1)

그렇다면 테스트 코드는 왜 작성해야 할까요? 위키피디아에서는 단위 테스트 코드를 작성함으로써 얻는 이점으로 다음을 이야기합니다.

- 단위 테스트는 개발단계 초기에 문제를 발견하게 도와줍니다.

- 단위 테스트는 개발자가 나중에 코드를 리팩토링하거나 라이브러리 업그레이드 등에서 기존 기능이 올바르게 작동하는지 확인할 수 있습니다(예. 회귀 테스트).

- 단위 테스트는 기능에 대한 불확실성을 감소시킬 수 있습니다.

- 단위 테스트는 시스템에 대한 실제 문서를 제공합니다. 즉, 단위 테스트 자체가 문서로 사용할 수 있습니다.

여기서 필자의 경험담을 이야기해 보겠습니다.

가장 먼저 **빠른 피드백**이 있습니다. 필자가 단위 테스트를 배우기 전에 진행한 개발 방식은 다음과 같습니다.

     ① 코드를 작성하고

     ② 프로그램(Tomcat)을 실행한 뒤

     ③ Postman과 같은 API 테스트 도구로 HTTP 요청하고

     ④ 요청 결과를 System.out.println( )으로 눈으로 검증합니다.

     ⑤ 결과가 다르면 다시 프로그램(Tomcat)을 중지하고 코드를 수정합니다.

여기서 ② ~ ⑤는 **매번 코드를 수정할 때마다 반복**해야만 합니다. 톰캣을 재시작하는 시간은 수십 초에서 1분 이상 소요되기도 하며 수십 번씩 수정해야 하는 상황에서 아무런 코드 작업 없이 1시간 이상 소요되기도 합니다.

왜 계속 톰캣을 내렸다가 다시 실행하는 일을 반복할까요? 이는 테스트 코드가 없다 보니 눈과 손으로 직접 수정된 기능을 확인할 수밖에 없기 때문입니다. 테스트 코드를 작성하면 이런 문제가 해결되므로 굳이 손으로 직접 톰캣을 계속 올렸다 내렸다 할 필요가 없습니다.

두 번째는 System.out.println( )을 통해 눈으로 검증해야 하는 문제입니

다. 테스트 코드를 작성하면 더는 사람이 눈으로 검증하지 않게 **자동검증**이 가능합니다. 작성된 단위 테스트를 실행만 하면 더는 수동검증은 필요 없게 되는 것입니다.

세 번째로 **개발자가 만든 기능을 안전하게 보호**해 줍니다.

예를 들어 B라는 기능이 추가되어 테스트합니다. B 기능이 잘 되어 오 픈했더니 **기존에 잘되던 A 기능에 문제가 생긴 것을 발견**합니다. 이런 문제는 규모가 큰 서비스에서는 빈번하게 발생하는 일입니다. 하나의 기능을 추가할 때마다 너무나 많은 자원이 들기 때문에 **서비스의 모든 기능을 테스트 할 수는 없습니다.**

이렇게 새로운 기능이 추가될 때, **기존 기능이 잘 작동되는 것을 보장**해 주는 것이 테스트 코드입니다. A라는 기존 기능에 기본 기능을 비롯해 여러 경우를 모두 테스트 코드로 구현해 놓았다면 테스트 코드를 수행만 하면 문제를 조기에 찾을 수 있습니다.

서비스 기업에서는 특히나 강조되고 있어 필자의 생각으로는 100% 익혀야 할 **기술이자 습관**입니다.

테스트 코드 작성을 도와주는 프레임워크들이 있습니다. 가장 대중적인 테스트 프레임워크로는 **xUnit**이 있는데 이는 개발환경(x)에 따라 Unit 테스트를 도와주는 도구라고 생각하면 됩니다. 대표적인 xUnit 프레임워크들은 다음과 같습니다.

- JUnit – Java
- DBUnit – DB
- CppUnit – C++
- NUnit – .net

이 중에서 자바용인 **JUnit**을 앞으로 사용하겠습니다. 자바의 테스트 도 구인 JUnit은 계속해서 개선 중이며 최근에는 버전 5까지 나왔습니다.

하지만 아직 많은 회사에서 JUnit5보다는 JUnit4를 사용하고 있기에, 이 책에서도 역시 **JUnit4**로 테스트 코드를 작성합니다. 자 그럼 이제 이 테스트 코드를 작성해 보겠습니다.

2.2 Hello Controller 테스트 코드 작성하기

1장에서 만든 프로젝트로 패키지를 하나 생성합니다. Java 디렉토리를 마우스 오른쪽 버튼으로 클릭하여, [New ⇨ Package]를 차례로 선택해서 생성합니다.

그림 2-3 패키지 생성

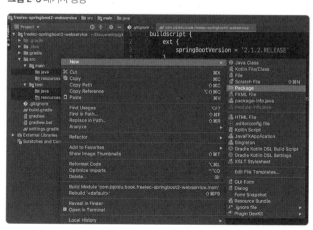

일반적으로 패키지명은 **웹 사이트 주소의 역순**으로 합니다. 예를 들어 admin.jojoldu.com이라는 사이트라면 패키지명은 com.jojoldu.admin으로 하면 됩니다.

필자는 **1장에서 사용한 Group Id**인 com.jojoldu.book과 현재 프로젝트명
인 springboot를 이용해 com.jojoldu.book.springboot로 하겠습니다.

그림 2-4 패키지 이름

그리고 패키지 아래에 Java 클래스를 생성합니다. 패키지와 마찬가지로
마우스 오른쪽 버튼으로 클릭, [New ⇨ Java class]를 차례로 선택하면 됩
니다.

그림 2-5 클래스 생성

클래스의 이름은 Application으로 합니다.

그림 2-6 클래스 이름

클래스의 코드를 다음과 같이 작성합니다.

```
import org.springframework.boot.SpringApplication;
import org.springframework.boot.autoconfigure.
SpringBootApplication;

@SpringBootApplication
public class Application {
    public static void main(String[] args) {
        SpringApplication.run(Application.class, args);
    }
}
```

참고로 인텔리제이에서 패키지 가져오기[Import]는 Mac에선 [Option + Enter], Window/Linux에서는 [Alt + Enter]입니다.

다음과 같이 등록 표시가 등장하면 단축키를 사용해서 등록합니다.

그림 2-7 패키지 가져오기(Import)

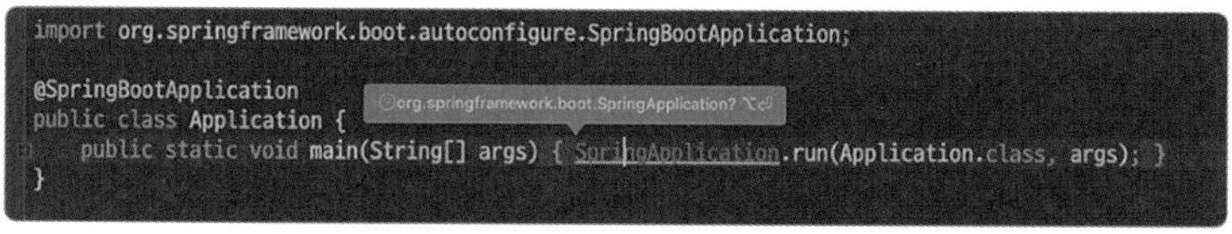

코드를 다 등록했다면 잠깐 이 클래스를 소개하겠습니다. 방금 생성한 Application 클래스는 앞으로 만들 프로젝트의 **메인 클래스**가 됩니다.

@SpringBootApplication으로 인해 스프링 부트의 자동 설정, 스프링 Bean 읽기와 생성을 모두 자동으로 설정됩니다. 특히나 @SpringBoot Application이 있는 **위치부터 설정을 읽어가기** 때문에 이 클래스는 항상 **프로 젝트의 최상단에 위치**해야만 합니다.

main 메소드에서 실행하는 **SpringApplication.run**으로 인해 내장 WAS

(Web Application Server, 웹 애플리케이션 서버)를 실행합니다. 내장 WAS란 별도로 외부에 WAS를 두지 않고 애플리케이션을 실행할 때 내부에서 WAS를 실행하는 것을 이야기합니다. 이렇게 되면 항상 서버에 **톰캣**^{Tomcat} **을 설치할 필요가 없게 되고**, 스프링 부트로 만들어진 Jar 파일(실행 가능한 Java 패키징 파일)로 실행하면 됩니다.

> 후반부에서 톰캣 없이 어떻게 배포하고 서비스를 할 수 있는지 설명하니 조금만 기다려주세요.

꼭 스프링 부트에서만 내장 WAS를 사용할 수 있는 것은 아니지만, 스프링 부트에서는 **내장 WAS를 사용하는 것을 권장**하고 있습니다. 이유는 정말 간단합니다.

'언제 어디서나 같은 환경에서 스프링 부트를 배포'할 수 있기 때문입니다.

외장 WAS를 쓴다고 하면 모든 서버는 WAS의 종류와 버전, 설정을 일치시켜야만 합니다. 새로운 서버가 추가되면 모든 서버가 같은 WAS 환경을 구축해야만 합니다. 1대면 다행이지만, 30대의 서버에 설치된 WAS의 버전을 올린다고 하면 어떻게 될까요? 실수할 여지도 많고, 시간도 많이 필요한 큰 작업이 될 수도 있습니다. 하지만 이렇게 내장 WAS를 사용할 경우 이 문제를 모두 해결할 수 있습니다. 그래서 많은 회사에서 내장 WAS를 사용하도록 전환하고 있습니다.

> 간혹 내장 WAS를 쓰면 성능상 이슈가 있지 않냐고 하시는 분들이 계십니다. 필자가 근무했던 2 곳 모두 누구나 알만큼 높은 트래픽의 서비스를 하고 있지만, 이 회사들 모두 스프링 부트로 큰 문제 없이 운영하고 있습니다.
>
> 대표적인 WAS인 톰캣 역시 서블릿으로 이루어진 자바 애플리케이션입니다. 똑같은 코드를 사용하고 있으므로 성능상 이슈는 크게 고려하지 않아도 됩니다.

Application 클래스에 대한 설명이 끝났으니, 테스트를 위한 Controller 를 만들어 보겠습니다.

이번에는 현재 패키지 하위에 **web**이란 패키지를 만들어 보겠습니다.

위에서 만들어진 패키지를 선택 후 마우스 오른쪽 버튼으로 클릭 [New ⇨ Package]를 선택합니다.

그림 2-8 web 패키지 생성

이름은 web으로 합니다.

그림 2-9 web 패키지

앞으로 **컨트롤러와 관련된 클래스들은 모두 이 패키지**에 담겠습니다.

그리고 테스트해볼 컨트롤러를 만들어 보겠습니다. 마찬가지로 마우스 오른쪽 버튼으로 클릭 [New ⇨ Java Class]를 선택합니다.

그림 2-10 컨트롤러 클래스 생성

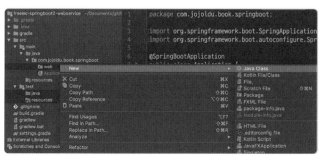

클래스의 이름은 HelloController로 하겠습니다.

그림 2-11 컨트롤러 클래스 이름

생성됐으면 간단한 API를 만들겠습니다.

| src/main/java/com/jojoldu/book/springboot/web/HelloController |

```java
import org.springframework.web.bind.annotation.GetMapping;
import org.springframework.web.bind.annotation.
RestController;

@RestController // ①
public class HelloController {

    @GetMapping("/hello") // ②
    public String hello() {
        return "hello";
    }
}
```

🗂코드설명

① @RestController
- 컨트롤러를 JSON을 반환하는 컨트롤러로 만들어 줍니다.
- 예전에는 @ResponseBody를 각 메소드마다 선언했던 것을 한번에 사용할 수 있게 해준다고 생각하면 됩니다.

② @GetMapping
- HTTP Method인 Get의 요청을 받을 수 있는 API를 만들어 줍니다.

- 예전에는 @RequestMapping(method = RequestMethod.GET)으로 사용되었습니다. 이제 이 프로젝트는 /hello로 요청이 오면 문자열 hello를 반환하는 기능을 가지게 되었습니다.

작성한 코드가 제대로 작동하는지 테스트를 하겠습니다. WAS를 실행하지 않고, **테스트 코드로 검증**해 보겠습니다. src/test/java 디렉토리에 앞에서 생성했던 패키지를 그대로 다시 생성해 봅니다.

그림 2-12 테스트 패키지

그리고 테스트 코드를 작성할 클래스(이하 테스트 클래스)를 생성합니다. 일반적으로 테스트 클래스는 **대상 클래스 이름에 Test를 붙입니다.** 그러므로 여기서는 HelloControllerTest로 생성합니다.

생성된 클래스에 다음과 같은 테스트 코드를 추가합니다.

| src/test/java/com/jojoldu/book/springboot/web/HelloControllerTest

```
import org.junit.Test;
import org.junit.runner.RunWith;
import org.springframework.beans.factory.annotation.
Autowired;
import org.springframework.boot.test.autoconfigure.web.
servlet.WebMvcTest;
import org.springframework.test.context.junit4.SpringRunner;
import org.springframework.test.web.servlet.MockMvc;
import org.springframework.test.web.servlet.ResultActions;
```

```
import static org.springframework.test.web.servlet.request.
MockMvcRequestBuilders.get;
import static org.springframework.test.web.servlet.result.
MockMvcResultMatchers.content;
import static org.springframework.test.web.servlet.result.
MockMvcResultMatchers.status;

@RunWith(SpringRunner.class) // ①
@WebMvcTest(controllers = HelloController.class) // ②
public class HelloControllerTest {

    @Autowired // ③
    private MockMvc mvc; // ④

    @Test
    public void hello가_리턴된다() throws Exception {
        String hello = "hello";

        mvc.perform(get("/hello")) // ⑤
                .andExpect(status().isOk()) // ⑥
                .andExpect(content().string(hello)); // ⑦
    }
}
```

📁코드설명

① **@RunWith(SpringRunner.class)**
- 테스트를 진행할 때 JUnit에 내장된 실행자 외에 다른 실행자를 실행시킵니다.
- 여기서는 SpringRunner라는 스프링 실행자를 사용합니다.
- 즉, 스프링 부트 테스트와 JUnit 사이에 연결자 역할을 합니다.

② **@WebMvcTest**
- 여러 스프링 테스트 어노테이션 중, Web(Spring MVC)에 집중할 수 있는 어노테이션 입니다.
- 선언할 경우 @Controller, @ControllerAdvice 등을 사용할 수 있습니다.
- 단, @Service, @Component, @Repository 등은 사용할 수 없습니다.
- 여기서는 컨트롤러만 사용하기 때문에 선언합니다.

③ @Autowired

- 스프링이 관리하는 빈(Bean)을 주입 받습니다.

④ private MockMvc mvc

- 웹 API를 테스트할 때 사용합니다.
- 스프링 MVC 테스트의 시작점입니다.
- 이 클래스를 통해 HTTP GET, POST 등에 대한 API 테스트를 할 수 있습니다.

⑤ mvc.perform(get("/hello"))

- MockMvc를 통해 /hello 주소로 HTTP GET 요청을 합니다.
- 체이닝이 지원되어 아래와 같이 여러 검증 기능을 이어서 선언할 수 있습니다.

⑥ .andExpect(status( ).isOk( ))

- mvc.perform의 결과를 검증합니다.
- HTTP Header의 Status를 검증합니다.
- 우리가 흔히 알고 있는 200, 404, 500 등의 상태를 검증합니다.
- 여기선 OK 즉, 200인지 아닌지를 검증합니다.

⑦ .andExpect(content( ).string(hello))

- mvc.perform의 결과를 검증합니다.
- 응답 본문의 내용을 검증합니다.
- Controller에서 "hello"를 리턴하기 때문에 이 값이 맞는지 검증합니다.

코드를 모두 작성했다면, 테스트 코드를 한번 실행해보겠습니다. 다음과 같이 **메소드 왼쪽의 화살표**를 클릭합니다.

그림 2-13 테스트 메소드 실행

```
32
33  ▶    @Test
34       public void hello가_리턴된다() throws Exception {
35           String hello = "hello";
36
37           mvc.perform(get( urlTemplate: "/hello"))
38                   .andExpect(status().isOk())
39                   .andExpect(content().string(hello));
40       }
```

그러면 다음과 같이 여러 실행 버튼이 등장하는 데 여기서 Run 'hello가_
리턴된다( )'를 클릭합니다.

그림 2-14 테스트 메소드 실행 버튼

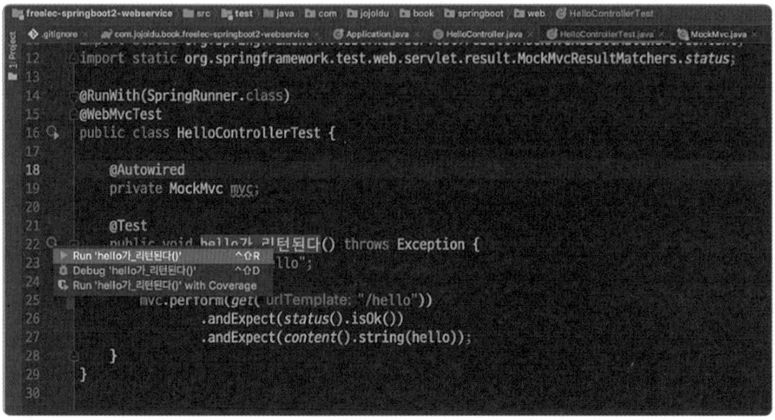

그럼 다음과 같이 테스트가 통과하는 것을 확인할 수 있습니다!

그림 2-15 테스트 메소드 실행 결과

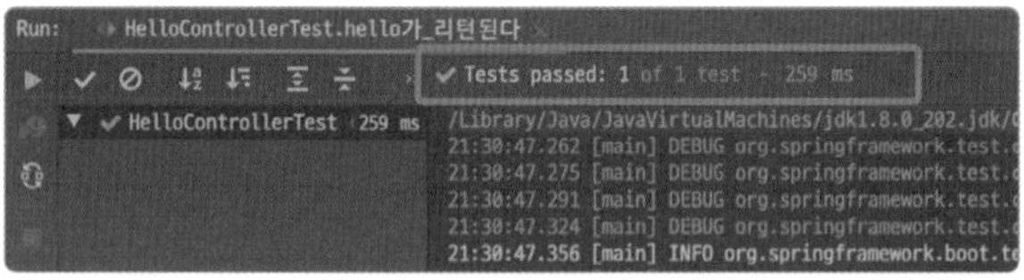

즉, 우리가 검증용으로 선언했던 .andExpect(status( ).isOk( ))와
.andExpect(content( ).string(hello))가 모두 테스트를 통과했음을 의미합니
다. 테스트 코드로 검증했지만, 아직 의심됩니다. 자 그럼 수동으로도 실
행해서 정상적으로 값이 출력되는지 한번 확인해 보겠습니다.

Application.java 파일로 이동해서 마찬가지로 **main 메소드의 왼쪽 화살표 버튼을 클릭**합니다.

그림 2-16 메인 메소드 실행

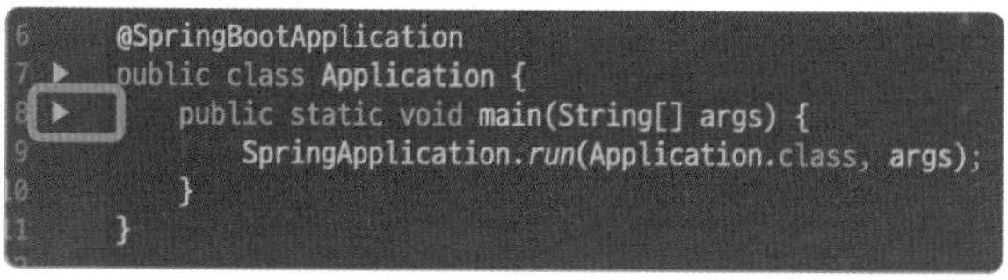

Run 'Application.main( )' 버튼을 클릭해서 실행해 봅니다.

그림 2-17 메인 메소드 실행 버튼

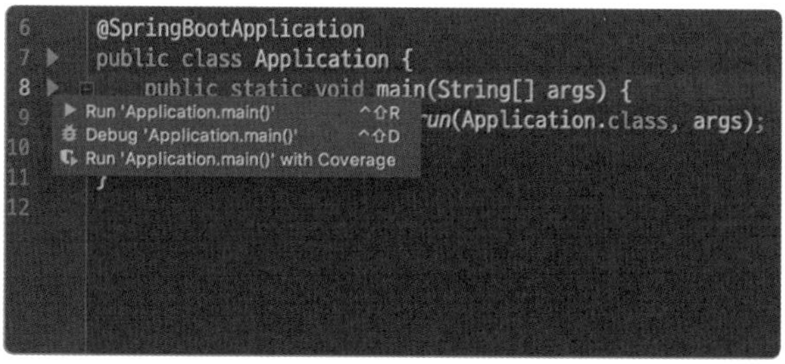

실행해보면 테스트 메소드 실행 때와 마찬가지로 스프링 부트 로그가 보입니다. 톰캣 서버가 8080 포트로 실행되었다는 것도 로그에 출력됩니다.

그림 2-18 메인 메소드 실행 로그

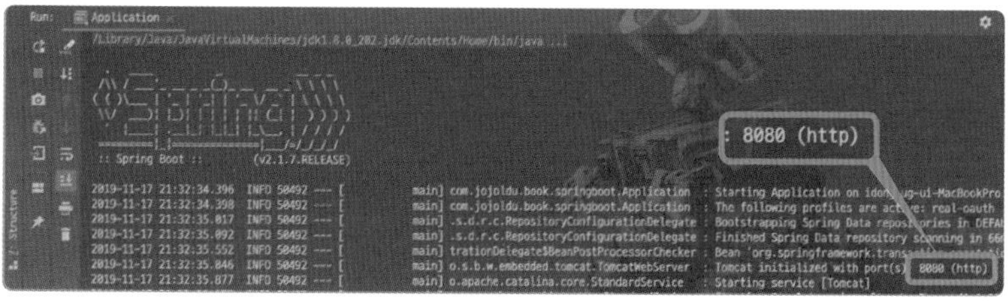

실행이 끝났다면 웹 브라우저를 열어 localhost:8080/hello로 접속해봅니다. 그럼! 다음과 같이 문자열 hello가 잘 노출됨을 확인할 수 있습니다.

그림 2-19 브라우저 결과 확인

테스트 코드의 결과와 같은 것을 알 수 있습니다. 이후에도 테스트 코드는 계속 작성합니다.

브라우저로 한 번씩 검증은 하시되, **테스트 코드는 꼭 따라 해야 합니다.** 그래야만 견고한 소프트웨어를 만드는 역량이 성장할 수 있습니다. 추가로, 절대 **수동으로 검증하고 테스트 코드를 작성하진 않습니다.** 테스트 코드로 먼저 검증 후, 정말 못 믿겠다는 생각이 들 땐 프로젝트를 실행해 확인한다는 점 명심해 주세요.

2.3 롬복 소개 및 설치하기

다음으로 소개해 드릴 것은 **자바 개발자들의 필수 라이브러리 롬복**[Lombok]입니다.

롬복은 자바 개발할 때 자주 사용하는 코드 Getter, Setter, 기본생성자, toString 등을 어노테이션으로 자동 생성해 줍니다.

이클립스의 경우엔 롬복 설치가 번거롭지만, 인텔리제이에선 플러그인 덕분에 쉽게 설정이 가능합니다. 그럼 먼저 **프로젝트에 롬복**을 추가해 보겠습니다. build.gradle에 다음의 코드를 추가합니다.

```
compile('org.projectlombok:lombok')
```

build.grade에 등록하였으니, Refresh로 새로고침^{Refresh}해서 라이브러리 (의존성이라고도 부릅니다)를 내려받습니다.

그림 2-20 build.gradle 의존성 추가

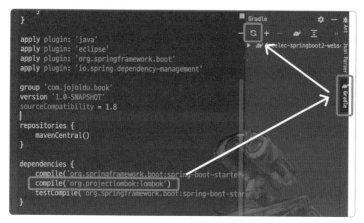

라이브러리를 다 받았다면 롬복 플러그인을 설치하겠습니다. 1장에서 .ignore 플러그인을 설치했을 때와 같이 단축키로 플러그인 Action을 검색합니다. 윈도우에서는 [Ctrl + Shift + A], 맥에서는 [Command + Shift + A]입니다. Plugins Action을 선택하면 플러그인 설치 팝업이 나옵니다.

그림 2-21 플러그인 Action 실행

Marketplace 탭으로 이동하여 "lombok"을 검색합니다. 검색 결과에서 나온 Lombok Plugin의 [Install] 버튼을 클릭하여 설치를 진행합니다.

그림 2-22 롬복 플러그인 검색

설치가 다 되면 [Restart IDE]를 클릭해서 인텔리제이를 재시작합니다.

그림 2-23 롬복 플러그인 설치

재시작하시면 인텔리제이 오른쪽 아래에 다음과 같이 "롬복에 대한 설정이 필요하다"는 팝업이 등장합니다.

그림 2-24 롬복 설정1

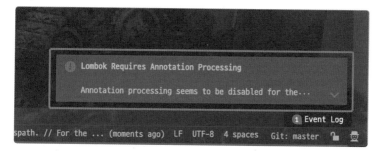

클릭하면 다음과 같이 **설정해야 할 장소**를 알려주는 데 파란색으로 표기된 곳을 클릭합니다.

그림 2-25 롬복 설정2

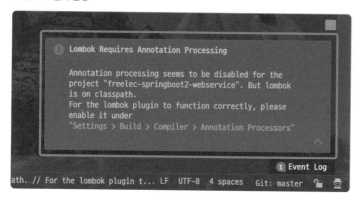

마지막으로 Enable annotation processing을 체크합니다.

그림 2-26 롬복 설정3

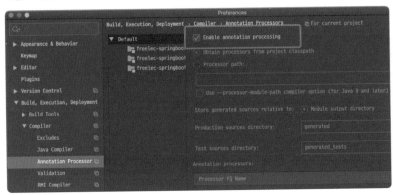

이제 이 프로젝트에서는 롬복을 사용할 수 있게 되었습니다.

롬복은 프로젝트마다 설정해야 합니다. 플러그인 설치는 한 번만 하면 되지만, build.gradle에
라이브러리를 추가하는 것과 Enable annotation processing를 체크하는 것은 프로젝트마다
진행해야 합니다.

롬복을 설정했으니 이제 한번 기존 코드를 **롬복으로 리팩토링**해 보겠습
니다.

2.4 Hello Controller 코드를 롬복으로 전환하기

기존 코드를 롬복으로 변경해 보겠습니다. 만약 이 프로젝트가 지금처럼 작은 규모가 아닌 큰 규모의 프로젝트였다면 **롬복으로 전환할 수 있었을까요?** 쉽지 않았을 것입니다. 어떤 기능이 제대로 작동될지 안 될지 예측할 수 없기 때문입니다.

하지만 우리는 쉽게 변경할 수 있습니다. **테스트 코드가 우리의 코드를 지켜주기 때문입니다.** 롬복으로 변경하고 문제가 생기는지는 테스트 코드만 돌려보면 알 수 있습니다. 그러니 마음 편하게 변경해 보겠습니다.

먼저 web 패키지에 dto 패키지를 추가하겠습니다. 앞으로 **모든 응답 Dto는 이 Dto 패키지에 추가**하겠습니다. 이 패키지에 HelloResponseDto를 생성합니다.

그림 2-27 dto 패키지와 클래스

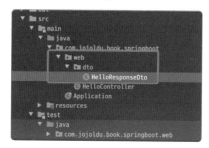

HelloResponseDto 코드를 작성합니다.

src/main/java/com/jojoldu/book/springboot/web/dto/
HelloResponseDto

```java
import lombok.Getter;
import lombok.RequiredArgsConstructor;
```

```
@Getter // ①
@RequiredArgsConstructor // ②
public class HelloResponseDto {

    private final String name;
    private final int amount;

}
```

처음 보는 어노테이션 2개가 추가되었습니다.

📂코드설명

① @Getter
- 선언된 모든 필드의 get 메소드를 생성해 줍니다.

② @RequiredArgsConstructor
- 선언된 모든 final 필드가 포함된 생성자를 생성해 줍니다.
- final이 없는 필드는 생성자에 포함되지 않습니다.

이 Dto에 적용된 롬복이 잘 작동하는지 간단한 테스트 코드를 작성해 보겠습니다.

그림 2-28 dto 테스트 패키지와 클래스

HelloResponseDtoTest 클래스의 코드는 다음과 같습니다.

**src/test/java/com/jojoldu/book/springboot/web/dto/
HelloResponseDtoTest**

```java
import org.junit.Test;
import static org.assertj.core.api.Assertions.assertThat;

public class HelloResponseDtoTest {

    @Test
    public void 롬복_기능_테스트() {
        //given
        String name = "test";
        int amount = 1000;

        //when
        HelloResponseDto dto = new HelloResponseDto(name,
                                                    amount);

        //then
        assertThat(dto.getName()).isEqualTo(name); // ①, ②
        assertThat(dto.getAmount()).isEqualTo(amount);
    }
}
```

📁 코드설명

① **assertThat**
- assertj라는 테스트 검증 라이브러리의 검증 메소드입니다.
- 검증하고 싶은 대상을 메소드 인자로 받습니다.
- 메소드 체이닝이 지원되어 isEqualTo와 같이 메소드를 이어서 사용할 수 있습니다.

② **isEqualTo**
- assertj의 동등 비교 메소드입니다.
- assertThat에 있는 값과 isEqualTo의 값을 비교해서 같을 때만 성공입니다.

여기서 필자는 Junit의 기본 assertThat이 아닌 assertj의 assertThat을 사용했습니다. assertj 역시 Junit에서 자동으로 라이브러리 등록을 해줍니다. Junit과 비교하여 assertj의 장점은 다음과 같습니다.

- CoreMatchers와 달리 추가적으로 라이브러리가 필요하지 않습니다.
  - Junit의 assertThat을 쓰게 되면 is( )와 같이 CoreMatchers 라이브러리가 필요합니다.
- 자동완성이 좀 더 확실하게 지원됩니다.
  - IDE에서는 CoreMatchers와 같은 Matcher 라이브러리의 자동완성 지원이 약합니다.

assertj의 장점에 대한 자세한 설명은 백기선님의 유튜브 'assertJ가 JUnit의 assertThat 보다 편리한 이유'를 참고하면 좋습니다(http://bit.ly/30vm9Lg).

작성된 테스트 메소드를 실행해 봅니다.

그림 2-29 dto 테스트 메소드 결과

만약 테스트가 실패한다면 그레이들 버전이 5인지 확인이 필요합니다. 테스트 실패 원인 파악과 어떻게 해결하는지를 자세히 기록한 문서를 참고하면 좋습니다(http://bit.ly/382Q7d7).

정상적으로 기능이 수행되는 것을 확인했습니다! 롬복의 @Getter로 get 메소드가, @RequiredArgsConstructor로 생성자가 자동으로 생성되는 것이 증명되었습니다.

자 그럼 HelloController에도 새로 만든 ResponseDto를 사용하도록 코드를 추가해 봅니다.

```
@GetMapping("/hello/dto")
public HelloResponseDto helloDto(@RequestParam("name") String
                                        name, // ①
                                 @RequestParam("amount") int
                                        amount) {
    return new HelloResponseDto(name, amount);
}
```

📂 코드설명

① @RequestParam
- 외부에서 API로 넘긴 파라미터를 가져오는 어노테이션입니다.
- 여기서는 외부에서 name (@RequestParam("name")) 이란 이름으로 넘긴 파라미터를 메소드 파라미터 name(String name)에 저장하게 됩니다.

name과 amount는 API를 호출하는 곳에서 넘겨준 값들입니다. 추가된 API를 테스트하는 코드를 HelloControllerTest에 추가합니다.

```
import org.junit.Test;
import org.junit.runner.RunWith;
import org.springframework.beans.factory.annotation.
Autowired;
import org.springframework.boot.test.autoconfigure.web.
servlet.WebMvcTest;
import org.springframework.test.context.junit4.SpringRunner;
import org.springframework.test.web.servlet.MockMvc;

import static org.hamcrest.Matchers.is;
import static org.springframework.test.web.servlet.request.
MockMvcRequestBuilders.get;
import static org.springframework.test.web.servlet.result.
MockMvcResultMatchers.content;
import static org.springframework.test.web.servlet.result.
MockMvcResultMatchers.jsonPath;
import static org.springframework.test.web.servlet.result.
MockMvcResultMatchers.status;
```

```
@RunWith(SpringRunner.class)
@WebMvcTest
public class HelloControllerTest {

    @Autowired
    private MockMvc mvc;

    @Test
    public void hello가_리턴된다() throws Exception {
        String hello = "hello";

        mvc.perform(get("/hello"))
                .andExpect(status().isOk())
                .andExpect(content().string(hello));
    }

    @Test
    public void helloDto가_리턴된다() throws Exception {
        String name = "hello";
        int amount = 1000;

        mvc.perform(
                    get("/hello/dto")
                            .param("name", name) // ①
                            .param("amount", String.
valueOf(amount)))
                .andExpect(status().isOk())
                .andExpect(jsonPath("$.name", is(name))) // ②
                .andExpect(jsonPath("$.amount", is(amount)));
    }
}
```

📂코드설명

① param
- API 테스트할 때 사용될 요청 파라미터를 설정합니다.
- 단, 값은 String만 허용됩니다.
- 그래서 숫자/날짜 등의 데이터도 등록할 때는 문자열로 변경해야만 가능합니다.

② jsonPath
- JSON 응답값을 필드별로 검증할 수 있는 메소드입니다.
- $를 기준으로 필드명을 명시합니다.
- 여기서는 name과 amount를 검증하니 $.name, $.amount로 검증합니다.

자 그럼 이제 추가된 API도 한번 테스트를 실행해보겠습니다.

그림 2-30 dto API 테스트 결과

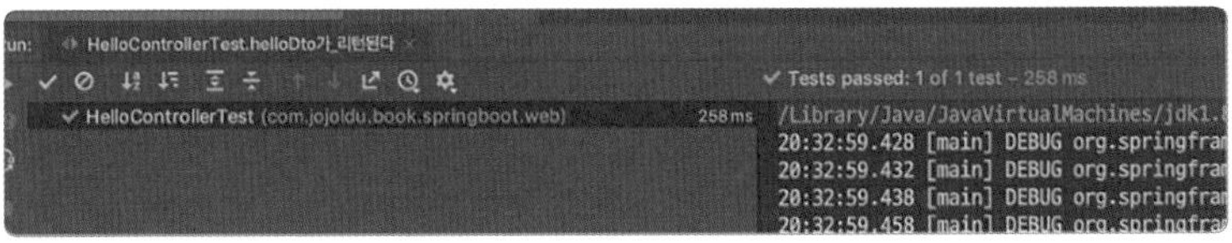

JSON이 리턴되는 API 역시 정상적으로 테스트가 통과하는 것을 확인할 수 있습니다.

이번 장에서는 다음을 배웠습니다.

- TDD와 단위 테스트란

- 스프링 부트 환경에서 테스트 코드를 작성하는 방법

- 자바의 필수 유틸 롬복의 사용법

아직까지 직접 손으로 테스트하고, 눈으로 검증하는 것이 더 편할 수 있습니다. 그럼에도 꼭 익혀야 하는 기술이 테스트 코드입니다.

많은 서비스 회사에서 테스트 코드의 중요성을 언급한다는 것을 꼭 떠올려주세요. 아직까지는 테스트 코드로 코드를 검증하는 것이 어색하시겠지만, 이 책의 후반부까지 잘 따라온다면 분명 익숙해질 수 있습니다. 다음 장부터는 스프링 부트에서 데이터베이스를 어떻게 사용하는지 배워 보겠습니다.

스프링 부트에서 JPA로 데이터베이스 다뤄보자

웹 서비스를 개발하고 운영하다 보면 피할 수 없는 문제가 **데이터베이스를 다루는 일**입니다.

필자가 스프링을 배울 때는 iBatis(현재는 MyBatis)와 같은 SQL 매퍼^{Mapper}를 이용해서 데이터베이스의 쿼리를 작성했습니다.

그러다 보니 **실제로 개발하는 시간보다 SQL을 다루는 시간이 더 많았습니다.** 이것이 이상하게 느껴졌습니다. 분명 "객체지향 프로그래밍을 배웠는데 왜 객체지향 프로그래밍을 못 하지?" 라는 생각을 계속했습니다. 객체 모델링보다는 **테이블 모델링에만 집중**하고, 객체를 단순히 테이블에 맞추어 데이터 전달 역할만 하는 개발은 분명 기형적인 형태였습니다.

어떻게 하면 관계형 데이터베이스를 이용하는 프로젝트에서 객체지향 프로그래밍을 할 수 있을까 고민했습니다. 그러던 중, 이미 기존의 Java 개발자분들 역시 이 고민을 하고 있었음을 알게 되었습니다. 문제의 해결책으로 **JPA라는 자바 표준 ORM**^{Object Relational Mapping} 기술을 만나게 됩니다. 이번 시간에는 JPA를 프로젝트에 적용해 보겠습니다.

> MyBatis, iBatis는 ORM이 아닙니다. SQL Mapper입니다. 가끔 ORM에 대해 MyBatis, iBatis를 얘기하게 되는데 이 둘은 ORM이 아닙니다. ORM은 객체를 매핑하는 것이고, SQL Mapper는 쿼리를 매핑합니다.

아직 SI 환경에서는 Spring & MyBatis를 많이 사용하지만, 쿠팡, 우아한형제들, NHN(구 NHN Entertainment) 등 자사 서비스를 개발하는 곳에서는 SpringBoot & JPA를 전사 표준으로 사용하고 있습니다. 그 외 나머지 서비스 기업들 역시 기존 프로젝트 환경을 개편하시는 분들은 대부분

JPA를 선택하고 있습니다. 자사 서비스를 운영하는 회사에선 점점 더 많이 사용되고 있으므로 이런 곳으로 가고자 하시는 분들은 이번 기회에 꼭! 시작해 보셨으면 합니다.

3.1 JPA 소개

현대의 웹 애플리케이션에서 관계형 데이터베이스(RDB, Relational Database)는 빠질 수 없는 요소입니다. Oracle, MySQL, MSSQL 등을 쓰지 않는 웹 애플리케이션은 거의 없습니다. 그러다 보니 **객체를 관계형 데이터 베이스에서 관리**하는 것이 무엇보다 중요합니다.

관계형 데이터베이스가 계속해서 웹 서비스의 중심이 되면서 모든 코드는 SQL 중심이 되어갑니다.

현업 프로젝트 대부분이 **애플리케이션 코드보다 SQL**로 가득하게 된 것입니다.

이는 관계형 데이터베이스가 SQL만 인식할 수 있기 때문인데, SQL로만 가능하니 각 테이블마다 기본적인 CRUD(Create, Read, Update, Delete) SQL을 매번 생성해야 합니다. 예를 들어 User 객체를 테이블로 관리한다면 다음의 코드를 피할 수 없습니다.

```
insert into user (id, name, ...) values (...);
select * from user where ...;
update user set ... where ...;
delete from user where ...;
```

개발자가 아무리 자바 클래스를 아름답게 설계해도, SQL을 통해야만 데이터베이스에 저장하고 조회할 수 있습니다. 결국, 관계형 데이터베이스를 사용해야만 하는 상황에서 **SQL은 피할 수 없습니다.**

이 반복적인 SQL을 얼마나 많이 만들어야 할까요? 실제 현업에서는 수십, 수백 개의 테이블이 있는데, 이 테이블의 몇 배의 SQL을 만들고 유지보수해야만 합니다. 단순 반복 작업을 수백 번 해야 하는 것만큼 스트레스 쌓이는 일은 없습니다.

이런 단순 반복 작업의 문제 외에도 한 가지 문제가 더 있습니다. 그건 바로 **패러다임 불일치** 문제입니다. 관계형 데이터베이스는 **어떻게 데이터를 저장**할지에 초점이 맞춰진 기술입니다.

반대로 객체지향 프로그래밍 언어는 메시지를 기반으로 **기능과 속성을 한 곳에서 관리**하는 기술입니다.

C++ 혹은 자바라는 언어를 배워 보신 분들은 추상화, 캡슐화, 정보은닉, 다형성 등 여러 정의를 배운 것을 떠올려보시면 됩니다. 관계형 데이터베이스로 객체지향을 표현할 수 있을까요?

쉽지 않습니다. 이 둘은 이미 사상부터 다른 시작점에서 출발했습니다.

관계형 데이터베이스와 객체지향 프로그래밍 언어의 패러다임이 서로 다른데, 객체를 데이터베이스에 저장하려고 하니 여러 문제가 발생합니다. 이를 **패러다임 불일치**라고 합니다. 객체지향 프로그래밍에서 부모가 되는 객체를 가져오려면 어떻게 해야 할까요?

```
User user = findUser();
Group group = user.getGroup();
```

누구나 명확하게 **User와 Group은 부모-자식 관계**임을 알 수 있습니다. User가 본인이 속한 Group을 가져온 코드이기 때문입니다. 하지만 여기에 데이터베이스가 추가되면 다음과 같이 변경됩니다.

```
User user = userDao.findUser();
Group group = groupDao.findGroup(user.getGroupId());
```

User 따로, Group 따로 조회하게 됩니다. User와 Group이 어떤 관계인지 알 수 있을까요? 상속, 1:N 등 다양한 객체 모델링을 데이터베이스로는 구현할 수 없습니다. 그러다 보니 웹 애플리케이션 개발은 점점 **데이터베이스 모델링**에만 집중하게 됩니다. JPA는 이런 문제점을 해결하기 위해 등장하게 됩니다.

서로 지향하는 바가 다른 2개 영역(객체지향 프로그래밍 언어와 관계형 데이터베이스)을 **중간에서 패러다임 일치**를 시켜주기 위한 기술입니다.

즉, 개발자는 **객체지향적으로 프로그래밍을 하고**, JPA가 이를 관계형 데이터베이스에 맞게 SQL을 대신 생성해서 실행합니다. 개발자는 항상 객체지향적으로 코드를 표현할 수 있으니 더는 **SQL에 종속적인 개발을 하지 않아도 됩니다.**

객체 중심으로 개발을 하게 되니 생산성 향상은 물론 유지 보수하기가 정말 편합니다. 이런 점 때문에 규모가 크고 365일 24시간, 대규모 트래픽과 데이터를 가진 서비스에서 JPA는 점점 표준 기술로 자리 잡고 있습니다.

Spring Data JPA

JPA는 인터페이스로서 자바 표준명세서입니다. 인터페이스인 JPA를 사용하기 위해서는 구현체가 필요합니다. 대표적으로 Hibernate, Eclipse Link 등이 있습니다. 하지만 Spring에서 JPA를 사용할 때는 이 구현체들을 직접 다루진 않습니다.

구현체들을 좀 더 쉽게 사용하고자 추상화시킨 **Spring Data JPA**라는 모듈을 이용하여 JPA 기술을 다룹니다. 이들의 관계를 보면 다음과 같습니다.

- JPA ← Hibernate ← Spring Data JPA

Hibernate를 쓰는 것과 Spring Data JPA를 쓰는 것 사이에는 큰 차이가 없습니다. 그럼에도 스프링 진영에서는 Spring Data JPA를 개발했고, 이를 권장하고 있습니다.

이렇게 한 단계 더 감싸놓은 Spring Data JPA가 등장한 이유는 크게 두 가지가 있습니다.

- 구현체 교체의 용이성
- 저장소 교체의 용이성

먼저 '구현체 교체의 용이성'이란 **Hibernate 외에 다른 구현체로 쉽게 교체하기 위함**입니다.

Hibernate가 언젠간 수명을 다해서 새로운 JPA 구현체가 대세로 떠오를 때, Spring Data JPA를 쓰는 중이라면 아주 쉽게 교체할 수 있습니다.

Spring Data JPA 내부에서 구현체 매핑을 지원해주기 때문입니다. 실제로 자바의 Redis 클라이언트가 Jedis에서 Lettuce로 대세가 넘어갈 때 Spring Data Redis를 쓰신 분들은 아주 쉽게 교체를 했습니다.

다음으로 '저장소 교체의 용이성'이란 **관계형 데이터베이스 외에 다른 저장소로 쉽게 교체하기 위함**입니다.

서비스 초기에는 관계형 데이터베이스로 모든 기능을 처리했지만, 점점 트래픽이 많아져 관계형 데이터베이스로는 도저히 감당이 안 될 때가

올 수 있습니다. 이때 MongoDB로 교체가 필요하다면 개발자는 Spring Data JPA에서 **Spring Data MongoDB로 의존성만 교체**하면 됩니다.

이는 Spring Data의 하위 프로젝트들은 기본적인 **CRUD의 인터페이스가 같기** 때문입니다. 즉, Spring Data JPA, Spring Data Redis, Spring Data MongoDB 등등 Spring Data의 하위 프로젝트들은 save( ), findAll, findOne( ) 등을 인터페이스로 갖고 있습니다. 그러다 보니 저장소가 교체되어도 기본적인 기능은 변경할 것이 없습니다. 이런 장점들로 인해 Hibernate를 직접 쓰기보다는 Spring 팀에서 계속해서 Spring Data 프로젝트를 권장하고 있습니다.

실무에서 JPA

실무에서 JPA를 사용하지 못하는 가장 큰 이유로 **높은 러닝 커브**를 이야기합니다. 이점은 필자도 동의합니다. JPA를 잘 쓰려면 **객체지향 프로그래밍과 관계형 데이터베이스**를 둘 다 이해해야 합니다.

하지만 그만큼 JPA를 사용해서 얻는 보상은 큽니다. 가장 먼저 CRUD 쿼리를 직접 작성할 필요가 없습니다. 또한, 부모-자식 관계 표현, 1:N 관계 표현, 상태와 행위를 한 곳에서 관리하는 등 객체지향 프로그래밍을 쉽게 할 수 있습니다.

속도 이슈는 없을까 하는 걱정이 있을 거라 생각합니다. 필자는 포털 서비스와 이커머스에서 모두 JPA 기술들을 사용해 보면서 높은 트래픽과 대용량 데이터 처리를 경험해보았습니다. JPA에서는 여러 성능 이슈 해결책들을 이미 준비해놓은 상태이기 때문에 이를 잘 활용하면 네이티브 쿼리만큼의 퍼포먼스를 낼 수 있습니다. 다음 절에는 이 JPA의 장점을 한번 경험해보겠습니다.

요구사항 분석

앞으로 3장에서 6장까지 하나의 게시판(웹 애플리케이션)을 만들어 보고 7장부터 10장까지는 이 서비스를 AWS에 무중단 배포 하는것까지 진행 합니다.

이 게시판의 요구사항은 다음과 같습니다.

- **▪ 게시판 기능**
  - 게시글 조회
  - 게시글 등록
  - 게시글 수정
  - 게시글 삭제

- **▪ 회원 기능**
  - 구글 / 네이버 로그인
  - 로그인한 사용자 글 작성 권한
  - 본인 작성 글에 대한 권한 관리

어떤 웹 애플리케이션을 만들더라도 기반이 될 수 있게 보편적이지만 필수 기능들은 모두 구현하게 됩니다. 이를 구현한 메인 화면은 다음 그 림과 같습니다.

그림 3-1 요구사항 분석1

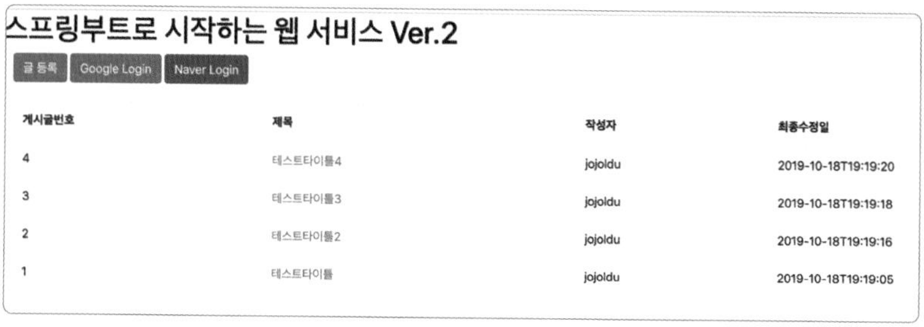

글 등록과 글 수정 역시 별도로 화면과 기능을 제공합니다.

그림 3-2 요구사항 분석2

그림 3-3 요구사항 분석3

자 그럼 이제 하나씩 이 기능들을 만들어보겠습니다.

3.2 프로젝트에 Spring Data Jpa 적용하기

먼저 build.gradle에 다음과 같이 org.springframework.boot:spring-boot-starter-data-jpa와 com.h2database:h2 의존성들을 등록합니다.

```
dependencies {
    compile('org.springframework.boot:spring-boot-starter-
                                                    web')
    compile('org.projectlombok:lombok')

    compile('org.springframework.boot:spring-boot-starter-
                                                data-jpa') // ①
    compile('com.h2database:h2') // ②

    testCompile('org.springframework.boot:spring-boot-
                                            starter-test')
}
```

📁 코드설명

① **spring-boot-starter-data-jpa**
- 스프링 부트용 Spring Data Jpa 추상화 라이브러리입니다.
- 스프링 부트 버전에 맞춰 자동으로 JPA관련 라이브러리들의 버전을 관리해 줍니다.

② **h2**
- 인메모리 관계형 데이터베이스입니다.
- 별도의 설치가 필요 없이 프로젝트 의존성만으로 관리할 수 있습니다.
- 메모리에서 실행되기 때문에 애플리케이션을 재시작할 때마다 초기화된다는 점을 이용하여 테스트 용도로 많이 사용됩니다.
- 이 책에서는 JPA의 테스트, 로컬 환경에서의 구동에서 사용할 예정입니다.

의존성이 등록되었다면, 본격적으로 JPA 기능을 사용해 보겠습니다. 다음과 같이 패키지를 만듭니다.

그림 3-4 domain 패키지

이 domain 패키지는 **도메인을 담을 패키지**입니다. 여기서 도메인이란 게시글, 댓글, 회원, 정산, 결제 등 소프트웨어에 대한 요구사항 혹은 문제 영역이라고 생각하면 됩니다.

기존에 MyBatis와 같은 쿼리 매퍼를 사용했다면 dao 패키지를 떠올리겠지만, dao 패키지와는 조금 결이 다르다고 생각하면 됩니다. 그간 xml에 쿼리를 담고, 클래스는 오로지 쿼리의 결과만 담던 일들이 모두 도메인 클래스라고 불리는 곳에서 해결됩니다.

도메인이란 용어가 조금 어색할 수 있습니다. 과정이 하나씩 진행될 때마다 어떤 이야기인지 몸으로 느낄 수 있으니 조금만 참아주세요.

> 도메인을 좀 더 자세하게 공부해보고 싶으신 분들은 최범균님이 집필하신 <<DDD Start>>(지앤선, 2016)을 참고해보길 추천합니다.

domain 패키지에 posts 패키지와 Posts 클래스를 만듭니다.

그림 3-5 posts 패키지와 클래스

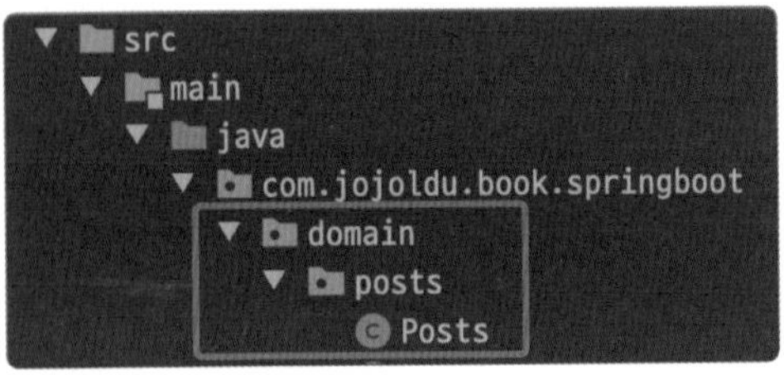

Posts 클래스의 코드는 다음과 같습니다.

| src/main/java/com/jojoldu/book/springboot/domain/posts/Posts

```java
import lombok.Builder;
import lombok.Getter;
import lombok.NoArgsConstructor;

import javax.persistence.Column;
import javax.persistence.Entity;
import javax.persistence.GeneratedValue;
import javax.persistence.GenerationType;
import javax.persistence.Id;

@Getter // ⑥
```

```java
@NoArgsConstructor // ⑤
@Entity // ①
public class Posts {

    @Id // ②
    @GeneratedValue(strategy = GenerationType.IDENTITY) // ③
    private Long id;

    @Column(length = 500, nullable = false) // ④
    private String title;

    @Column(columnDefinition = "TEXT", nullable = false)
    private String content;

    private String author;

    @Builder // ⑦
    public Posts(String title, String content, String author) {
        this.title = title;
        this.content = content;
        this.author = author;
    }
}
```

필자는 어노테이션 순서를 **주요 어노테이션을 클래스에 가깝게** 둡니다. 이렇게 어노테이션을 정렬하는 기준은 다음과 같습니다.

@Entity는 JPA의 어노테이션이며, @Getter와 @NoArgsConstructor는 롬복의 어노테이션입니다.

롬복은 코드를 단순화시켜 주지만 **필수 어노테이션은 아닙니다.** 그러다 보니 주요 어노테이션인 @Entity를 클래스에 가깝게 두고, 롬복 어노테이션을 그 위로 두었습니다. 이렇게 하면 이후에 **코틀린 등의 새 언어 전환으로 롬복이 더이상 필요 없을 경우** 쉽게 삭제할 수 있습니다.

여기서 Posts 클래스는 실제 DB의 테이블과 매칭될 클래스이며 보통

Entity 클래스라고도 합니다. JPA를 사용하시면 DB 데이터에 작업할 경우 실제 쿼리를 날리기보다는, 이 Entity 클래스의 수정을 통해 작업합니다.

Posts 클래스에는 JPA에서 제공하는 어노테이션들이 몇 개 있습니다.

📂 코드설명

① **@Entity**
- 테이블과 링크될 클래스임을 나타냅니다.
- 기본값으로 클래스의 카멜케이스 이름을 언더스코어 네이밍(_)으로 테이블 이름을 매칭합니다.
- ex) SalesManager.java → sales_manager table

② **@Id**
- 해당 테이블의 PK 필드를 나타냅니다.

③ **@GeneratedValue**
- PK의 생성 규칙을 나타냅니다.
- 스프링 부트 2.0 에서는 GenerationType.IDENTITY 옵션을 추가해야만 auto_increment가 됩니다.
- 스프링 부트 2.0 버전과 1.5 버전의 차이는 https://jojoldu.tistory.com/295 에 정리했으니 참고하세요.

④ **@Column**
- 테이블의 칼럼을 나타내며 굳이 선언하지 않더라도 해당 클래스의 필드는 모두 칼럼이 됩니다.
- 사용하는 이유는, 기본값 외에 추가로 변경이 필요한 옵션이 있으면 사용합니다.
- 문자열의 경우 VARCHAR(255)가 기본값인데, 사이즈를 500으로 늘리고 싶거나(ex: title), 타입을 TEXT로 변경하고 싶거나(ex: content) 등의 경우에 사용됩니다.

> **참고**
>
> 웬만하면 Entity의 PK는 Long 타입의 Auto_increment를 추천합니다(MySQL 기준으로 이렇게 하면 bigint 타입이 됩니다). 주민등록번호와 같이 비즈니스상 유니크 키나, 여러 키를 조합한 복합키로 PK를 잡을 경우 난감한 상황이 종종 발생합니다.
>
> (1) FK를 맺을 때 다른 테이블에서 복합키 전부를 갖고 있거나, 중간 테이블을 하나 더 둬야 하는 상황이 발생합니다.
>
> (2) 인덱스에 좋은 영향을 끼치지 못합니다.
>
> (3) 유니크한 조건이 변경될 경우 PK 전체를 수정해야 하는 일이 발생합니다.
>
> 주민등록번호, 복합키 등은 유니크 키로 별도로 추가하시는 것을 추천드립니다.

앞서 소개해 드린 어노테이션 외에 몇 개의 어노테이션들이 더 보입니다(@NoArgsConstructor, @Getter, @Builder). 이는 2장에서 추가한 롬복 라이브러리의 어노테이션들입니다. 어노테이션 이름만 봐도 대략적인 기능을 예측할 수 있습니다.

⑤ **@NoArgsConstructor**
- 기본 생성자 자동 추가
- public Posts( ) { }와 같은 효과

⑥ **@Getter**
- 클래스 내 모든 필드의 Getter 메소드를 자동생성

⑦ **@Builder**
- 해당 클래스의 빌더 패턴 클래스를 생성
- 생성자 상단에 선언 시 생성자에 포함된 필드만 빌더에 포함

서비스 초기 구축 단계에선 테이블 설계(여기선 Entity 설계)가 빈번하게 변경되는데, 이때 롬복의 어노테이션들은 코드 변경량을 최소화시켜 주기 때문에 적극적으로 사용합니다.

이 Posts 클래스에는 한 가지 특이점이 있습니다. 바로 **Setter 메소드가 없다**는 점입니다.

자바빈 규약을 생각하면서 **getter/setter를 무작정 생성**하는 경우가 있습니다. 이렇게 되면 해당 클래스의 인스턴스 값들이 언제 어디서 변해야 하는지 코드상으로 명확하게 구분할 수가 없어, 차후 기능 변경 시 정말 복잡해집니다.

그래서 **Entity 클래스에서는 절대 Setter 메소드를 만들지 않습니다.** 대신, 해당 필드의 값 변경이 필요하면 명확히 그 목적과 의도를 나타낼 수 있는 메소드를 추가해야만 합니다.

예를 들어 주문 취소 메소드를 만든다고 가정하면 다음 코드로 비교해 보면 됩니다.

잘못된 사용 예

```
public class Order{
    public void setStatus(boolean status){
        this.status = status
    }
}

public void 주문서비스의_취소이벤트 (){
    order.setStatus(false);
}
```

올바른 사용 예

```
public class Order{
    public void cancelOrder(){
        this.status = false;
    }
}

public void 주문서비스의_취소이벤트 (){
    order.cancelOrder();
}
```

자 그러면 여기서 한 가지 의문이 남습니다. **Setter가 없는 이 상황에서 어떻게 값을 채워 DB에 삽입**^{insert}**해야 할까요?**

기본적인 구조는 **생성자를 통해** 최종값을 채운 후 DB에 삽입^{insert}하는 것이며, 값 변경이 필요한 경우 **해당 이벤트에 맞는 public 메소드를 호출**하여 변경하는 것을 전제로 합니다.

이 책에서는 생성자 대신에 **@Builder를 통해 제공되는 빌더 클래스**를 사용합니다. 생성자나 빌더나 생성 시점에 값을 채워주는 역할은 똑같습니다. 다만, 생성자의 경우 지금 채워야 할 필드가 무엇인지 명확히 지정할 수가 없습니다.

예를 들어 다음과 같은 생성자가 있다면 개발자가 new Example(b, a)처럼 a와 b의 위치를 변경해도 코드를 실행하기 전까지는 문제를 찾을 수가 없습니다.

```
public Example(String a, String b){
    this.a = a;
    this.b = b;
}
```

하지만 빌더를 사용하게 되면 다음과 같이 **어느 필드에 어떤 값을 채워야 할지** 명확하게 인지할 수 있습니다.

```
Example.builder()
    .a(a)
    .b(b)
    .build();
```

앞으로 모든 예제는 이렇게 빌더 패턴을 적극적으로 사용하니, 잘 익혀 두면 좋습니다.

Posts 클래스 생성이 끝났다면, Posts 클래스로 Database를 접근하게 해 줄 JpaRepository를 생성합니다.

그림 3-6 Posts의 Repository

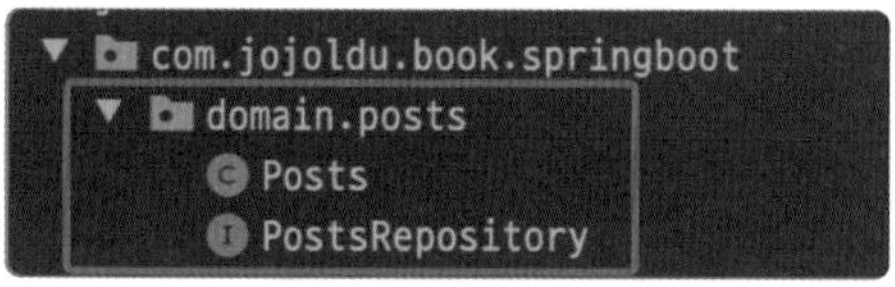

```
com.jojoldu.book.springboot
    domain.posts
        Posts
        PostsRepository
```

> src/main/java/com/jojoldu/book/springboot/domain/posts/
> PostsRepository

```
import org.springframework.data.jpa.repository.JpaRepository;

public interface PostsRepository extends JpaRepository<Posts,
                                                        Long>{
}
```

보통 ibatis나 MyBatis 등에서 Dao라고 불리는 DB Layer 접근자입니다. JPA에선 Repository라고 부르며 **인터페이스**로 생성합니다. 단순히 인터페이스를 생성 후, JpaRepository<Entity 클래스, PK 타입>를 상속하면 기본적인 CRUD 메소드가 자동으로 생성됩니다.

@Repository를 추가할 필요도 없습니다. 여기서 주의하실 점은 **Entity 클래스와 기본 Entity Repository는 함께 위치**해야 하는 점입니다. 둘은 아주 밀접한 관계이고, Entity 클래스는 **기본 Repository 없이는 제대로 역할을 할 수가 없습니다.**

나중에 프로젝트 규모가 커져 도메인별로 프로젝트를 분리해야 한다면 이때 Entity 클래스와 기본 Repository는 함께 움직여야 하므로 **도메인 패키지에서 함께 관리**합니다.

모두 작성되었다면 간단하게 테스트 코드로 기능을 검증해 보겠습니다.

3.3 Spring Data JPA 테스트 코드 작성하기

test 디렉토리에 domain.posts 패키지를 생성하고, 테스트 클래스는 PostsRepositoryTest란 이름으로 생성합니다.

그림 3-7 PostsRepositoryTest 패키지와 클래스

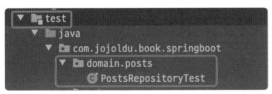

PostsRepositoryTest에서는 다음과 같이 **save, findAll** 기능을 테스트합니다.

**src/test/java/com/jojoldu/book/springboot/domain/posts/
PostsRepositoryTest**

```java
import org.junit.After;
import org.junit.Test;
import org.junit.runner.RunWith;
import org.springframework.beans.factory.annotation.
Autowired;
import org.springframework.boot.test.context.SpringBootTest;
import org.springframework.test.context.junit4.SpringRunner;

import java.util.List;

import static org.assertj.core.api.Assertions.assertThat;

@RunWith(SpringRunner.class)
@SpringBootTest
public class PostsRepositoryTest {

    @Autowired
    PostsRepository postsRepository;

    @After // ①
    public void cleanup() {
        postsRepository.deleteAll();
    }

    @Test
    public void 게시글저장_불러오기() {
        //given
        String title = "테스트 게시글";
        String content = "테스트 본문";

        postsRepository.save(Posts.builder() // ②
```

```
                    .title(title)
                    .content(content)
                    .author("jojoldu@gmail.com")
                    .build());

            //when
            List<Posts> postsList = postsRepository.findAll(); // ③

            //then
            Posts posts = postsList.get(0);
            assertThat(posts.getTitle()).isEqualTo(title);
            assertThat(posts.getContent()).isEqualTo(content);
        }
}
```

📁 코드설명

① **@After**
- Junit에서 단위 테스트가 끝날 때마다 수행되는 메소드를 지정
- 보통은 배포 전 전체 테스트를 수행할 때 테스트간 데이터 침범을 막기 위해 사용합니다.
- 여러 테스트가 동시에 수행되면 테스트용 데이터베이스인 H2에 데이터가 그대로 남아 있어 다음 테스트 실행 시 테스트가 실패할 수 있습니다.

② **postsRepository.save**
- 테이블 posts에 insert/update 쿼리를 실행합니다.
- id 값이 있다면 update가, 없다면 insert 쿼리가 실행됩니다.

③ **postsRepository.findAll**
- 테이블 posts에 있는 모든 데이터를 조회해오는 메소드입니다.

별다른 설정 없이 @SpringBootTest를 사용할 경우 H2 데이터베이스를 자동으로 실행해 줍니다.

이 테스트 역시 실행할 경우 H2가 자동으로 실행됩니다. 자 그럼 이 테스트 코드를 한번 실행해보겠습니다.

그림 3-8 PostsRepositoryTest 테스트 실행

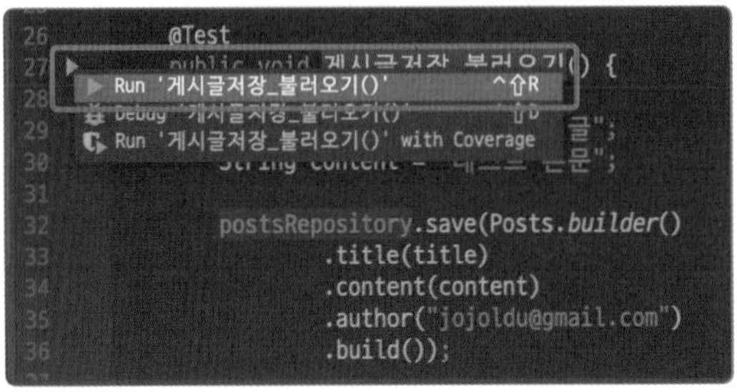

그럼 다음과 같이 테스트가 통과되는 것을 확인할 수 있습니다.

그림 3-9 PostsRepositoryTest 테스트 결과

여기서 한 가지 궁금한 것이 있습니다. "**실제로 실행된 쿼리는 어떤 형태일까?**"라는 것입니다.

실행된 쿼리를 로그로 볼 수는 없을까요? 물론 쿼리 로그를 ON/OFF 할 수 있는 설정이 있습니다. 다만, 이런 설정들을 Java 클래스로 구현할 수 있으나 스프링 부트에서는 application.properties, application.yml 등의 파일로 **한 줄의 코드로 설정**할 수 있도록 지원하고 권장하니 이를 사용하겠습니다.

src/main/resources 디렉토리 아래에 application.properties 파일을 생성합니다.

그림 3-10 application.properties

src
main
java
com.jojoldu.book.springbo
domain.posts
web
Application
resources
application.properties

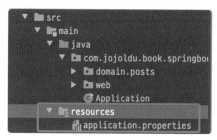

옵션은 다음과 같습니다. 옵션이 추가되었다면 다시 테스트를 수행해 봅니다.

```
spring.jpa.show_sql=true
```

그럼 다음과 같이 콘솔에서 쿼리 로그를 확인할 수 있습니다.

그림 3-11 쿼리 로그 확인

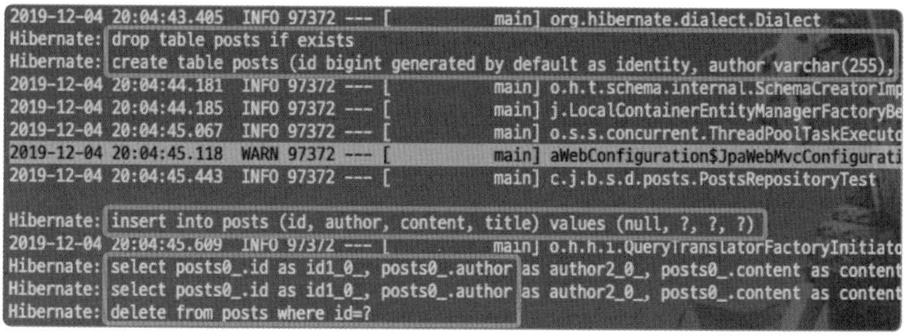

2019-12-04 20:04:43.405 INFO 97372 --- [main] org.hibernate.dialect.Dialect
Hibernate: drop table posts if exists
Hibernate: create table posts (id bigint generated by default as identity, author varchar(255),
2019-12-04 20:04:44.181 INFO 97372 --- [main] o.h.t.schema.internal.SchemaCreatorImp
2019-12-04 20:04:44.185 INFO 97372 --- [main] j.LocalContainerEntityManagerFactoryBe
2019-12-04 20:04:45.067 INFO 97372 --- [main] o.s.s.concurrent.ThreadPoolTaskExecuto
2019-12-04 20:04:45.118 WARN 97372 --- [main] aWebConfiguration$JpaWebMvcConfigurati
2019-12-04 20:04:45.443 INFO 97372 --- [main] c.j.b.s.d.posts.PostsRepositoryTest
Hibernate: insert into posts (id, author, content, title) values (null, ?, ?, ?)
2019-12-04 20:04:45.609 INFO 97372 --- [main] o.h.h.i.QueryTranslatorFactoryInitiato
Hibernate: select posts0_.id as id1_0_, posts0_.author as author2_0_, posts0_.content as content
Hibernate: select posts0_.id as id1_0_, posts0_.author as author2_0_, posts0_.content as content
Hibernate: delete from posts where id=?

옵션이 잘 적용되었나요? 여기서 한 가지 걸리는 것이 있습니다. create table 쿼리를 보면 id bigint generated by default as identity라는 옵션으로 생성됩니다. 이는 H2의 쿼리 문법이 적용되었기 때문입니다. H2는

MySQL의 쿼리를 수행해도 정상적으로 작동하기 때문에 이후 디버깅을
위해서 **출력되는 쿼리 로그를 MySQL 버전**으로 변경해 보겠습니다.

이 옵션 역시 application.properties에서 설정이 가능합니다. 다음 코드
를 추가합니다.

```
spring.jpa.properties.hibernate.dialect=org.hibernate.
dialect.MySQL5InnoDBDialect
```

추가했다면 다시 테스트 코드를 수행해 봅니다.

그림 3-12 MySQL쿼리 로그 확인

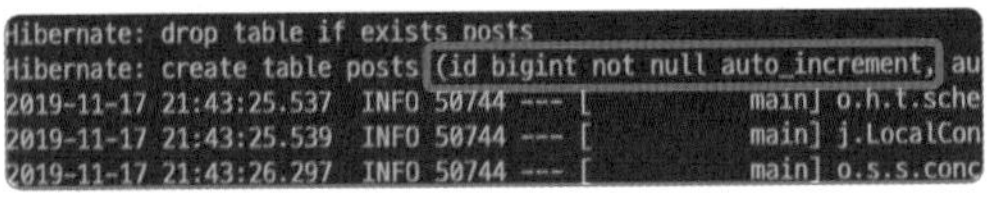

옵션이 잘 적용되었음을 확인했습니다!

JPA와 H2에 대한 기본적인 기능과 설정을 진행했으니, 본격적으로 API
를 만들어 보겠습니다.

3.4 등록/수정/조회 API 만들기

API를 만들기 위해 총 3개의 클래스가 필요합니다.

- Request 데이터를 받을 Dto

- API 요청을 받을 Controller

- 트랜잭션, 도메인 기능 간의 순서를 보장하는 Service

여기서 많은 분들이 오해하고 계신 것이, Service에서 비지니스 로직을 처리해야 한다는 것입니다. 하지만, 전혀 그렇지 않습니다. Service는 **트랜잭션, 도메인 간 순서 보장**의 역할만 합니다.

"그럼 비지니스 로직은 누가 처리하냐?"라고 반문할 수 있습니다, 잠깐 다음 그림을 보겠습니다.

그림 3-13 Spring 웹 계층

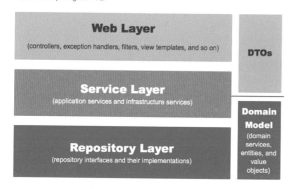

간단하게 각 영역을 소개하자면 다음과 같습니다. 이미 아시는 분들은 넘어가셔도 좋습니다.

- Web Layer
  - 흔히 사용하는 컨트롤러(@Controller)와 JSP/Freemarker 등의 뷰 템플릿 영역입니다.
  - 이외에도 필터(@Filter), 인터셉터, 컨트롤러 어드바이스(@ControllerAdvice) 등 **외부 요청과 응답**에 대한 전반적인 영역을 이야기합니다.
- Service Layer
  - @Service에 사용되는 서비스 영역입니다.
  - 일반적으로 Controller와 Dao의 중간 영역에서 사용됩니다.
  - @Transactional이 사용되어야 하는 영역이기도 합니다.

- Repository Layer

  - **Database**와 같이 데이터 저장소에 접근하는 영역입니다.
  - 기존에 개발하셨던 분들이라면 Dao(Data Access Object) 영역으로 이해하시면 쉬울 것입니다.

- Dtos

  - Dto(Data Transfer Object)는 **계층 간에 데이터 교환을 위한 객체**를 이야기하며 Dtos는 이들의 영역을 얘기합니다.
  - 예를 들어 뷰 템플릿 엔진에서 사용될 객체나 Repository Layer에서 결과로 넘겨준 객체 등이 이들을 이야기합니다.

- Domain Model

  - 도메인이라 불리는 개발 대상을 모든 사람이 동일한 관점에서 이해할 수 있고 공유할 수 있도록 단순화시킨 것을 도메인 모델이라고 합니다.
  - 이를테면 택시 앱이라고 하면 배차, 탑승, 요금 등이 모두 도메인이 될 수 있습니다.
  - @Entity를 사용해보신 분들은 @Entity가 사용된 영역 역시 도메인 모델이라고 이해해주시면 됩니다.
  - 다만, 무조건 데이터베이스의 테이블과 관계가 있어야만 하는 것은 아닙니다
  - VO처럼 값 객체들도 이 영역에 해당하기 때문입니다.

Web^Controller, Service, Repository, Dto, Domain, 이 5가지 레이어에서 비지니스 처리를 담당해야 할 곳은 어디일까요?

바로 **Domain**입니다.

기존에 서비스로 처리하던 방식을 **트랜잭션 스크립트**라고 합니다. 주문 취소 로직을 작성한다면 다음과 같습니다.

슈도 코드

```
@Transactional
public Order cancelOrder(int orderId) {
    1) 데이터베이스로부터 주문정보 (Orders), 결제정보(Billing), 배송정보
                                              (Delivery) 조회
    2) 배송 취소를 해야 하는지 확인
```

```
    3) if(배송 중이라면) {
          배송 취소로 변경
       }
    4) 각 테이블에 취소 상태 Update
}
```

실제 코드

```java
@Transactional
public Order cancelOrder(int orderId) {

    //1)
    OrdersDto order = ordersDao.selectOrders(orderId);
    BillingDto billing = billingDao.selectBilling(orderId);
    DeliveryDto delivery = deliveryDao.selectDelivery(orderId);

    //2)
    String deliveryStatus = delivery.getStatus();

    //3)
    if("IN_PROGRESS".equals(deliveryStatus)) {
        delivery.setStatus("CANCEL");
        deliveryDao.update(delivery);
    }

    //4)
    order.setStatus("CANCEL");
    ordersDao.update(order);

    billing.setStatus("CANCEL");
    deliveryDao.update(billing);

    return order;
}
```

모든 로직이 **서비스 클래스 내부에서 처리됩니다**. 그러다 보니 **서비스 계층이 무의미하며, 객체란 단순히 데이터 덩어리** 역할만 하게 됩니다. 반면 도메인 모델에서 처리할 경우 다음과 같은 코드가 될 수 있습니다.

```java
@Transactional
public Order cancelOrder(int orderId) {

    //1)
    Orders order = ordersRepository.findById(orderId);
    Billing billing = billingRepository.findByOrderId(orderId);
    Delivery delivery = deliveryRepository.
                                findByOrderId(orderId);

    //2-3)
    delivery.cancel();

    //4)
    order.cancel();
    billing.cancel();

    return order;
}
```

order, billing, delivery가 각자 본인의 취소 이벤트 처리를 하며, 서비스 메소드는 **트랜잭션과 도메인 간의 순서만 보장**해 줍니다. 이 책에서는 계속 이렇게 **도메인 모델**을 다루고 코드를 작성합니다.

그럼 등록, 수정, 삭제 기능을 만들어 보겠습니다. PostsApiController를 web 패키지에, PostsSaveRequestDto를 web.dto 패키지에, PostsService를 service.posts 패키지에 생성합니다.

그림 3-14 각 클래스들의 패키지

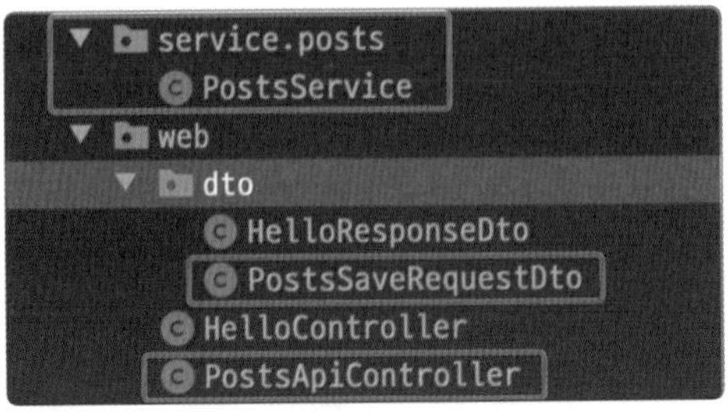

- PostsApiController

src/main/java/com/jojoldu/book/springboot/web/PostsApiController

```
import lombok.RequiredArgsConstructor;
import org.springframework.web.bind.annotation.PostMapping;
import org.springframework.web.bind.annotation.RequestBody;
import org.springframework.web.bind.annotation.
RestController;

@RequiredArgsConstructor
@RestController
public class PostsApiController {

    private final PostsService postsService;

    @PostMapping("/api/v1/posts")
    public Long save(@RequestBody PostsSaveRequestDto
                                        requestDto) {
        return postsService.save(requestDto);
    }

}
```

- PostsService

src/main/java/com/jojoldu/book/springboot/service/PostsService

```
import lombok.RequiredArgsConstructor;
import org.springframework.stereotype.Service;
import org.springframework.transaction.annotation.
Transactional;

@RequiredArgsConstructor
@Service
```

```
public class PostsService {
    private final PostsRepository postsRepository;

    @Transactional
    public Long save(PostsSaveRequestDto requestDto) {
        return postsRepository.save(requestDto.toEntity()).
                                                      getId();
    }
}
```

스프링을 어느 정도 써보셨던 분들이라면 Controller와 Service에서 @ Autowired가 없는 것이 어색하게 느껴집니다. 스프링에선 Bean을 주입받는 방식들이 다음과 같습니다.

- @Autowired   ▪ setter   ▪ 생성자

이 중 가장 권장하는 방식이 **생성자로 주입**받는 방식입니다(**@Autowired 는 권장하지 않습니다**). 즉 **생성자**로 Bean 객체를 받도록 하면 @Autowired 와 동일한 효과를 볼 수 있다는 것입니다. 그러면 앞에서 생성자는 어디 있을까요?

바로 **@RequiredArgsConstructor**에서 해결해 줍니다. **final이 선언된 모든 필드**를 인자값으로 하는 생성자를 롬복의 @RequiredArgsConstructor가 대신 생성해 준 것입니다.

생성자를 직접 안 쓰고 롬복 어노테이션을 사용한 이유는 간단합니다. 해당 클래스의 의존성 관계가 변경될 때마다 생성자 코드를 계속해서 수 정하는 번거로움을 해결하기 위함입니다.

> 롬복 어노테이션이 있으면 해당 컨트롤러에 새로운 서비스를 추가하거나, 기존 컴포넌트를 제 거하는 등의 상황이 발생해도 생성자 코드는 전혀 손대지 않아도 됩니다. 편리하죠?

자 이제는 Controller와 Service에서 사용할 Dto 클래스를 생성하겠습니다.

> src/main/java/com/jojoldu/book/springboot/web/dto/
> PostsSaveRequestDto

```java
import lombok.Builder;
import lombok.Getter;
import lombok.NoArgsConstructor;

@Getter
@NoArgsConstructor
public class PostsSaveRequestDto {
    private String title;
    private String content;
    private String author;
    @Builder
    public PostsSaveRequestDto(String title, String content,
                                                String author) {
        this.title = title;
        this.content = content;
        this.author = author;
    }

    public Posts toEntity() {
        return Posts.builder()
                .title(title)
                .content(content)
                .author(author)
                .build();
    }
}
```

여기서 Entity 클래스와 거의 유사한 형태임에도 Dto 클래스를 추가로 생성했습니다. 하지만, 절대로 Entity 클래스를 Request/Response 클래스로 사용해서는 안 됩니다.

Entity 클래스는 **데이터베이스와 맞닿은 핵심 클래스**입니다. Entity 클래스를 기준으로 테이블이 생성되고, 스키마가 변경됩니다. 화면 변경은 아주 사소한 기능 변경인데, 이를 위해 테이블과 연결된 Entity 클래스를 변경하는 것은 너무 큰 변경입니다.

수많은 서비스 클래스나 비즈니스 로직들이 Entity 클래스를 기준으로 동작합니다. Entity 클래스가 변경되면 여러 클래스에 영향을 끼치지만, Request와 Response용 Dto는 View를 위한 클래스라 정말 자주 변경이 필요합니다.

View Layer와 DB Layer의 역할 분리를 철저하게 하는 게 좋습니다. 실제로 Controller에서 **결괏값으로 여러 테이블을 조인해서 줘야 할 경우가** 빈번하므로 Entity 클래스만으로 표현하기가 어려운 경우가 많습니다.

꼭 Entity 클래스와 Controller에서 쓸 Dto는 분리해서 사용해야 합니다. 등록 기능의 코드가 완성되었으니, 테스트 코드로 검증해 보겠습니다. 테스트 패키지 중 web 패키지에 PostsApiControllerTest를 생성합니다.

> **src/test/java/com/jojoldu/book/springboot/web/**
> **PostsApiControllerTest**

```java
import org.junit.After;
import org.junit.Test;
import org.junit.runner.RunWith;
import org.springframework.beans.factory.annotation.Autowired;
import org.springframework.boot.test.context.SpringBootTest;
import org.springframework.boot.test.web.client.
TestRestTemplate;
import org.springframework.boot.web.server.LocalServerPort;
import org.springframework.http.HttpStatus;
import org.springframework.http.ResponseEntity;
import org.springframework.test.context.junit4.SpringRunner;

import java.util.List;

import static org.assertj.core.api.Assertions.assertThat;
```

```java
@RunWith(SpringRunner.class)
@SpringBootTest(webEnvironment = SpringBootTest.
WebEnvironment.RANDOM_PORT)
public class PostsApiControllerTest {

    @LocalServerPort
    private int port;

    @Autowired
    private TestRestTemplate restTemplate;

    @Autowired
    private PostsRepository postsRepository;

    @After
    public void tearDown() throws Exception {
        postsRepository.deleteAll();
    }

    @Test
    public void Posts_등록된다() throws Exception {
        //given
        String title = "title";
        String content = "content";
        PostsSaveRequestDto requestDto = PostsSaveRequestDto.
                                                    builder()
                .title(title)
                .content(content)
                .author("author")
                .build();

        String url = "http://localhost:" + port + "/api/v1/
                                                    posts";

        //when
        ResponseEntity<Long> responseEntity = restTemplate.
                postForEntity(url, requestDto, Long.class);

        //then
```

```
            assertThat(responseEntity.getStatusCode()).
                            isEqualTo(HttpStatus.OK);
            assertThat(responseEntity.getBody()).
                            isGreaterThan(0L);

            List<Posts> all = postsRepository.findAll();
            assertThat(all.get(0).getTitle()).isEqualTo(title);
            assertThat(all.get(0).getContent()).
                            isEqualTo(content);

    }
}
```

Api Controller를 테스트하는데 HelloController와 달리 @WebMvcTest를 사용하지 않았습니다. @WebMvcTest의 경우 JPA 기능이 작동하지 않기 때문인데, Controller와 ControllerAdvice 등 **외부 연동과 관련된 부분만** 활성화되니 지금 같이 JPA 기능까지 한번에 테스트할 때는 @SpringBootTest와 TestRestTemplate을 사용하면 됩니다. 테스트를 수행해보면 다음과 같이 성공하는 것을 확인할 수 있습니다.

그림 3-15 Posts 등록 API 테스트 결과

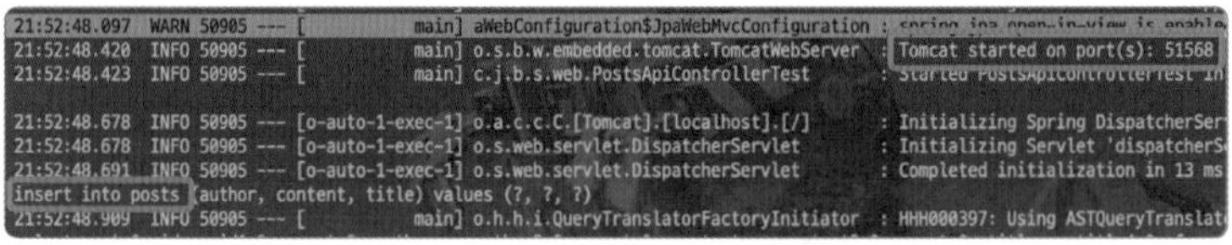

WebEnvironment.RANDOM_PORT로 인한 랜덤 포트 실행과 insert 쿼리가 실행된 것 모두 확인했습니다. 등록 기능을 완성했으니 수정/조회 기능도 빠르게 만들어 보겠습니다.

- PostsApiController

```java
@RequiredArgsConstructor
@RestController
public class PostsApiController {

    ...

    @PutMapping("/api/v1/posts/{id}")
    public Long update(@PathVariable Long id, @RequestBody
PostsUpdateRequestDto requestDto) {
        return postsService.update(id, requestDto);
    }

    @GetMapping("/api/v1/posts/{id}")
    public PostsResponseDto findById (@PathVariable Long id)
{
        return postsService.findById(id);
    }
}
```

- PostsResponseDto

src/main/java/com/jojoldu/book/springboot/web/dto/
PostsResponseDto

```java
@Getter
public class PostsResponseDto {

    private Long id;
    private String title;
    private String content;
    private String author;

    public PostsResponseDto(Posts entity) {
        this.id = entity.getId();
        this.title = entity.getTitle();
        this.content = entity.getContent();
```

```
        this.author = entity.getAuthor();
    }
}
```

PostsResponseDto는 **Entity의 필드 중 일부만 사용**하므로 생성자로 Entity 를 받아 필드에 값을 넣습니다. 굳이 모든 필드를 가진 생성자가 필요하 진 않으므로 Dto는 Entity를 받아 처리합니다.

- PostsUpdateRequestDto

```
@Getter
@NoArgsConstructor
public class PostsUpdateRequestDto {
    private String title;
    private String content;

    @Builder
    public PostsUpdateRequestDto(String title, String content)
{
        this.title = title;
        this.content = content;
    }
}
```

- Posts

```
public class Posts {
    …

    public void update(String title, String content) {
        this.title = title;
        this.content = content;
    }
}
```

- PostsService

```
@RequiredArgsConstructor
@Service
public class PostsService {

    ...

    @Transactional
    public Long update(Long id, PostsUpdateRequestDto
requestDto) {
        Posts posts = postsRepository.findById(id)
                .orElseThrow(() -> new
IllegalArgumentException("해당 게시글이 없습니다. id="+ id));

        posts.update(requestDto.getTitle(), requestDto.
getContent());

        return id;
    }

    public PostsResponseDto findById (Long id) {
        Posts entity = postsRepository.findById(id)
                .orElseThrow(() -> new
IllegalArgumentException("해당 게시글이 없습니다. id=" + id));

        return new PostsResponseDto(entity);
    }
}
```

여기서 신기한 것이 있습니다. update 기능에서 데이터베이스에 **쿼리를 날리는 부분이 없습니다.** 이게 가능한 이유는 JPA의 **영속성 컨텍스트** 때문입니다.

영속성 컨텍스트란, **엔티티를 영구 저장하는 환경**입니다. 일종의 논리적 개념이라고 보시면 되며, JPA의 핵심 내용은 **엔티티가 영속성 컨텍스트에 포함되어 있냐 아니냐**로 갈립니다.

JPA의 엔티티 매니저^{EntityManager}가 활성화된 상태로(Spring Data Jpa를 쓴다
면 기본 옵션) **트랜잭션 안에서 데이터베이스에서 데이터를 가져오면** 이 데이터
는 영속성 컨텍스트가 유지된 상태입니다.

이 상태에서 해당 데이터의 값을 변경하면 **트랜잭션이 끝나는 시점에 해
당 테이블에 변경분을 반영**합니다. 즉, Entity 객체의 값만 변경하면 별도로
Update 쿼리를 날릴 필요가 없다는 것이죠. 이 개념을 **더티 체킹**$^{dirty\ checking}$이라
고 합니다.

> 좀 더 자세한 설명이 필요하신 분들은 필자의 블로그를 참고하시길 바랍니다.
> 더티 체킹(Dirty Checking)이란?(https://jojoldu.tistory.com/415)

자 그럼 실제로 이 코드가 정상적으로 Update 쿼리를 수행하는지 테스
트 코드로 확인해 보겠습니다.

수정 기능의 테스트 코드는 등록 기능과 마찬가지로 PostsApiController-
Test에 추가하겠습니다.

- PostsApiControllerTest

```
@RunWith(SpringRunner.class)
@SpringBootTest(webEnvironment = SpringBootTest.WebEnvironment.
                                               RANDOM_PORT)
public class PostsApiControllerTest {

    ...

    @Test
    public void Posts_수정된다() throws Exception {
        //given
        Posts savedPosts = postsRepository.save(Posts.builder()
                .title("title")
                .content("content")
                .author("author")
```

```java
            .build());

        Long updateId = savedPosts.getId();
        String expectedTitle = "title2";
        String expectedContent = "content2";

        PostsUpdateRequestDto requestDto =
                        PostsUpdateRequestDto.builder()
            .title(expectedTitle)
            .content(expectedContent)
            .build();

        String url = "http://localhost:" + port + "/api/v1/
                                posts/"+ updateId;

        HttpEntity<PostsUpdateRequestDto> requestEntity = new
                        HttpEntity<>(requestDto);

        //when
        ResponseEntity<Long> responseEntity = restTemplate.
                    exchange(url, HttpMethod.PUT,
                    requestEntity, Long.class);

        //then
        assertThat(responseEntity.getStatusCode()).
                        isEqualTo(HttpStatus.OK);
        assertThat(responseEntity.getBody()).isGreaterThan(0L);

        List<Posts> all = postsRepository.findAll();
        assertThat(all.get(0).getTitle()).
                        isEqualTo(expectedTitle);
        assertThat(all.get(0).getContent()).
                        isEqualTo(expectedContent);
    }
}
```

테스트 결과를 보면 update 쿼리가 수행되는 것을 확인할 수 있습니다.

그림 3-16 Posts 등록 API 테스트 결과

어떠신가요? 예전 MyBatis를 쓰던것과 달리 JPA를 씀으로 좀 더 **객체지향적으로 코딩할 수 있음**이 느껴지나요? JPA와 테스트 코드에 대해 진행해 보았으니, **조회 기능은 실제로 톰캣을 실행**해서 확인해 보겠습니다.

앞서 언급한 대로 로컬 환경에선 데이터베이스로 H2를 사용합니다. 메모리에서 실행하기 때문에 **직접 접근하려면 웹 콘솔**을 사용해야만 합니다. 먼저 웹 콘솔 옵션을 활성화합니다. application.properties에 다음과 같이 옵션을 추가합니다.

```
spring.h2.console.enabled=true
```

추가한 뒤 Application 클래스의 main 메소드를 실행합니다. 정상적으로 실행됐다면 톰캣이 8080 포트로 실행됐습니다. 여기서 웹 브라우저에 http://localhost:8080/h2-console 로 접속하면 다음과 같이 웹 콘솔 화면이 등장합니다.

이때 JDBC URL이 앞 화면과 같이 jdbc:h2:mem:testdb로 되어 있지 않다면 똑같이 작성해 주셔야 합니다. 아래 [Connect] 버튼을 클릭하면 현재 프로젝트

그림 3-17 h2-console 화면

의 H2를 관리할 수 있는 관리 페이지로 이동합니다.

다음과 같이 POSTS 테이블이 정상적으로 노출되어야만 합니다.

그림 3-18 h2-console 관리 화면

간단한 쿼리를 실행해 봅니다.

```
SELECT * FROM posts;
```

그림 3-19 select 쿼리 실행

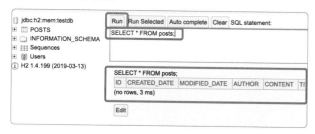

현재는 등록된 데이터가 없습니다. 간단하게 insert 쿼리를 실행해보고 이를 API로 조회해 보겠습니다.

```
insert into posts (author, content, title) values ('author',
'content', 'title');
```

그림 3-20 insert 쿼리 실행

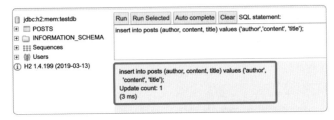

등록된 데이터를 확인한 후 API를 요청해 보겠습니다. 브라우저에 http://localhost:8080/api/v1/posts/1을 입력해 API 조회 기능을 테스트 해 봅니다.

그림 3-21 브라우저로 API 조회

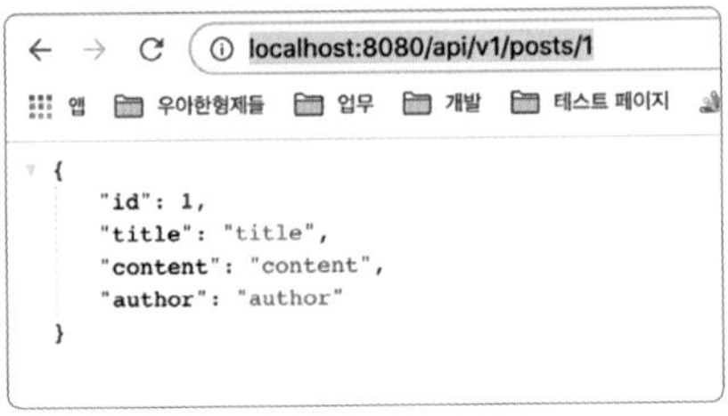

```
←  →  C  ⓘ localhost:8080/api/v1/posts/1

⠿ 앱  🖿 우아한형제들  🖿 업무  🖿 개발  🖿 테스트 페이지  🙎

▼ {
    "id": 1,
    "title": "title",
    "content": "content",
    "author": "author"
  }
```

> 필자는 Chrome에 JSON Viewer라는 플러그인을 설치했습니다. 정렬된 JSON 형태가 보고 싶으신 분들은 해당 플러그인을 설치해 보세요.

기본적인 등록/수정/조회 기능을 모두 만들고 테스트해 보았습니다. 특히 등록/수정은 테스트 코드로 보호해 주고 있으니 이후 변경 사항이 있어도 안전하게 변경할 수 있습니다.

3.5 JPA Auditing으로 생성시간/수정시간 자동화하기

보통 엔티티^{entity}에는 해당 데이터의 생성시간과 수정시간을 포함합니다. 언제 만들어졌는지, 언제 수정되었는지 등은 차후 유지보수에 있어 굉장히 중요한 정보이기 때문입니다. 그렇다 보니 매번 DB에 삽입^{insert}하기 전, 갱신^{update}하기 전에 날짜 데이터를 등록/수정하는 코드가 여기저기 들어가게 됩니다.

```
// 생성일 추가 코드 예제
public void savePosts(){
    ...
    posts.setCreateDate(new LocalDate());
    postsRepository.save(posts);
    ...
}
```

이런 단순하고 반복적인 코드가 모든 테이블과 서비스 메소드에 포함되어야 한다고 생각하면 어마어마하게 귀찮고 코드가 지저분해집니다. 그래서 이 문제를 해결하고자 JPA Auditing를 사용하겠습니다.

LocalDate 사용

여기서부터는 날짜 타입을 사용합니다. Java8부터 LocalDate와 LocalDateTime이 등장했습니다. 그간 Java의 기본 날짜 타입인 Date의 문제점을 제대로 고친 타입이라 Java8일 경우 무조건 써야 한다고 생각하면 됩니다.

> **참고**
>
> Java8이 나오기 전까지 사용되었던 Date와 Calendar 클래스는 다음과 같은 문제점들이 있었습니다.
>
> 1. 불변(변경이 불가능한) 객체가 아닙니다.
>   - 멀티스레드 환경에서 언제든 문제가 발생할 수 있습니다.
>
> 2. Calendar는 월 (Month) 값 설계가 잘못되었습니다.
>   - 10월을 나타내는 Calendar.OCTOBER의 숫자 값은 '9' 입니다.
>   - 당연히 '10'으로 생각했던 개발자들에게는 큰 혼란이 왔습니다.
>
> JodaTime이라는 오픈소스를 사용해서 문제점들을 피했었고, Java8에선 LocalDate를 통해 해결했습니다. 자세한 내용은 Naver D2 - Java의 날짜와 시간 API를 참고하세요(https://d2.naver.com/helloworld/645609).

LocalDate와 LocalDateTime이 데이터베이스에 제대로 매핑되지 않는 이슈가 Hibernate 5.2.10 버전에서 해결되었습니다.

스프링 부트 1.x를 쓴다면 별도로 Hibernate 5.2.10 버전 이상을 사용하도록 설정이 필요하지만, 스프링 부트 2.x 버전을 사용하면 기본적으로 해당 버전을 사용 중이라 별다른 설정 없이 바로 적용하면 됩니다.

domain 패키지에 BaseTimeEntity 클래스를 생성합니다.

그림 3-22 BaseTimeEntity 클래스

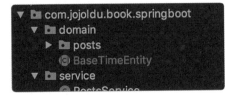

> src/main/java/com/jojoldu/book/springboot/domain/BaseTimeEntity

```java
import lombok.Getter;
import org.springframework.data.annotation.CreatedDate;
import org.springframework.data.annotation.LastModifiedDate;
import org.springframework.data.jpa.domain.support.
AuditingEntityListener;

import javax.persistence.EntityListeners;
import javax.persistence.MappedSuperclass;
import java.time.LocalDateTime;

@Getter
@MappedSuperclass // ①
@EntityListeners(AuditingEntityListener.class) // ②
public abstract class BaseTimeEntity {

    @CreatedDate // ③
    private LocalDateTime createdDate;

    @LastModifiedDate // ④
    private LocalDateTime modifiedDate;

}
```

BaseTimeEntity클래스는 모든 Entity의 상위 클래스가 되어 **Entity들의**
createdDate, modifiedDate를 자동으로 관리하는 역할입니다.

🗁코드설명˜

① **@MappedSuperclass**
  - JPA Entity 클래스들이 BaseTimeEntity을 상속할 경우 필드들(createdDate, modifiedDate)도 칼럼으로 인식하도록 합니다.

② **@EntityListeners(AuditingEntityListener.class)**
  - BaseTimeEntity 클래스에 Auditing 기능을 포함시킵니다.

③ **@CreatedDate**
  - Entity가 생성되어 저장될 때 시간이 자동 저장됩니다.

④ @LastModifiedDate

 • 조회한 Entity의 값을 변경할 때 시간이 자동 저장됩니다.

그리고 Posts 클래스가 BaseTimeEntity를 상속받도록 변경합니다.

```
...
public class Posts extends BaseTimeEntity {
    ...
}
```

마지막으로 JPA Auditing 어노테이션들을 모두 활성화할 수 있도록 Application 클래스에 활성화 어노테이션 하나를 추가하겠습니다.

```
@EnableJpaAuditing // JPA Auditing 활성화
@SpringBootApplication
public class Application {

    public static void main(String[] args) {
        SpringApplication.run(Application.class, args);
    }
}
```

자 그러면 실제 코드는 완성이 되었습니다. 기능이 잘 작동하는지 테스트 코드를 작성해 보겠습니다.

JPA Auditing 테스트 코드 작성하기

PostsRepositoryTest 클래스에 테스트 메소드를 하나 더 추가하겠습니다.

```
@Test
public void BaseTimeEntity_등록() {
```

```
        //given
        LocalDateTime now = LocalDateTime.of(2019,6,4,0,0,0);
        postsRepository.save(Posts.builder()
                .title("title")
                .content("content")
                .author("author")
                .build());
        //when
        List<Posts> postsList = postsRepository.findAll();

        //then
        Posts posts = postsList.get(0);

        System.out.println(">>>>>>>>> createDate="+posts.
getCreatedDate()+", modifiedDate="+posts.getModifiedDate());

        assertThat(posts.getCreatedDate()).isAfter(now);
        assertThat(posts.getModifiedDate()).isAfter(now);
    }
```

테스트 코드를 수행해 보면 다음과 같이 실제 시간이 잘 저장된 것을 확인할 수 있습니다.

그림 3-23 JPA Auditing 테스트 코드 결과

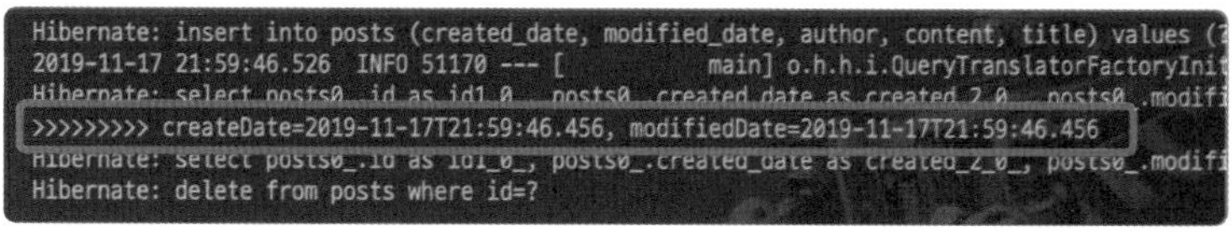

앞으로 추가될 엔티티들은 더이상 등록일/수정일로 고민할 필요가 없습니다. BaseTimeEntity만 상속받으면 자동으로 해결되기 때문입니다. 다음 장에서는 템플릿 엔진을 이용하여 화면을 만들어 보겠습니다.

> JPA에 대해 좀 더 자세하게 공부하고 싶으신 분들은 김영한님의 ≪자바 ORM 표준 JPA 프로그래밍≫(에이콘)을 참고해 보세요.

이번 장에서는 다음을 배웠습니다.

- JPA / Hibernate / Spring Data Jpa의 관계

- Spring Data Jpa를 이용하여 관계형 데이터베이스를 객체지향적으로 관리하는 방법

- JPA의 더티 체킹을 이용하면 Update 쿼리 없이 테이블 수정이 가능하다는 것

- JPA Auditing을 이용하여 등록/수정 시간을 자동화하는 방법

MyBatis 나 iBatis를 사용하시던 분들은 어색할 수 있습니다만 ORM은 데이터베이스를 사용하는 서비스를 객체지향적으로 구현하는데 큰 도움을 주는 도구입니다. 많은 서비스 회사에서 실제로 스프링 부트와 JPA를 조합해서 쓰고 있습니다. 서비스 회사 이직을 희망하는 독자라면 꼭 실습을 진행해 보길 바랍니다.

머스테치로 화면 구성하기

이번 장에서는 머스테치^{Mustache}를 통해 화면 영역을 개발하는 방법을 배워 보겠습니다. 서버 템플릿 엔진과 클라이언트 템플릿 엔진의 차이는 무엇인지, 이 책에서는 왜 JSP가 아닌 머스테치를 선택했는지, 머스테치를 통해 기본적인 CRUD 화면 개발 방법 등을 차례로 진행해보겠습니다.

4.1 서버 템플릿 엔진과 머스테치 소개

먼저 템플릿 엔진이란 무엇인지 소개드리겠습니다. 일반적으로 웹 개발에 있어 템플릿 엔진이란, **지정된 템플릿 양식과 데이터**가 합쳐져 HTML 문서를 출력하는 소프트웨어를 이야기합니다.

예전에 스프링이나 서블릿을 사용해 본 독자들은 아마도 JSP, Freemarker 등을 떠올리실 테고, 요즘 개발을 시작한 독자들은 리액트^{React}, 뷰^{Vue}의 View 파일들을 떠올리실 겁니다.

> ❶ 웹 개발이 처음인 분들은 웹 사이트의 화면을 어떤 형태로 만들지 도와주는 양식이라고 이해하면 됩니다.

둘 모두 결과적으로 **지정된 템플릿과 데이터**를 이용하여 HTML을 생성하는 템플릿 엔진입니다.

다만, 조금의 차이가 있습니다. 전자는 서버 템플릿 엔진이라 불리며, 후자는 클라이언트 템플릿 엔진이라 불립니다. 개발을 시작하는 많은 개발자들이 이 둘 간에 많은 오해를 합니다.

예로 다음과 같은 질문이 커뮤니티에 종종 올라옵니다.

질문있어요! **자바스크립트에서 JSP나 Freemarker처럼 자바 코드를 사용할 순 없나요?**

이에 대한 예시 코드는 다음과 같습니다. 다음과 같은 코드는 정상적으로 실행이 될 수 있을까요? 커뮤니티에 실제로 올라온 질문입니다. 다음 내용을 읽기 전에 먼저 생각해보시면 좋겠습니다.

```javascript
<script type="text/javascript">

$(document).ready(function(){
    if(a=="1"){
    <%
        System.out.println("test");
    %>
    }
});
```

이 코드는 **if문과 관계없이 무조건 test를 콘솔에 출력**합니다. 이유는 프론트엔드의 자바스크립트(Nodejs가 아닙니다)가 작동하는 영역과 JSP가 작동하는 영역이 다르기 때문인데 JSP를 비롯한 서버 템플릿 엔진은 **서버에서 구동**됩니다.

> JSP는 명확하게는 서버 템플릿 엔진은 아닙니다만, View의 역할만 하도록 구성할 때는 템플릿 엔진으로써 사용할 수 있습니다. 이 경우엔 Spring + JSP로 사용한 경우로 보면 됩니다.

서버 템플릿 엔진을 이용한 화면 생성은 **서버에서 Java 코드로 문자열**을 만든 뒤 이 문자열을 HTML로 변환하여 **브라우저로 전달**합니다.

앞선 코드는 HTML을 만드는 과정에서 System.out.println("test");를 실행할 뿐이며, 이때의 자바스크립트 코드는 **단순한 문자열일 뿐입니다**.

그림 4-1 서버 템플릿 엔진

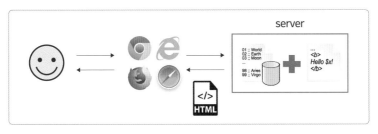

반면에 자바스크립트는 **브라우저 위에서 작동**합니다. 앞에서 작성된 자바스크립트 코드가 실행되는 장소는 서버가 아닌 **브라우저**입니다. 즉, 브라우저에서 작동될 때는 서버 템플릿 엔진의 손을 벗어나 제어할 수가 없습니다.

흔히 이야기하는 Vue.js나 React.js를 이용한 SPA[Single Page Application]는 **브라우저에서 화면을 생성**합니다. 즉, **서버에서 이미 코드가 벗어난 경우**입니다. 그래서 다음과 같이 서버에서는 Json 혹은 Xml 형식의 데이터만 전달하고 클라이언트에서 조립합니다.

그림 4-2 클라이언트 템플릿 엔진

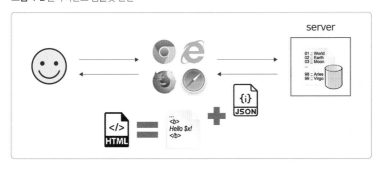

물론 최근엔 리액트나 뷰와 같은 자바스크립트 프레임워크에서 서버 사이드 렌더링^{Server Side Rendering}을 지원하는 모습을 볼 수 있습니다만, 여기까지 이야기하기에는 책의 범위에서 벗어납니다.

대신 간단하게 설명하자면, 자바스크립트 프레임워크의 화면 생성 방식을 서버에서 실행하는 것을 이야기합니다. 이는 V8 엔진 라이브러리들이 지원하기 때문이며, 스프링 부트에서 사용할 수 있는 대표적인 기술들로는 Nashorn, J2V8이 있습니다.

다만 스프링 부트를 사용하면서 자바스크립트를 서버사이드에서 렌더링하도록 구현하는 것은 많은 수고가 필요하므로 시작하는 단계에서 추천하지는 않습니다. 스프링 부트에 대한 이해도와 자바스크립트 프레임워크 양쪽에 대한 이해도가 높아졌을 때 시도해 보면 좋습니다.

머스테치란

머스테치(http://mustache.github.io/)는 **수많은 언어를 지원하는 가장 심플한 템플릿 엔진**입니다.

> ● JSP와 같이 HTML을 만들어 주는 템플릿 엔진입니다.

그림 4-3 머스테치 로고

루비, 자바스크립트, 파이썬, PHP, 자바, 펄, Go, ASP 등 현존하는 대부분 언어를 지원하고 있습니다. 그러다 보니 자바에서 사용될 때는 서버 템플릿 엔진으로, 자바스크립트에서 사용될 때는 클라이언트 템플릿 엔

진으로 모두 사용할 수 있습니다.

자바 진영에서는 JSP, Velocity, Freemarker, Thymeleaf 등 다양한 서버 템플릿 엔진이 존재합니다.

필자가 생각하는 템플릿 엔진들의 단점은 다음과 같습니다.

- JSP, Velocity: 스프링 부트에서는 권장하지 않는 템플릿 엔진입니다.

- Freemarker: 템플릿 엔진으로는 너무 과하게 많은 기능을 지원합니다. 높은 자유도로 인해 숙련도가 낮을수록 Freemarker 안에 비즈니스 로직이 추가될 확률이 높습니다.

- Thymeleaf: 스프링 진영에서 적극적으로 밀고 있지만 문법이 어렵습니다. HTML 태그에 속성으로 템플릿 기능을 사용하는 방식이 기존 개발자분들께 높은 허들로 느껴지는 경우가 많습니다. 실제로 사용해 본 분들은 자바스크립트 프레임워크를 배우는 기분이라고 후기를 이야기하기도 합니다. 물론 Vue.js를 사용해 본 경험이 있어 태그 속성 방식이 익숙한 분이라면 Thymeleaf를 선택해도 됩니다.

반면 머스테치의 장점은 다음과 같습니다.

- 문법이 다른 템플릿 엔진보다 심플합니다.
- 로직 코드를 사용할 수 없어 View의 역할과 서버의 역할이 명확하게 분리됩니다.
- Mustache.js와 Mustache.java 2가지가 다 있어, 하나의 문법으로 클라이언트/서버 템플릿을 모두 사용 가능합니다.

개인적으로 **템플릿 엔진은 화면 역할에만 충실해야 한다고** 생각합니다. 너무 많은 기능을 제공하면 API와 템플릿 엔진, 자바스크립트가 서로 로직을 나눠 갖게 되어 유지보수하기가 굉장히 어렵습니다.

머스테치 플러그인 설치

앞에서 언급한 장점 외에 머스테치를 사용할 때 장점이 한 가지 더 있

습니다. 그건 바로 **인텔리제이 커뮤니티 버전을 사용해도 플러그인을 사용할**
수 있다는 것입니다.

Thymeleaf나 JSP 등은 **커뮤니티 버전에서 지원하지 않고 인텔리제이 얼티메**
이트 버전(유료)에서만 공식 지원합니다. 머스테치는 이와 달리 커뮤니티
버전에서도 설치 가능한 플러그인이 있습니다. 그래서 커뮤니티 버전을
사용하는 개발자들은 특히나 머스테치를 사용하는 것이 좋습니다. 이 플
러그인을 이용하면 머스테치의 **문법 체크, HTML 문법 지원, 자동완성** 등이
지원되니 개발할 때 큰 도움을 받을 수 있습니다.

다음과 같이 'mustache'를 검색해서 해당 플러그인을 설치하면 됩니다.

그림 4-4 머스테치 플러그인

설치가 완료되면 인텔리제이를 재시작하여 플러그인이 작동하는 것을
확인하면 됩니다.

4.2 기본 페이지 만들기

가장 먼저 스프링 부트 프로젝트에서 머스테치를 편하게 사용할 수 있
도록 머스테치 스타터 의존성을 build.gradle에 등록합니다.

```
compile('org.springframework.boot:spring-boot-starter-
mustache')
```

보는 것처럼 머스테치는 **스프링 부트에서 공식 지원하는 템플릿 엔진**입니다. 의존성 하나만 추가하면 다른 스타터 패키지와 마찬가지로 추가 설정 없이 설치가 끝입니다. 별도로 스프링 부트 버전을 개발자가 신경 쓰지 않아도 되는 장점도 있습니다.

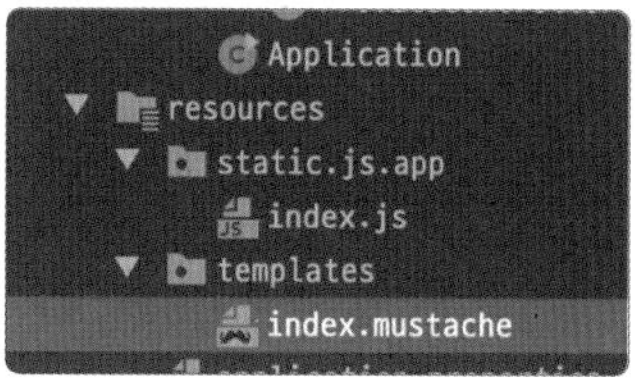

머스테치의 파일 위치는 기본적으로 src/main/resources/templates입니다. 이 위치에 머스테치 파일을 두면 스프링 부트에서 자동으로 로딩합니다. 첫 페이지를 담당할 index.mustache를 src/main/resources/templates에 생성합니다.

그림 4-5 index.mustache 위치

index.mustache의 코드는 다음과 같습니다.

```html
<!DOCTYPE HTML>
<html>
<head>
    <title>스프링 부트 웹서비스</title>
    <meta http-equiv="Content-Type" content="text/html;
                                        charset=UTF-8" />

</head>
<body>
    <h1>스프링 부트로 시작하는 웹 서비스</h1>
</body>
</html>
```

간단하게 h1 크기로 "스프링 부트로 시작하는 웹 서비스"를 출력하는 페이지입니다.

이 머스테치에 URL을 매핑합니다. URL 매핑은 당연하게 Controller에서 진행합니다. web 패키지 안에 IndexController를 생성합니다.

그림 4-6 IndexController 위치

```java
import org.springframework.stereotype.Controller;
import org.springframework.web.bind.annotation.GetMapping;

@Controller
public class IndexController {

    @GetMapping("/")
    public String index() {
        return "index";
    }
}
```

머스테치 스타터 덕분에 컨트롤러에서 문자열을 반환할 때 **앞의 경로와 뒤의 파일 확장자는 자동으로 지정**됩니다. 앞의 경로는 src/main/resources/templates로, 뒤의 파일 확장자는 .mustache가 붙는 것입니다. 즉 여기선 "index"을 반환하므로, src/main/resources/templates/index.mustache로 전환되어 View Resolver가 처리하게 됩니다.

ViewResolver는 URL 요청의 결과를 전달할 타입과 값을 지정하는 관리자 격으로 볼 수 있습니다.

자 여기까지 코드가 완성되었으니 이번에도 테스트 코드로 검증해 보겠습니다. test 패키지에 IndexControllerTest 클래스를 생성합니다.

---

src/test/java/com/jojoldu/book/springboot/web/IndexControllerTest

```java
import org.junit.Test;
import org.junit.runner.RunWith;
import org.springframework.beans.factory.annotation.
                                        Autowired;
import org.springframework.boot.test.context.SpringBootTest;
import org.springframework.boot.test.web.client.
                                        TestRestTemplate;
import org.springframework.test.context.junit4.SpringRunner;

import static org.assertj.core.api.Assertions.assertThat;
import static org.springframework.boot.test.context.
                SpringBootTest.WebEnvironment.RANDOM_PORT;

@RunWith(SpringRunner.class)
@SpringBootTest(webEnvironment = RANDOM_PORT)
public class IndexControllerTest {

    @Autowired
    private TestRestTemplate restTemplate;

    @Test
    public void 메인페이지_로딩() {
        //when
        String body = this.restTemplate.getForObject("/",
                                        String.class);

        //then
        assertThat(body).contains("스프링 부트로 시작하는 웹 서비스");
    }
}
```

이번 테스트는 실제로 URL 호출 시 페이지의 내용이 제대로 호출되는 지에 대한 테스트입니다.

HTML도 결국은 **규칙이 있는 문자열**입니다. TestRestTemplate를 통해 "/"로 호출했을 때 index.mustache에 포함된 코드들이 있는지 확인하면 됩니다. 전체 코드를 다 검증할 필요는 없으니, "스프링 부트로 시작하는 웹 서비스" 문자열이 포함되어 있는지만 비교합니다.

테스트 코드를 수행해보면 정상적으로 코드가 수행되는 것을 확인할 수 있습니다.

그림 4-7 IndexController 테스트 결과

테스트 코드로 검증했지만, 그래도 이대로 넘어가기 아쉽습니다. 실제로 화면이 잘 나오는지 확인해 보겠습니다. Application.java의 main 메소드를 실행하고 브라우저에서 http://localhost:8080으로 접속해보겠습니다.

그림 4-8 IndexController 브라우저 확인

정상적으로 화면이 노출되는 것이 확인됩니다. 기본적인 화면 생성이 완성되었으니, 좀 더 다양한 주제로 가겠습니다.

4.3 게시글 등록 화면 만들기

이번에는 게시글 등록 화면을 구현해 보겠습니다. 앞서 3장에서 PostsApiController로 API를 구현하였으니 여기선 바로 화면을 개발합니다. 아무래도 그냥 HTML만 사용하기에는 멋이 없습니다. 그래서 오픈소스인 부트스트랩을 이용하여 화면을 만들어 봅니다.

부트스트랩, 제이쿼리 등 프론트엔드 라이브러리를 사용할 수 있는 방법은 크게 2가지가 있습니다. 하나는 **외부 CDN**을 사용하는 것이고, 다른 하나는 **직접 라이브러리를 받아서 사용**하는 방법입니다.

> **❶** npm/bower/yarn + grunt/gulp/webpack 등을 통한 방법도 후자에 속한다고 보면 됩니다.

여기서는 전자인 외부 CDN을 사용합니다. 본인의 프로젝트에서 직접 내려받아 사용할 필요도 없고, 사용 방법도 HTML/JSP/Mustache에 코드만 한 줄 추가하면 되니 굉장히 간단합니다.

> 실제 서비스에서는 이 방법을 잘 사용하지 않습니다. 결국은 외부 서비스에 우리 서비스가 의존하게 돼버려서, CDN을 서비스하는 곳에 문제가 생기면 덩달아 같이 문제가 생기기 때문입니다.

2개의 라이브러리 부트스트랩과 제이쿼리를 index.mustache에 추가해야 합니다. 하지만, 여기서는 바로 추가하지 않고 **레이아웃** 방식으로 추가해 보겠습니다. 레이아웃 방식이란 **공통 영역을 별도의 파일로 분리하여 필요한 곳에서 가져다 쓰는 방식**을 이야기합니다.

이번에 추가할 라이브러리들인 부트스트랩과 제이쿼리는 **머스테치 화면 어디서나 필요**합니다. 매번 해당 라이브러리를 머스테치 파일에 추가하는 것은 귀찮은 일이니, 레이아웃 파일들을 만들어 추가합니다.

src/main/resources/templates 디렉토리에 layout 디렉토리를 추가로 생성합니다. 그리고 footer.mustache, header.mustache 파일을 생성합니다.

그림 4-9 머스테치 레이아웃 구조

레이아웃 파일들에 각각 공통 코드를 추가합니다.

화면 영역은 코드가 굉장히 많으니 직접 타이핑 하지 말고 깃허브의 코드를 가져다 쓰세요.

깃허브 주소 - https://github.com/jojoldu/freelec-springboot2-webservice

| header.mustache

```
<!DOCTYPE HTML>
<html>
<head>
    <title>스프링 부트 웹서비스</title>
    <meta http-equiv="Content-Type" content="text/html;
charset=UTF-8" />

    <link rel="stylesheet" href="https://stackpath.
bootstrapcdn.com/bootstrap/4.3.1/css/bootstrap.min.css">
</head>
<body>
```

footer.mustache

```
<script src="https://code.jquery.com/jquery-3.3.1.min.js"></
script>
<script src="https://stackpath.bootstrapcdn.com/
bootstrap/4.3.1/js/bootstrap.min.js"></script>

</body>
</html>
```

코드를 보면 css와 js의 위치가 서로 다릅니다. **페이지 로딩속도를 높이기 위해** css는 header에, js는 footer에 두었습니다. HTML은 위에서부터 코드가 실행되기 때문에 **head가 다 실행되고서야 body가 실행**됩니다.

즉, head가 다 불러지지 않으면 사용자 쪽에선 백지 화면만 노출됩니다. 특히 js의 용량이 크면 클수록 body 부분의 실행이 늦어지기 때문에 js는 body 하단에 두어 화면이 다 그려진 뒤에 호출하는 것이 좋습니다.

반면 css는 화면을 그리는 역할이므로 head에서 불러오는 것이 좋습니다. 그렇지 않으면 css가 적용되지 않은 깨진 화면을 사용자가 볼 수 있기 때문입니다. 추가로, bootstrap.js의 경우 **제이쿼리가 꼭 있어야**만 하기 때문에 부트스트랩보다 먼저 호출되도록 코드를 작성했습니다. 보통 앞선 상황을 bootstrap.js가 **제이쿼리에 의존**한다고 합니다.

라이브러리를 비롯해 기타 HTML 태그들이 모두 레이아웃에 추가되니 이제 index.mustache에는 **필요한 코드만 남게 됩니다.** index.mustache의 코드는 다음과 같이 변경됩니다.

```
{{>layout/header}} // ①

<h1>스프링 부트로 시작하는 웹 서비스</h1>

{{>layout/footer}}
```

📂코드설명

① {{>layout/header}}
- {{> }}는 현재 머스테치 파일(index.mustache)을 기준으로 다른 파일을 가져옵니다.

레이아웃으로 파일을 분리했으니 index.mustache에 글 등록 버튼을 하나 추가해 봅니다.

```
{{>layout/header}}

    <h1>스프링 부트로 시작하는 웹 서비스 Ver.2</h1>
    <div class="col-md-12">
        <div class="row">
            <div class="col-md-6">
                <a href="/posts/save" role="button"
                            class="btn btn-primary">글 등록</a>
            </div>
        </div>
    </div>
{{>layout/footer}}
```

여기서는 \<a> 태그를 이용해 글 등록 페이지로 이동하는 글 등록 버튼이 생성되었습니다. 이동할 페이지의 주소는 /posts/save입니다.

이 주소에 해당하는 컨트롤러를 생성하겠습니다. 페이지에 관련된 컨트롤러는 모두 IndexController를 사용합니다.

```
@RequiredArgsConstructor
@Controller
public class IndexController {
    ...

    @GetMapping("/posts/save")
    public String postsSave() {
        return "posts-save";
    }
}
```

index.mustache와 마찬가지로 /posts/save를 호출하면 posts-save.
mustache를 호출하는 메소드가 추가되었습니다. 컨트롤러 코드가 생성
되었다면 posts-save.mustache 파일을 생성합니다. 파일의 위치는 index.
mustache와 같습니다.

```
{{>layout/header}}

<h1>게시글 등록</h1>

<div class="col-md-12">
    <div class="col-md-4">
        <form>
            <div class="form-group">
                <label for="title">제목</label>
                <input type="text" class="form-control"
                        id="title" placeholder="제목을 입력하세요">
            </div>
            <div class="form-group">
                <label for="author"> 작성자 </label>
                <input type="text" class="form-control"
                  id="author" placeholder="작성자를 입력하세요">
            </div>
            <div class="form-group">
                <label for="content"> 내용 </label>
                <textarea class="form-control" id="content"
                    placeholder="내용을 입력하세요"></textarea>
            </div>
        </form>
        <a href="/" role="button" class="btn btn-secondary">취
                                                소</a>
        <button type="button" class="btn btn-primary"
                            id="btn-save">등록</button>
    </div>
</div>

{{>layout/footer}}
```

UI가 완성되었으니 다시 프로젝트를 실행하고 브라우저에서 http://localhost:8080/로 접근해 보겠습니다. '글 등록'이라고 되어있는 버튼을 클릭하면 글 등록 화면으로 이동합니다.

그림 4-10 글 등록 화면

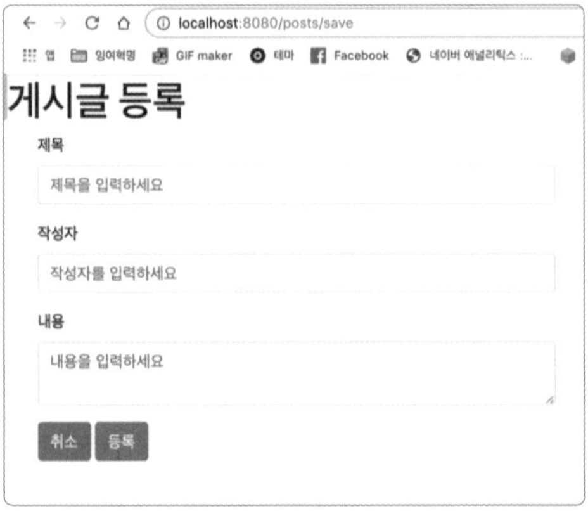

하지만, 아직 게시글 등록 화면에 **등록 버튼은 기능이 없습니다**. API를 호출하는 JS가 전혀 없기 때문입니다. 그래서 src/main/resources에 static/js/app 디렉토리를 생성합니다.

그림 4-11 js 디렉토리 생성

여기에 index.js를 생성합니다.

그림 4-12 index.js 파일 생성

index.js의 코드는 다음과 같습니다.

```
var main = {
    init : function () {
        var _this = this;
        $('#btn-save').on('click', function () {
            _this.save();
        });
    },
    save : function () {
        var data = {
            title: $('#title').val(),
            author: $('#author').val(),
            content: $('#content').val()
        };

        $.ajax({
            type: 'POST',
            url: '/api/v1/posts',
            dataType: 'json',
            contentType:'application/json; charset=utf-8',
            data: JSON.stringify(data)
        }).done(function() {
            alert('글이 등록되었습니다.');
            window.location.href = '/';   // ①
        }).fail(function (error) {
            alert(JSON.stringify(error));
        });
    }

};
```

```
main.init();
```

📁 코드설명

① window.location.href = ' / '
  • 글 등록이 성공하면 메인페이지(/)로 이동합니다.

index.js의 첫 문장에 var main = {⋯}라는 코드를 선언했습니다. 굳이 index라는 변수의 속성으로 function을 추가한 이유는 뭘까요? 예를 들어 설명하겠습니다. index.js가 다음과 같이 function을 작성한 상황이라고 가정하겠습니다.

```
var init = function () {
      ....
   };

   var save = function () {
      ...
   };

   init();
```

index.mustache에서 a.js가 추가되어 a.js도 **a.js만의 init과 save function이 있다면** 어떻게 될까요?

브라우저의 스코프^{scope}는 **공용 공간**으로 쓰이기 때문에 나중에 로딩된 js의 init, save가 먼저 로딩된 js의 function을 **덮어쓰게 됩니다.**

여러 사람이 참여하는 프로젝트에서는 **중복된 함수^{function} 이름**은 자주 발생할 수 있습니다. 모든 function 이름을 확인하면서 만들 수는 없습니다. 그러다 보니 이런 문제를 피하려고 index.js만의 유효범위^{scope}를 만들어 사용합니다.

방법은 var index이란 객체를 만들어 해당 객체에서 필요한 모든 function을 선언하는 것입니다. 이렇게 하면 index 객체 안에서만 function이 유효하기 때문에 다른 JS와 겹칠 위험이 사라집니다.

> 이런 식의 프론트엔드의 의존성 관리, 스코프 관리 등의 문제들로 최근에는 자바스크립트 개발 환경이 급변했습니다. ES6를 비롯한 최신 자바스크립트 버전이나 앵귤러, 리액트, 뷰 등은 이미 이런 기능을 프레임워크 레벨에서 지원하고 있습니다.

자 그럼 생성된 index.js를 머스테치 파일이 쓸 수 있게 footer.mustache 에 추가하겠습니다.

```
<script src="https://code.jquery.com/jquery-3.3.1.min.js"></
script>
<script src="https://stackpath.bootstrapcdn.com/
bootstrap/4.3.1/js/bootstrap.min.js"></script>

<!--index.js 추가-->
<script src="/js/app/index.js"></script>
</body>
</html>
```

index.js 호출 코드를 보면 **절대 경로**(/)로 바로 시작합니다. 스프링 부트 는 기본적으로 src/main/resources/static에 위치한 자바스크립트, CSS, 이 미지 등 정적 파일들은 URL에서 /로 설정됩니다.

그래서 다음과 같이 파일이 위치하면 위치에 맞게 호출이 가능합니다.

- src/main/resources/static/js/···(http://도메인/js/···)

- src/main/resources/static/css/···(http://도메인/css/···)

- src/main/resources/static/image/···(http://도메인/image/···)

모든 코드가 완성되었습니다! 등록 기능을 브라우저에서 직접 테스트해 보겠습니다.

그림 4-13 등록 화면

등록 버튼을 클릭하면 다음과 같이 "글이 등록되었습니다"라는 Alert이 노출됩니다.

그림 4-14 등록 성공 Alert

localhost:8080/h2-console에 접속해서 실제로 DB에 데이터가 등록되었는지도 확인합니다.

그림 4-15 등록 데이터베이스 확인

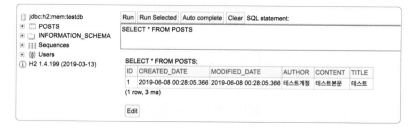

등록 기능이 정상적으로 작동하는 것을 확인하였습니다. 다음으로 전체 조회 화면을 만들어 보겠습니다.

4.4 전체 조회 화면 만들기

전체 조회를 위해 index.mustache의 UI를 변경하겠습니다.

```
{{>layout/header}}

    <h1>스프링 부트로 시작하는 웹 서비스 Ver.2</h1>
    <div class="col-md-12">
        <div class="row">
            <div class="col-md-6">
                <a href="/posts/save" role="button"
                        class="btn btn-primary">글 등록</a>
            </div>
        </div>
        <br>
        <!-- 목록 출력 영역 -->
        <table class="table table-horizontal table-bordered">
            <thead class="thead-strong">
            <tr>
                <th>게시글번호</th>
                <th>제목</th>
```

```
                <th>작성자</th>
                <th>최종수정일</th>
            </tr>
            </thead>
            <tbody id="tbody">
            {{#posts}} // ①
                <tr>
                    <td>{{id}}</td> // ②
                    <td>{{title}}</td>
                    <td>{{author}}</td>
                    <td>{{modifiedDate}}</td>
                </tr>
            {{/posts}}
            </tbody>
        </table>
    </div>

{{>layout/footer}}
```

머스테치의 문법이 처음으로 사용됩니다.

📁 코드설명

① **{{#posts}}**
- posts 라는 List를 순회합니다.
- Java의 for문과 동일하게 생각하면 됩니다.

② **{{id}} 등의 {{변수명}}**
- List에서 뽑아낸 객체의 필드를 사용합니다.

그럼 Controller, Service, Repository 코드를 작성하겠습니다. 먼저 Repository부터 시작합니다.

기존에 있던 PostsRepository 인터페이스에 쿼리가 추가됩니다.

```
import org.springframework.data.jpa.repository.JpaRepository;
import org.springframework.data.jpa.repository.Query;
```

```java
import java.util.List;

public interface PostsRepository extends JpaRepository<Posts,
Long> {

    @Query("SELECT p FROM Posts p ORDER BY p.id DESC")
    List<Posts> findAllDesc();
}
```

SpringDataJpa에서 제공하지 않는 메소드는 위처럼 쿼리로 작성해도 되는 것을 보여드리고자 @Query를 사용했습니다.

실제로 앞의 코드는 SpringDataJpa에서 제공하는 기본 메소드만으로 해결할 수 있습니다. 다만 @Query가 훨씬 가독성이 좋으니 선택해서 사용하면 됩니다.

> **참고**
>
> 규모가 있는 프로젝트에서의 데이터 조회는 FK의 조인, 복잡한 조건 등으로 인해 이런 Entity 클래스만으로 처리하기 어려워 조회용 프레임워크를 추가로 사용합니다. 대표적 예로 querydsl, jooq, MyBatis 등이 있습니다. 조회는 위 3가지 프레임워크 중 하나를 통해 조회하고, 등록/수정/삭제 등은 SpringDataJpa를 통해 진행합니다. 개인적으로는 querydsl를 추천합니다.
>
> Querydsl을 추천하는 이유는 다음과 같습니다.
>
> 1. 타입 안정성이 보장됩니다.
>
> 단순한 문자열로 쿼리를 생성하는 것이 아니라, 메소드를 기반으로 쿼리를 생성하기 때문에 오타나 존재하지 않는 컬럼명을 명시할 경우 IDE에서 자동으로 검출됩니다. 이 장점은 Jooq에서도 지원하는 장점이지만, MyBatis에서는 지원하지 않습니다.
>
> 2. 국내 많은 회사에서 사용 중입니다.
>
> 쿠팡, 배민 등 JPA를 적극적으로 사용하는 회사에서는 Querydsl를 적극적으로 사용 중입니다.

3. 레퍼런스가 많습니다.

앞 2번의 장점에서 이어지는 것인데, 많은 회사와 개발자들이 사용하다보니 그만큼 국내 자료가 많습니다. 어떤 문제가 발생했을 때 여러 커뮤니티에 질문하고 그에 대한 답변을 들을 수 있다는 것은 큰 장점입니다.

Repository 다음으로 PostsService에 코드를 추가하겠습니다.

```
...
import java.util.List;
import java.util.stream.Collectors;

@RequiredArgsConstructor
@Service
public class PostsService {
    private final PostsRepository postsRepository;

    ...

    @Transactional(readOnly = true)
    public List<PostsListResponseDto> findAllDesc() {
        return postsRepository.findAllDesc().stream()
                .map(PostsListResponseDto::new)
                .collect(Collectors.toList());
    }
}
```

findAllDesc 메소드의 트랜잭션 어노테이션(@Transactional)에 옵션이 하나 추가되었습니다. (readOnly = true)를 주면 **트랜잭션 범위는 유지**하되, 조회 기능만 남겨두어 **조회 속도가 개선**되기 때문에 등록, 수정, 삭제 기능이 전혀 없는 서비스 메소드에서 사용하는 것을 추천합니다.

메소드 내부의 코드에선 람다식을 모르시면 조금 생소한 코드가 있을 수 있습니다.

```
.map(PostsListResponseDto::new)
```

앞의 코드는 실제로 다음과 같습니다.

```
.map(posts -> new PostsListResponseDto(posts))
```

postsRepository 결과로 넘어온 Posts의 Stream을 map을 통해 PostsListResponseDto 변환 → List로 반환하는 메소드입니다.

아직 PostsListResponseDto 클래스가 없기 때문에 이 클래스 역시 생성 합니다.

> **src/main/java/com/jojoldu/book/springboot/web/dto/ PostsListResponseDto**

```java
import com.fasterxml.jackson.annotation.JsonFormat;
import lombok.Getter;
import java.time.LocalDateTime;

@Getter
public class PostsListResponseDto {
    private Long id;
    private String title;
    private String author;
    private LocalDateTime modifiedDate;

    public PostsListResponseDto(Posts entity) {
        this.id = entity.getId();
        this.title = entity.getTitle();
        this.author = entity.getAuthor();
        this.modifiedDate = entity.getModifiedDate();
    }
}
```

마지막으로 Controller를 변경하겠습니다.

```java
import org.springframework.ui.Model;

@RequiredArgsConstructor
@Controller
public class IndexController {

    private final PostsService postsService;

    @GetMapping("/")
    public String index(Model model) { // ①
        model.addAttribute("posts", postsService.
findAllDesc());
        return "index";
    }
}
```

🗁 코드설명

① **Model**
- 서버 템플릿 엔진에서 사용할 수 있는 객체를 저장할 수 있습니다.
- 여기서는 postsService.findAllDesc()로 가져온 결과를 posts로 index.mustache 에 전달합니다.

Controller까지 모두 완성되었습니다. http://localhost:8080/로 접속한 뒤 등록 화면을 이용해 하나의 데이터를 등록해 봅니다. 그럼 다음과 같이 목록 기능이 정상적으로 작동하는 것을 확인할 수 있습니다.

그림 4-16 조회 목록

4.5 게시글 수정, 삭제 화면 만들기

마지막으로 게시글 수정, 삭제 화면을 만들어 보겠습니다. 게시글 수정
API는 이미 3.4절에서 만들어 두었습니다.

```
public class PostsApiController {

    ...
    @PutMapping("/api/v1/posts/{id}")
    public Long update(@PathVariable Long id, @RequestBody
PostsUpdateRequestDto requestDto) {
        return postsService.update(id, requestDto);
    }
    ...
}
```

해당 API로 요청하는 화면을 개발하겠습니다.

게시글 수정

게시글 수정 화면 머스테치 파일을 생성합니다.

src/main/resources/templates/posts-update.mustache

```
{{>layout/header}}

<h1>게시글 수정</h1>

<div class="col-md-12">
    <div class="col-md-4">
        <form>
            <div class="form-group">
                <label for="id">글 번호</label>
                <input type="text" class="form-control"
                    id="id" value="{{post.id}}" readonly> // ①
            </div>
            <div class="form-group">
                <label for="title">제목</label>
                <input type="text" class="form-control"
                        id="title" value="{{post.title}}">
            </div>
            <div class="form-group">
                <label for="author"> 작성자 </label>
                <input type="text" class="form-control" id="author"
                        value="{{post.author}}" readonly> // ②
            </div>
            <div class="form-group">
                <label for="content"> 내용 </label>
                <textarea class="form-control" id="content">{{post.
                                        content}}</textarea>
            </div>
        </form>
        <a href="/" role="button" class="btn btn-secondary">취
                                                            소</a>
        <button type="button" class="btn btn-primary"
                        id="btn-update">수정 완료</button>
    </div>
</div>

{{>layout/footer}}
```

🗁 코드설명

① {{post.id}}

- 머스테치는 객체의 필드 접근 시 점(Dot)으로 구분합니다.
- 즉, Post 클래스의 id에 대한 접근은 post.id로 사용할 수 있습니다.

② readonly

- Input 태그에 읽기 가능만 허용하는 속성입니다.
- id와 author는 수정할 수 없도록 읽기만 허용하도록 추가합니다.

그리고 btn-update 버튼을 클릭하면 update 기능을 호출할 수 있게 index.js 파일에도 update function을 하나 추가하겠습니다.

```
var main = {
    init : function () {
        var _this = this;
        ...

        $('#btn-update').on('click', function () { // ①
            _this.update();
        });
    },
    save : function () {
        ...
    },
    update : function () { // ②
        var data = {
            title: $('#title').val(),
            content: $('#content').val()
        };

        var id = $('#id').val();

        $.ajax({
            type: 'PUT', // ③
            url: '/api/v1/posts/'+id, // ④
            dataType: 'json',
            contentType:'application/json; charset=utf-8',
```

```
        data: JSON.stringify(data)
    }).done(function() {
        alert('글이 수정되었습니다.');
        window.location.href = '/';
    }).fail(function (error) {
        alert(JSON.stringify(error));
    });
    }

};

main.init();
```

📁 코드설명

① **$('#btn-update').on('click')**
- btn-update란 id를 가진 HTML 엘리먼트에 click 이벤트가 발생할 때 update function을 실행하도록 이벤트를 등록합니다.

② **update : function ( )**
- 신규로 추가될 update function입니다.

③ **type: 'PUT'**
- 여러 HTTP Method 중 PUT 메소드를 선택합니다.
- PostsApiController에 있는 API에서 이미 @PutMapping으로 선언했기 때문에 PUT을 사용해야 합니다. 참고로 이는 REST 규약에 맞게 설정된 것입니다.
- REST에서 CRUD는 다음과 같이 HTTP Method에 매핑됩니다.
  생성 (Create) - POST
  읽기 (Read) - GET
  수정 (Update) - PUT
  삭제 (Delete) - DELETE

④ **url: '/api/v1/posts/'+id**
- 어느 게시글을 수정할지 URL Path로 구분하기 위해 Path에 id를 추가합니다.

마지막으로 전체 목록에서 **수정 페이지로 이동할 수 있게** 페이지 이동 기능을 추가해 보겠습니다. index.mustache 코드를 다음과 같이 '살짝' 수정합니다.

```
<tbody id="tbody">
{{#posts}}
    <tr>
        <td>{{id}}</td>
        <td><a href="/posts/update/{{id}}">{{title}}</a></td> // ①
        <td>{{author}}</td>
        <td>{{modifiedDate}}</td>
    </tr>
{{/posts}}
</tbody>
```

🗂 코드설명

① **<a href="/posts/update/{{id}}"> </a>**
- 타이틀(title)에 a tag를 추가합니다.
- 타이틀을 클릭하면 해당 게시글의 수정 화면으로 이동합니다.

화면쪽 작업이 다 끝났으니 수정 화면을 연결할 Controller 코드를 작업하겠습니다.

IndexController에 다음과 같이 메소드를 추가합니다.

```
...
public class IndexController {
    ...

    @GetMapping("/posts/update/{id}")
    public String postsUpdate(@PathVariable Long id, Model
                                                    model) {
        PostsResponseDto dto = postsService.findById(id);
        model.addAttribute("post", dto);

        return "posts-update";
    }
}
```

등록 화면과 조회 화면을 개발하면서 익숙해진 코드들이라 수정 코드는 크게 어려울 것이 없습니다.

자! 그럼 수정 기능을 한번 사용해 보겠습니다. 메인 화면으로 이동하면 타이틀 항목에 링크 표시가 된 것을 확인할 수 있습니다.

그림 4-17 수정 링크 표시

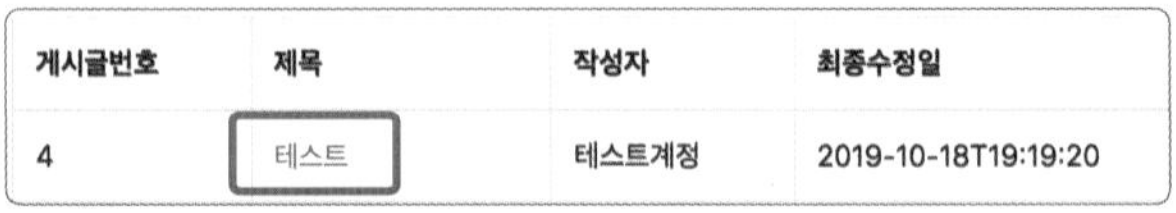
게시글번호
제목
작성자
최종수정일
4
테스트
테스트계정
2019-10-18T19:19:20

해당 링크를 클릭하면 수정 페이지로 이동합니다. 글 번호와 작성자가 읽기전용readonly 상태인 것을 확인한 뒤, 제목과 내용을 수정해 봅니다.

그림 4-18 제목과 내용 수정

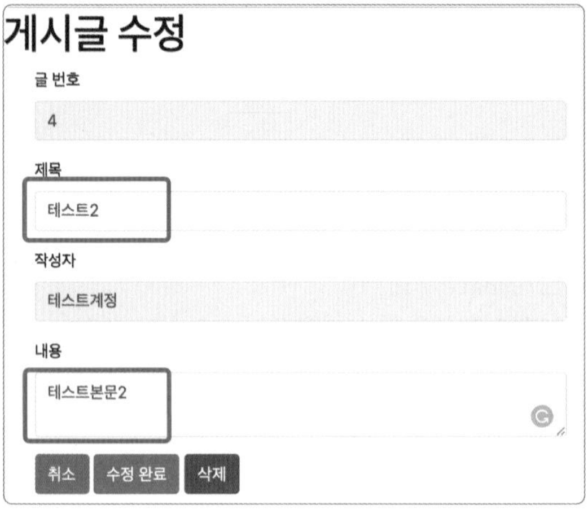
게시글 수정
글 번호
4
제목
테스트2
작성자
테스트계정
내용
테스트본문2
취소
수정 완료
삭제

수정 완료 버튼을 클릭하면 수정 완료 메시지가 나타나며 제목은 '테스트'에서 '테스트2'로 변경된 것을 확인할 수 있습니다.

그림 4-19 수정 완료 메시지와 수정 후 목록

게시글 삭제

수정 기능이 정상적으로 구현되었으니, 삭제 기능도 구현해 봅니다. 삭제 버튼은 본문을 확인하고 진행해야 하므로, 수정 화면에 추가하겠습니다.

---

posts-update.mustache

```
...
<div class="col-md-12">
    <div class="col-md-4">
        ...
        <a href="/" role="button" class="btn btn-secondary">취
                                                            소</a>
        <button type="button" class="btn btn-primary"
                                id="btn-update">수정 완료</button>
        <button type="button" class="btn btn-danger" id="btn-
                                delete">삭제</button> // ①
    </div>
</div>

...
```

🗁 코드설명

① btn-delete
- 삭제 버튼을 수정 완료 버튼 옆에 추가합니다.
- 해당 버튼 클릭 시 JS에서 이벤트를 수신할 예정입니다.

삭제 이벤트를 진행할 JS 코드도 추가합니다.

index.js

```javascript
var main = {
    init : function () {
        ...

        $('#btn-delete').on('click', function () {
            _this.delete();
        });
    },
    ...
    delete : function () {
        var id = $('#id').val();

        $.ajax({
            type: 'DELETE',
            url: '/api/v1/posts/'+id,
            dataType: 'json',
            contentType:'application/json; charset=utf-8'
        }).done(function() {
            alert('글이 삭제되었습니다.');
            window.location.href = '/';
        }).fail(function (error) {
            alert(JSON.stringify(error));
        });
    }

};

main.init();
```

type은 'DELETE'를 제외하고는 update function과 크게 차이 나진 않습니다. 자! 이제 삭제 API를 만들어 보겠습니다. 먼저 서비스 메소드입니다.

PostsService

```
...
public class PostsService {

    ...

    @Transactional
    public void delete (Long id) {
        Posts posts = postsRepository.findById(id)
                .orElseThrow(() -> new
IllegalArgumentException("해당 게시글이 없습니다. id=" + id));

        postsRepository.delete(posts); // ①
    }
    ...
}
```

📁코드설명

① postsRepository.delete(posts)
- JpaRepository에서 이미 delete 메소드를 지원하고 있으니 이를 활용합니다.
- 엔티티를 파라미터로 삭제할 수도 있고, deleteById 메소드를 이용하면 id로 삭제할 수도 있습니다.
- 존재하는 Posts인지 확인을 위해 엔티티 조회 후 그대로 삭제합니다.

서비스에서 만든 delete 메소드를 컨트롤러가 사용하도록 코드를 추가합니다.

PostsApiController

```
...
public class PostsApiController {
    ...

    @DeleteMapping("/api/v1/posts/{id}")
    public Long delete(@PathVariable Long id) {
        postsService.delete(id);
        return id;
    }
    ...
}
```

컨트롤러까지 생성되었으니 한번 테스트를 해봅니다. 좀 전에 수정한
테스트2 게시글의 수정 화면에서 **삭제 버튼을 클릭**합니다.

그림 4-20 삭제 버튼

다음과 같이 삭제 성공 메시지를 확인합니다.

그림 4-21 삭제 성공 메시지

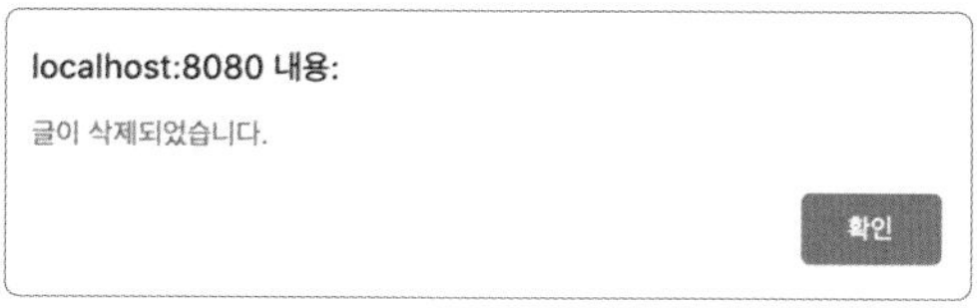

```
localhost:8080 내용:
글이 삭제되었습니다.

                                    확인
```

자동으로 메인 페이지로 이동하면, 기존 게시글이 삭제되었는지 확인합니다.

그림 4-22 삭제 후 목록

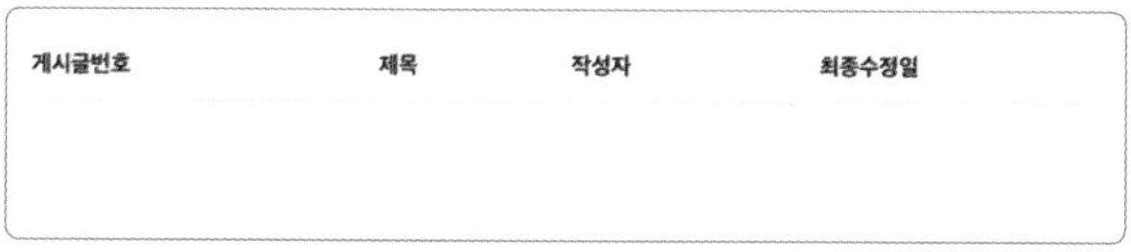

게시글번호	제목	작성자	최종수정일

수정/삭제 기능까지 완성되었습니다!

이번 장에서 진행한 화면 개발뿐만 아니라 **웹 요청에서의 테스트 코드** 작성 방법은 필수로 익혀가길 바랍니다. 기본적인 게시판 기능이 완성되었으니 이제 로그인 기능을 만들어 보겠습니다.

이번 장에서는 다음을 배웠습니다.

- 서버 템플릿 엔진과 클라이언트 템플릿 엔진의 차이

- 머스테치의 기본 사용 방법

- 스프링 부트에서의 화면 처리 방식

- js/css 선언 위치를 다르게 하여 웹사이트의 로딩 속도를 향상하는 방법

- js 객체를 이용하여 브라우저의 전역 변수 충돌 문제를 회피하는 방법

백엔드 개발자라 하더라도 어드민 서비스 혹은 통계 서비스를 만들 일이 많습니다. 그럴 때 화면 개발은 백엔드 개발자가 진행해야 되니 한번은 다뤄보는 것이 많은 도움이 됩니다.

꼭 필자의 선택인 머스테치가 아니더라도 Thymeleaf나 Free-marker 등 본인의 기호에 맞춰 이번 장을 다시 한번 진행해보는 것도 좋은 공부 방법입니다.

스프링 시큐리티와 OAuth 2.0으로 로그인 기능 구현하기

스프링 시큐리티^{Spring Security}는 막강한 인증^{Authentication}과 인가^{Authorization}(혹은 권한 부여) 기능을 가진 프레임워크입니다. 사실상 스프링 기반의 애플리케이션에서는 보안을 위한 표준이라고 보면 됩니다. 인터셉터, 필터 기반의 보안 기능을 구현하는 것보다 스프링 시큐리티를 통해 구현하는 것을 적극적으로 권장하고 있습니다.

스프링의 대부분 프로젝트들(Mvc, Data, Batch 등등)처럼 확장성을 고려한 프레임워크다 보니 다양한 요구사항을 손쉽게 추가하고 변경할 수 있습니다. 이런 손쉬운 설정은 특히나 스프링 부트 1.5 에서 2.0으로 넘어오면서 더욱 더 강력해졌습니다.

이번 장에서는 스프링 시큐리티와 OAuth 2.0을 구현한 구글 로그인을 연동하여 로그인 기능을 만들어 보겠습니다.

5.1 스프링 시큐리티와 스프링 시큐리티 Oauth2 클라이언트

많은 서비스에서 로그인 기능을 id/password 방식보다는 구글, 페이스북, 네이버 로그인과 같은 소셜 로그인 기능을 사용합니다.

왜 많은 서비스에서 소셜 로그인을 사용할까요? 필자가 생각하는 이유로는 직접 구현할 경우 **배보다 배꼽이 커지는 경우**가 많기 때문입니다. 직접구현하면 다음을 전부 구현해야 합니다. OAuth를 써도 구현해야 하는 것은 제외했습니다.

- 로그인 시 보안
- 회원가입 시 이메일 혹은 전화번호 인증
- 비밀번호 찾기
- 비밀번호 변경
- 회원정보 변경

OAuth 로그인 구현 시 앞선 목록의 것들을 모두 구글, 페이스북, 네이버 등에 맡기면 되니 서비스 개발에 집중할 수 있습니다.

■ 스프링 부트 1.5 vs 스프링 부트 2.0

스프링 부트 1.5에서의 OAuth2 연동 방법이 2.0에서는 크게 변경되었습니다. 하지만, 인터넷 자료들(블로그나 깃허브 등)을 보면 **설정 방법에 크게 차이가 없는 경우를 자주 봅니다.** 이는 spring-security-oauth2-autoconfigure 라이브러리 덕분입니다.

```
spring-security-oauth2-autoconfigure
```

spring-security-oauth2-autoconfigure 라이브러리를 사용할 경우 스프링 부트 2에서도 1.5에서 쓰던 설정을 그대로 사용할 수 있습니다. 새로운 방법을 쓰기보다는 **기존에 안전하게 작동하던 코드**를 사용하는 것이 아무래도 더 확실하므로 많은 개발자가 이 방식을 사용해 왔습니다.

하지만 이 책에서는 스프링 부트 2 방식인 Spring Security Oauth2 Client 라이브러리를 사용해서 진행합니다. 이유는 다음과 같습니다.

- 스프링 팀에서 기존 1.5에서 사용되던 spring-security-oauth 프로젝트는 유지 상태(maintenance mode)로 결정했으며 더는 신규 기능은 추가하지 않고 버그 수정 정도의 기능만 추가될 예정. 신규 기능은 새 oauth2 라이브러리에서만 지원하겠다고 선언
- 스프링 부트용 라이브러리(starter) 출시
- 기존에 사용되던 방식은 확장 포인트가 적절하게 오픈되어 있지 않아 직접 상속하거나 오버라이딩 해야 하고 신규 라이브러리의 경우 확장 포인트를 고려해서 설계된 상태

그리고 한 가지 더 이야기하자면, 이 책 이외에 스프링 부트 2 방식의 자료를 찾고 싶은 경우 인터넷 자료들 사이에서 다음 두 가지만 확인하면 됩니다.

먼저 spring-security-oauth2-autoconfigure 라이브러리를 썼는지를 확인하고 application.properties 혹은 application.yml 정보가 다음과 같이 차이가 있는지 비교해야 합니다.

그림 5-1 스프링 부트 1.5와 2.0 설정 차이

```
google :
  client :
    clientId : 인증정보
    clientSecret: 인증정보
    accessTokenUri: https://accounts.google.com/o/oauth2/token
    userAuthorizationUri: https://accounts.google.com/o/oauth2/auth
    clientAuthenticationScheme: form
    scope: email, profile
  resource:
    userInfoUri: https://www.googleapis.com/oauth2/v2/userinfo
```
Spring Boot 1.5

```
spring:
  security:
    oauth2:
      client:
        clientId: 인증정보
        clientSecret: 인증정보
```
Spring Boot 2.x

스프링 부트 1.5 방식에서는 url 주소를 모두 명시해야 하지만, **2.0 방식에서는 client 인증 정보만 입력하면 됩니다.** 1.5버전에서 직접 입력했던 값들은 2.0버전으로 오면서 모두 enum으로 대체되었습니다.

CommonOAuth2Provider라는 enum이 새롭게 추가되어 구글, 깃허브, 페이스북, 옥타[Okta]의 기본 설정값은 모두 여기서 제공합니다.

```
public enum CommonOAuth2Provider {

    GOOGLE {

        @Override
        public Builder getBuilder(String registrationId) {
```

```
            ClientRegistration.Builder builder =
                        getBuilder(registrationId,
                    ClientAuthenticationMethod.BASIC,
                            DEFAULT_REDIRECT_URL);
            builder.scope("openid", "profile", "email");
            builder.authorizationUri("https://accounts.
                        google.com/o/oauth2/v2/auth");
            builder.tokenUri("https://www.googleapis.com/
                            oauth2/v4/token");
            builder.jwkSetUri("https://www.googleapis.com/
                            oauth2/v3/certs");
            builder.userInfoUri("https://www.googleapis.com/
                            oauth2/v3/userinfo");
            builder.userNameAttributeName(IdTokenClaimNames.
                                SUB);
            builder.clientName("Google");
            return builder;
        }
    },

    ...
```

이외에 다른 소셜 로그인(네이버, 카카오 등)을 추가한다면 직접 다 추가해 주어야 합니다. 이점을 기억해 해당 블로그에서 어떤 방식을 사용하는지 확인 후 참고하면 됩니다. 그럼 다음 절에서 구글 로그인 연동을 시작하겠습니다.

5.2 구글 서비스 등록

먼저 구글 서비스에 신규 서비스를 생성합니다. 여기서 발급된 인증 정보(clientId와 clientSecret)를 통해서 로그인 기능과 소셜 서비스 기능을 사용할 수 있으니 무조건 발급받고 시작해야 합니다.

구글 클라우드 플랫폼 주소(https://console.cloud.google.com)로 이동합니다. 그리고 다음 그림과 같이 [**프로젝트 선택**] 탭을 클릭합니다.

그림 5-2 구글 플랫폼 프로젝트 선택

[**새 프로젝트**] 버튼을 클릭합니다.

그림 5-3 새 프로젝트 선택

등록될 서비스의 이름을 입력합니다. 원하는 이름으로 지으면 됩니다. 필자는 freelec-springboot2-webservice로 지었습니다.

그림 5-4 새 프로젝트 이름

새 프로젝트

⚠ projects 할당량이 12개 남았습니다. 할당량 증가를 요청하거나 프로젝트를 삭제하세요. 자세히 알아보기

MANAGE QUOTAS

프로젝트 이름 *
freelec-springboot2-webservice   ❓

프로젝트 ID: **future-bucksaw-259410**입니다. 나중에 변경할 수 없습니다.   수정

생성이 완료된 프로젝트를 선택하고 왼쪽 메뉴 탭을 클릭해서 API 및 서비스 카테고리로 이동합니다.

그림 5-5 설정 페이지 이동

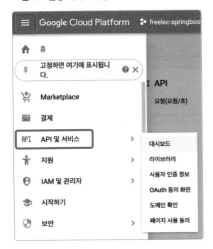

사이드바 중간에 있는 [사용자 인증 정보]를 클릭하고 [사용자 인증 정보 만들기] 버튼을 클릭합니다.

그림 5-6 사용자 인증 정보 선택 화면

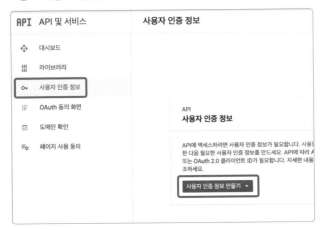

　　사용자 인증 정보에는 여러 메뉴가 있는데 이 중 이번에 구현할 소셜 로그인은 OAuth 클라이언트 ID로 구현합니다. [OAuth 클라이언트 ID] 항목을 클릭합니다.

그림 5-7 OAuth 클라이언트 ID

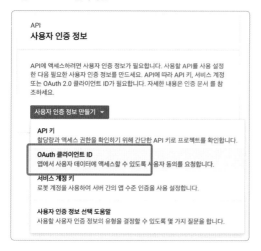

　　바로 클라이언트 ID가 생성되기 전에 동의 화면 구성이 필요하므로 안내에 따라 [동의 화면 구성] 버튼을 클릭합니다.

그림 5-8 동의 화면 구성

동의 화면에서는 3개의 탭이 있는데, 이 중 'OAuth 동의 화면' 탭에서 다음과 같이 각 항목을 작성합니다.

그림 5-9 동의 화면 입력

- **애플리케이션 이름**: 구글 로그인 시 사용자에게 노출될 애플리케이션 이름을 이야기 합니다.

- **지원 이메일**: 사용자 동의 화면에서 노출될 이메일 주소입니다. 보통은 서비스의 help 이메일 주소를 사용하지만, 여기서는 독자의 이메일 주소를 사용하시면 됩니다.

- **Google API의 범위**: 이번에 등록할 구글 서비스에서 사용할 범위 목록입니다. 기본값 은 email/profile/openid이며, 여기서는 딱 기본 범위만 사용합니다. 이외 다른 정보 들도 사용하고 싶다면 범위 추가 버튼으로 추가하면 됩니다.

동의 화면 구성이 끝났으면 화면 제일 아래에 저장 버튼을 클릭하고 다음 그림과 같이 OAuth 클라이언트 ID 만들기 화면으로 바로 이동합니다. 프로젝트 이름을 등록합니다.

그림 5-10 OAuth 클라이언트 ID 만들기 화면 상단

화면 아래로 내려가면 다음과 같이 URL 주소를 등록해야 합니다. 여기 서 [승인된 리디렉션 URI] 항목만 그림과 같이 값을 등록합니다.

그림 5-11 OAuth 클라이언트 ID 만들기 화면 하단

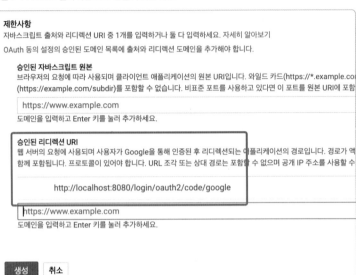

승인된 리디렉션 URI

- 서비스에서 파라미터로 인증 정보를 주었을 때 인증이 성공하면 구글에서 리다이렉 트할 URL입니다.

- 스프링 부트 2 버전의 시큐리티에서는 기본적으로 {도메인}/login/oauth2/code/{소 셜서비스코드}로 리다이렉트 URL을 지원하고 있습니다.

- 사용자가 별도로 리다이렉트 URL을 지원하는 Controller를 만들 필요가 없습니다. 시큐리티에서 이미 구현해 놓은 상태입니다.

- 현재는 개발 단계이므로 http://localhost:8080/login/oauth2/code/google로만 등록합니다.

- AWS 서버에 배포하게 되면 localhost 외에 추가로 주소를 추가해야하며, 이건 이후 단계에서 진행하겠습니다.

생성 버튼을 클릭하면 다음 그림과 같이 생성된 클라이언트 정보를 볼 수 있고 생성된 애플리케이션을 클릭하면 그림과 같이 인증 정보를 볼 수 있습니다.

그림 5-12 생성된 클라이언트 목록

그림 5-13 새 프로젝트 이름

클라이언트 ID^{clientId}와 클라이언트 보안 비밀^{clientSecret} 코드를 프로젝트에서 설정하겠습니다.

- application-oauth 등록

4장에서 만들었던 application.properties가 있는 src/main/resources/ 디렉토리에 **application-oauth.properties** 파일을 생성합니다.

그림 5-14 application-oauth.properties

```
▼ ■ resources
   ▶ ■ static.js.app
   ▶ ■ templates
     ■ application.properties
     ■ application-oauth.properties
```

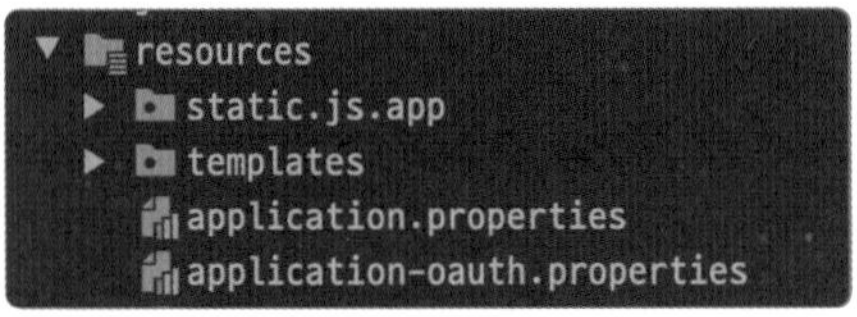

그리고 해당 파일에 클라이언트 ID ^{clientId}와 클라이언트 보안 비밀^{clientSecret} 코드를 다음과 같이 등록합니다.

```
spring.security.oauth2.client.registration.google.client-id=클
라이언트 ID
spring.security.oauth2.client.registration.google.client-
secret=클라이언트 보안 비밀
spring.security.oauth2.client.registration.google.
scope=profile,email
```

scope=profile,email

- 많은 예제에서는 이 scope를 별도로 등록하지 않고 있습니다.
- 기본값이 openid,profile,email이기 때문입니다.
- 강제로 profile,email를 등록한 이유는 openid라는 scope가 있으면 Open Id Provider로 인식하기 때문입니다.
- 이렇게 되면 OpenId Provider인 서비스(구글)와 그렇지 않은 서비스(네이버/카카오 등)로 나눠서 각각 OAuth2Service를 만들어야 합니다.
- 하나의 OAuth2Service로 사용하기 위해 일부러 openid scope를 빼고 등록합니다.

　스프링 부트에서는 properties의 이름을 application-xxx.properties 로
만들면 xxx라는 이름의 **profile**이 생성되어 이를 통해 관리할 수 있습니
다. 즉, profile=xxx라는 식으로 호출하면 **해당 properties의 설정들을 가져
올** 수 있습니다. 호출하는 방식은 여러 방식이 있지만 이 책에서는 스프
링 부트의 기본 설정 파일인 application.properties에서 application-oauth.
properties를 포함하도록 구성합니다.

　application.properties에 다음과 같이 코드를 추가합니다.

```
spring.profiles.include=oauth
```

이제 이 설정값을 사용할 수 있게 되었습니다.

- **.gitignore 등록**

　구글 로그인을 위한 클라이언트 ID[clientId]와 클라이언트 보안 비밀은 보
안이 중요한 정보들입니다. 이들이 외부에 노출될 경우 언제든 개인정보
를 가져갈 수 있는 취약점이 될 수 있습니다.

　이 책으로 진행 중인 독자는 깃허브와 연동하여 사용하다 보니 application-
oauth.properties 파일이 **깃허브에 올라갈 수 있습니다.** 보안을 위해 깃허브에
application-oauth.properties 파일이 올라가는 것을 방지하겠습니다. 1장
에서 만들었던 .gitignore에 다음과 같이 한 줄의 코드를 추가합니다.

```
application-oauth.properties
```

추가한 뒤 커밋했을 때 **커밋 파일 목록에 application-oauth.properties가 나**
오지 않으면 성공입니다.

> 만약 .gitignore에 추가했음에도 여전히 커밋 목록에 노출된다면 이는 Git의 캐
> 시문제 때문입니다. 이에 대한 해결책은 필자의 블로그를 참고하시길 바랍니다.
> .gitignore가 작동하지 않을때 대처법(https://jojoldu.tistory.com/307)

5.3 구글 로그인 연동하기

구글의 로그인 인증정보를 발급 받았으니 프로젝트 구현을 진행하겠습
니다. 먼저 사용자 정보를 담당할 도메인인 User 클래스를 생성합니다. 패
키지는 domain 아래에 user 패키지를 생성합니다.

| src/main/java/com/jojoldu/book/springboot/domain/user/User

```java
import lombok.Builder;
import lombok.Getter;
import lombok.NoArgsConstructor;

import javax.persistence.Column;
import javax.persistence.Entity;
import javax.persistence.EnumType;
import javax.persistence.Enumerated;
import javax.persistence.GeneratedValue;
import javax.persistence.GenerationType;
import javax.persistence.Id;

@Getter
@NoArgsConstructor
@Entity
public class User extends BaseTimeEntity {
```

```
    @Id
    @GeneratedValue(strategy = GenerationType.IDENTITY)
    private Long id;

    @Column(nullable = false)
    private String name;

    @Column(nullable = false)
    private String email;

    @Column
    private String picture;

    @Enumerated(EnumType.STRING) // ①
    @Column(nullable = false)
    private Role role;

    @Builder
    public User(String name, String email, String picture,
                                            Role role) {
        this.name = name;
        this.email = email;
        this.picture = picture;
        this.role = role;
    }

    public User update(String name, String picture) {
        this.name = name;
        this.picture = picture;

        return this;
    }

    public String getRoleKey() {
        return this.role.getKey();
    }
}
}
```

📁코드설명

① **@Enumerated(EnumType.STRING)**
- JPA로 데이터베이스로 저장할 때 Enum 값을 어떤 형태로 저장할지를 결정합니다.
- 기본적으로는 int로 된 숫자가 저장됩니다.
- 숫자로 저장되면 데이터베이스로 확인할 때 그 값이 무슨 코드를 의미하는지 알 수가 없습니다.
- 그래서 문자열 (EnumType.STRING)로 저장될 수 있도록 선언합니다.

각 사용자의 권한을 관리할 Enum 클래스 Role을 생성합니다.

src/main/java/com/jojoldu/book/springboot/domain/user/Role

```
import lombok.Getter;
import lombok.RequiredArgsConstructor;

@Getter
@RequiredArgsConstructor
public enum Role {

    GUEST("ROLE_GUEST", "손님"),
    USER("ROLE_USER", "일반 사용자");

    private final String key;
    private final String title;

}
```

스프링 시큐리티에서는 권한 코드에 항상 **ROLE_이 앞에 있어야만** 합니다. 그래서 코드별 키 값을 ROLE_GUEST, ROLE_USER 등으로 지정합니다.

마지막으로 User의 CRUD를 책임질 UserRepository도 생성합니다.

src/main/java/com/jojoldu/book/springboot/domain/user/
UserRepository

```
import org.springframework.data.jpa.repository.JpaRepository;

import java.util.Optional;

public interface UserRepository extends JpaRepository<User,
Long> {

    Optional<User> findByEmail(String email); // ①
}
```

📂 코드설명

① findByEmail
- 소셜 로그인으로 반환되는 값 중 email을 통해 이미 생성된 사용자인지 처음 가입하는 사용자인지 판단하기 위한 메소드입니다.

User 엔티티 관련 코드를 모두 작성했으니 본격적으로 시큐리티 설정을 진행하겠습니다.

스프링 시큐리티 설정

먼저 build.gradle에 스프링 시큐리티 관련 의존성 하나를 추가합니다.

```
compile('org.springframework.boot:spring-boot-starter-oauth2-
client') // ①
```

📂 코드설명

① spring-boot-starter-oauth2-client
- 소셜 로그인 등 클라이언트 입장에서 소셜 기능 구현 시 필요한 의존성입니다.
- spring-security-oauth2-client와 spring-security-oauth2-jose를 기본으로 관리해줍니다.

builg.gradle 설정이 끝났으면 OAuth 라이브러리를 이용한 소셜 로그인 설정 코드를 작성합니다.

config.auth 패키지를 생성합니다. 앞으로 **시큐리티 관련 클래스는 모두 이곳에 담는다고** 보면 됩니다.

그림 5-15 패키지 생성

SecurityConfig 클래스를 생성하고 다음과 같이 코드를 작성합니다. 아직 **CustomOAuth2UserService 클래스를 만들지 않아** 컴파일 에러가 발생하지만, 코드 설명을 본 뒤 바로 다음 코드를 작성하면 됩니다.

```
import lombok.RequiredArgsConstructor;
import org.springframework.security.config.annotation.web.
                                    builders.HttpSecurity;
import org.springframework.security.config.annotation.web.
                            configuration.EnableWebSecurity;
import org.springframework.security.config.annotation.web.
                    configuration.WebSecurityConfigurerAdapter;

@RequiredArgsConstructor
@EnableWebSecurity // ①
public class SecurityConfig extends
WebSecurityConfigurerAdapter {

    private final CustomOAuth2UserService customOAuth2UserService;

    @Override
    protected void configure(HttpSecurity http) throws Exception {
        http
                .csrf().disable()
                .headers().frameOptions().disable() // ②
```

```
                .and()
                    .authorizeRequests() // ③
                    .antMatchers("/", "/css/**", "/images/**",
                        "/js/**", "/h2-console/**").permitAll()
                    .antMatchers("/api/v1/**").hasRole(Role.
                                        USER.name()) // ④
                    .anyRequest().authenticated() // ⑤
                .and()
                    .logout()
                        .logoutSuccessUrl("/") // ⑥
                .and()
                    .oauth2Login() // ⑦
                        .userInfoEndpoint() // ⑧
                            .userService(customOAuth2UserService); 
                                                        // ⑨
    }
}
```

🗀 코드설명

① @EnableWebSecurity

- Spring Security 설정들을 활성화시켜 줍니다.

② csrf( ).disable( ).headers( ).frameOptions( ).disable( )

- h2-console 화면을 사용하기 위해 해당 옵션들을 disable 합니다.

③ authorizeRequests

- URL별 권한 관리를 설정하는 옵션의 시작점입니다.
- authorizeRequests가 선언되어야만 antMatchers 옵션을 사용할 수 있습니다.

④ antMatchers

- 권한 관리 대상을 지정하는 옵션입니다.
- URL, HTTP 메소드별로 관리가 가능합니다.
- "/" 등 지정된 URL들은 permitAll( ) 옵션을 통해 전체 열람 권한을 주었습니다.
- "/api/v1/**" 주소를 가진 API는 USER 권한을 가진 사람만 가능하도록 했습니다.

⑤ anyRequest

- 설정된 값들 이외 나머지 URL들을 나타냅니다.

- 여기서는 authenticated( )을 추가하여 나머지 URL들은 모두 인증된 사용자들에게만 허용하게 합니다.
- 인증된 사용자 즉, 로그인한 사용자들을 이야기합니다.

⑥ **logout( ).logoutSuccessUrl("/ ")**
- 로그아웃 기능에 대한 여러 설정의 진입점입니다.
- 로그아웃 성공 시 / 주소로 이동합니다.

⑦ **oauth2Login**
- OAuth 2 로그인 기능에 대한 여러 설정의 진입점입니다.

⑧ **userInfoEndpoint**
- OAuth 2 로그인 성공 이후 사용자 정보를 가져올 때의 설정들을 담당합니다.

⑨ **userService**
- 소셜 로그인 성공 시 후속 조치를 진행할 UserService 인터페이스의 구현체를 등록합니다.
- 리소스 서버(즉, 소셜 서비스들)에서 사용자 정보를 가져온 상태에서 추가로 진행하고자 하는 기능을 명시할 수 있습니다.

설정 코드 작성이 끝났다면 CustomOAuth2UserService 클래스를 생성합니다. 이 클래스에서는 구글 로그인 이후 가져온 사용자의 정보(email, name, picture 등)들을 기반으로 가입 및 정보수정, 세션 저장 등의 기능을 지원합니다.

src/main/java/com/jojoldu/book/springboot/config/auth/
CustomOAuth2UserService

```
import lombok.RequiredArgsConstructor;
import org.springframework.security.core.authority.
                              SimpleGrantedAuthority;
import org.springframework.security.oauth2.client.userinfo.
                              DefaultOAuth2UserService;
import org.springframework.security.oauth2.client.userinfo.
                              OAuth2UserRequest;
```

```java
import org.springframework.security.oauth2.client.userinfo.
                                    OAuth2UserService;
import org.springframework.security.oauth2.core.
                            OAuth2AuthenticationException;
import org.springframework.security.oauth2.core.user.
                                    DefaultOAuth2User;
import org.springframework.security.oauth2.core.user.
                                    OAuth2User;
import org.springframework.stereotype.Service;

import javax.servlet.http.HttpSession;
import java.util.Collections;

@RequiredArgsConstructor
@Service
public class CustomOAuth2UserService implements OAuth2UserSer
vice<OAuth2UserRequest, OAuth2User> {
    private final UserRepository userRepository;
    private final HttpSession httpSession;

    @Override
    public OAuth2User loadUser(OAuth2UserRequest userRequest)
                    throws OAuth2AuthenticationException {
        OAuth2UserService<OAuth2UserRequest, OAuth2User>
                delegate = new DefaultOAuth2UserService();
        OAuth2User oAuth2User = delegate.
                                    loadUser(userRequest);

        String registrationId = userRequest.
          getClientRegistration().getRegistrationId(); // ①
        String userNameAttributeName = userRequest.
                getClientRegistration().getProviderDetails()
                .getUserInfoEndpoint().
                        getUserNameAttributeName(); // ②

        OAuthAttributes attributes = OAuthAttributes.
                of(registrationId, userNameAttributeName,
                oAuth2User.getAttributes()); // ③

        User user = saveOrUpdate(attributes);
```

```
        httpSession.setAttribute("user", new
                          SessionUser(user)); // ④

        return new DefaultOAuth2User(
              Collections.singleton(new
SimpleGrantedAuthority(user.getRoleKey())),
                attributes.getAttributes(),
                attributes.getNameAttributeKey());
    }


    private User saveOrUpdate(OAuthAttributes attributes) {
        User user = userRepository.findByEmail(attributes.
                                        getEmail())
            .map(entity -> entity.update(attributes.
                getName(), attributes.getPicture()))
            .orElse(attributes.toEntity());

        return userRepository.save(user);
    }
}
```

🗁 코드설명

① registrationId
- 현재 로그인 진행 중인 서비스를 구분하는 코드입니다.
- 지금은 구글만 사용하는 불필요한 값이지만, 이후 네이버 로그인 연동 시에 네이버 로그인인지, 구글 로그인인지 구분하기 위해 사용합니다.

② userNameAttributeName
- OAuth2 로그인 진행 시 키가 되는 필드값을 이야기합니다. Primary Key와 같은 의미입니다.
- 구글의 경우 기본적으로 코드를 지원하지만, 네이버 카카오 등은 기본 지원하지 않습니다. 구글의 기본 코드는 "sub" 입니다.
- 이후 네이버 로그인과 구글 로그인을 동시 지원할 때 사용됩니다.

③ OAuthAttributes
- OAuth2UserService를 통해 가져온 OAuth2User의 attribute를 담을 클래스입니다.
- 이후 네이버 등 다른 소셜 로그인도 이 클래스를 사용합니다.

- 바로 아래에서 이 클래스의 코드가 나오니 차례로 생성하시면 됩니다.

④ SessionUser

- 세션에 사용자 정보를 저장하기 위한 Dto 클래스입니다.
- 왜 User 클래스를 쓰지 않고 새로 만들어서 쓰는지 뒤이어서 상세하게 설명하겠습니다.

구글 사용자 정보가 업데이트 되었을 때를 대비하여 update 기능도 같이 구현되었습니다. 사용자의 이름^{name}이나 프로필 사진^{picture}이 변경되면 User 엔티티에도 반영됩니다.

CustomOAuth2UserService 클래스까지 생성되었다면 OAuthAttributes 클래스를 생성합니다. 필자의 경우 **OAuthAttributes는 Dto로 보기** 때문에 config.auth.dto 패키지를 만들어 해당 패키지에 생성했습니다.

---

src/main/java/com/jojoldu/book/springboot/config/auth/dto/
OAuthAttributes

```java
import lombok.Builder;
import lombok.Getter;

import java.util.Map;

@Getter
public class OAuthAttributes {
    private Map<String, Object> attributes;
    private String nameAttributeKey;
    private String name;
    private String email;
    private String picture;

    @Builder
    public OAuthAttributes(Map<String, Object> attributes,
                           String nameAttributeKey, String name,
                           String email, String picture) {
```

```
        this.attributes = attributes;
        this.nameAttributeKey = nameAttributeKey;
        this.name = name;
        this.email = email;
        this.picture = picture;
    }

    // ①
    public static OAuthAttributes of(String registrationId,
                        String userNameAttributeName,
                        Map<String, Object> attributes) {
        return ofGoogle(userNameAttributeName, attributes);
    }

    private static OAuthAttributes ofGoogle(String
                        userNameAttributeName, Map<String,
                        Object> attributes) {
        return OAuthAttributes.builder()
                .name((String) attributes.get("name"))
                .email((String) attributes.get("email"))
                .picture((String) attributes.get("picture"))
                .attributes(attributes)
                .nameAttributeKey(userNameAttributeName)
                .build();
    }

    // ②
    public User toEntity() {
        return User.builder()
                .name(name)
                .email(email)
                .picture(picture)
                .role(Role.GUEST)
                .build();
    }
}
```

📂코드설명

① of( )
* OAuth2User에서 반환하는 사용자 정보는 Map이기 때문에 값 하나하나를 변환해

야만 합니다.

② toEntity( )

- User 엔티티를 생성합니다.
- OAuthAttributes에서 엔티티를 생성하는 시점은 처음 가입할 때입니다.
- 가입할 때의 기본 권한을 GUEST로 주기 위해서 role 빌더값에는 Role.GUEST를 사용합니다.
- OAuthAttributes 클래스 생성이 끝났으면 같은 패키지에 SessionUser 클래스를 생성합니다.

config.auth.dto 패키지에 **SessionUser** 클래스를 추가합니다.

```java
import lombok.Getter;

import java.io.Serializable;

@Getter
public class SessionUser implements Serializable {
    private String name;
    private String email;
    private String picture;

    public SessionUser(User user) {
        this.name = user.getName();
        this.email = user.getEmail();
        this.picture = user.getPicture();
    }
}
```

SessionUser에는 **인증된 사용자 정보**만 필요합니다. 그 외에 필요한 정보들은 없으니 name, email, picture만 필드로 선언합니다.

코드가 다 작성되었다면 앞서 궁금했던 내용을 잠시 알아보겠습니다.

질문있어요! **왜 User 클래스를 사용하면 안 되나요?**

> 만약 User 클래스를 그대로 사용했다면 다음과 같은 에러가 발생합니다. 다음 내용을 읽
> 기 전에 먼저 생각해보면 좋겠습니다.
>
> ```
> Failed to convert from type [java.lang.Object] to type
> [byte[]] for value 'com.jojoldu.book.springboot.domain.user.
> User@4a43d6'
> ```

이는 세션에 저장하기 위해 User 클래스를 세션에 저장하려고 하니, User 클래스에 **직렬화를 구현하지 않았다**는 의미의 에러입니다. 그럼 오류 를 해결하기 위해 User 클래스에 직렬화 코드를 넣으면 될까요? 그것에 대해선 생각해 볼 것이 많습니다. 이유는 **User 클래스가 엔티티**이기 때문입 니다. 엔티티 클래스에는 언제 다른 엔티티와 관계가 형성될지 모릅니다.

예를 들어 @OneToMany, @ManyToMany 등 자식 엔티티를 갖고 있다 면 직렬화 대상에 자식들까지 포함되니 **성능 이슈, 부수 효과**가 발생할 확 률이 높습니다. 그래서 **직렬화 기능을 가진 세션 Dto**를 하나 추가로 만드는 것이 이후 운영 및 유지보수 때 많은 도움이 됩니다.

모든 시큐리티 설정이 끝났습니다. 그럼 로그인 기능을 한번 테스트해 보겠습니다.

로그인 테스트

스프링 시큐리티가 잘 적용되었는지 확인하기 위해 화면에 로그인 버 튼을 추가해 보겠습니다.

index.mustache에 로그인 버튼과 로그인 성공 시 사용자 이름을 보여주 는 코드입니다.

```
...
<h1>스프링 부트로 시작하는 웹 서비스 Ver.2</h1>
<div class="col-md-12">
    <!-- 로그인 기능 영역 -->
    <div class="row">
        <div class="col-md-6">
            <a href="/posts/save" role="button" class="btn
                            btn-primary">글 등록</a>
            {{#userName}} // ①
                Logged in as: <span id="user">{{userName}}</
                                                    span>
                <a href="/logout" class="btn btn-info active"
                            role="button">Logout</a> // ②
            {{/userName}}
            {{^userName}} // ③
                <a href="/oauth2/authorization/google"  // ④
class="btn btn-success active" role="button">Google Login</a>
            {{/userName}}
        </div>
    </div>
    <br>
    <!-- 목록 출력 영역 -->
...
```

📁 코드설명

① {{#userName}}

* 머스테치는 다른 언어와 같은 if문(if userName != null 등)을 제공하지 않습니다.
* true/false 여부만 판단할 뿐입니다.
* 그래서 머스테치에서는 항상 최종값을 넘겨줘야 합니다.
* 여기서도 역시 userName이 있다면 userName을 노출시키도록 구성했습니다.

② a href="/logout"

* 스프링 시큐리티에서 기본적으로 제공하는 로그아웃 URL입니다.
* 즉, 개발자가 별도로 저 URL에 해당하는 컨트롤러를 만들 필요가 없습니다.
* SecurityConfig 클래스에서 URL을 변경할 순 있지만 기본 URL을 사용해도 충분하니 여기서는 그대로 사용합니다.

③ {{^userName}}
- 머스테치에서 해당 값이 존재하지 않는 경우에는 ^ 를 사용합니다.
- 여기서는 userName이 없다면 로그인 버튼을 노출시키도록 구성했습니다.

④ a href="/oauth2/authorization/google"
- 스프링 시큐리티에서 기본적으로 제공하는 로그인 URL입니다.
- 로그아웃 URL과 마찬가지로 개발자가 별도의 컨트롤러를 생성할 필요가 없습니다.

index.mustache에서 userName을 사용할 수 있게 IndexController에서 userName을 model에 저장하는 코드를 추가합니다.

```java
import javax.servlet.http.HttpSession;

@RequiredArgsConstructor
@Controller
public class IndexController {

    private final PostsService postsService;
    private final HttpSession httpSession;

    @GetMapping("/")
    public String index(Model model) {
        model.addAttribute("posts", postsService.
                                        findAllDesc());
        SessionUser user = (SessionUser) httpSession.
                            getAttribute("user"); // ①
        if (user != null) { // ②
            model.addAttribute("userName", user.getName());
        }
        return "index";
    }
}
```

📁 코드설명

① (SessionUser) httpSession.getAttribute("user")

- 앞서 작성된 CustomOAuth2UserService에서 로그인 성공 시 세션에 SessionUser를 저장하도록 구성했습니다.
- 즉, 로그인 성공 시 httpSession.getAttribute("user")에서 값을 가져올 수 있습니다.

② if (user != null)

- 세션에 저장된 값이 있을 때만 model에 userName으로 등록합니다.
- 세션에 저장된 값이 없으면 model엔 아무런 값이 없는 상태이니 로그인 버튼이 보이게 됩니다.

그럼 한번 프로젝트를 실행해서 테스트해 보겠습니다. 다음과 같이 Google Login 버튼이 잘 노출됩니다.

그림 5-16 로그인 버튼

클릭해 보면 평소 다른 서비스에서 볼 수 있던 것처럼 구글 로그인 동의 화면으로 이동합니다.

그림 5-17 구글 로그인 동의 화면

Google 계정으로 로그인
계정 선택
freelec-springboot2-webservice(으)로 이동
이동욱
jojoldu@gmail.com
다른 계정 사용

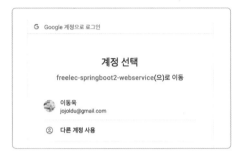

본인의 계정을 선택하면 로그인 과정이 진행됩니다. 로그인이 성공하면 다음과 같이 구글 계정에 등록된 이름이 화면에 노출되는 것을 확인할 수 있습니다.

그림 5-18 구글 로그인 성공

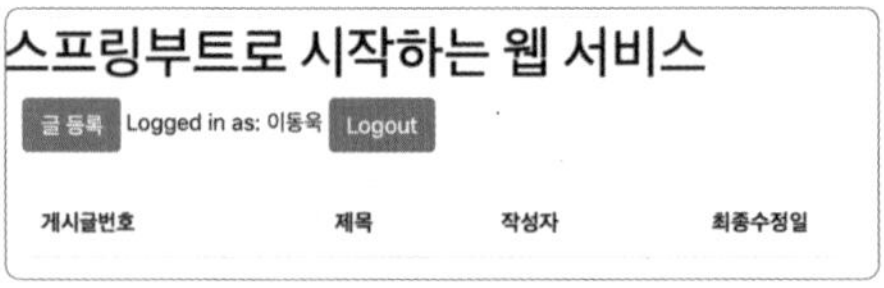
스프링부트로 시작하는 웹 서비스
글 등록
Logged in as: 이동욱
Logout
게시글번호
제목
작성자
최종수정일

회원 가입도 잘 되어 있는지 확인해 보겠습니다. http://localhost:8080/h2-console에 접속해서 user 테이블을 확인합니다.

그림 5-19 user 테이블 등록 확인

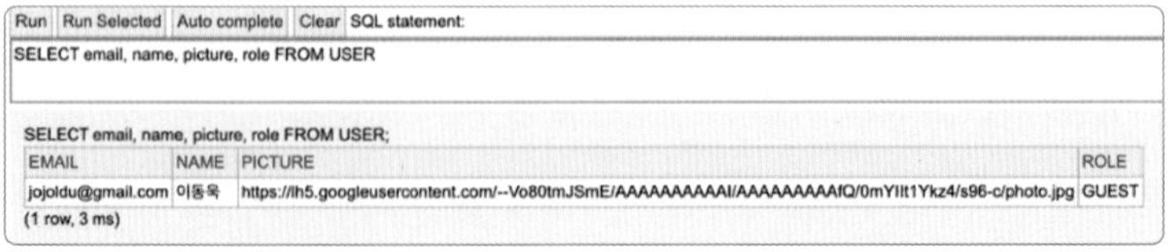
Run
Run Selected
Auto complete
Clear
SQL statement:
SELECT email, name, picture, role FROM USER
SELECT email, name, picture, role FROM USER;
EMAIL
NAME
PICTURE
ROLE
jojoldu@gmail.com
이동욱
https://lh5.googleusercontent.com/--Vo80tmJSmE/AAAAAAAAAAI/AAAAAAAAAfQ/0mYIlt1Ykz4/s96-c/photo.jpg
GUEST
(1 row, 3 ms)

데이터베이스에 정상적으로 회원정보가 들어간 것까지 확인했습니다. 또한, 권한 관리도 잘되는지 확인해 보겠습니다. 현재 로그인된 사용자의 권한은 GUEST입니다. 이 상태에서는 posts 기능을 전혀 쓸 수 없습니다. 실제로 글 등록 기능을 사용하도록 하겠습니다.

그림 5-20 게시글 등록

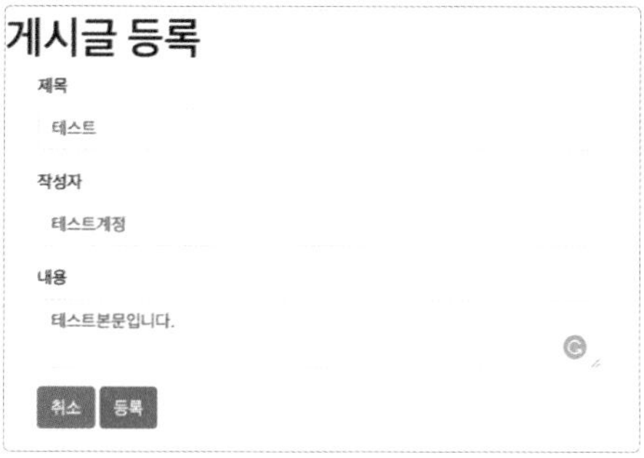

실제 테스트를 위한 글쓰기를 진행하면 다음과 같이 403(권한 거부) 에러가 발생한 것을 볼 수 있습니다.

그림 5-21 게시글 등록 실패

localhost:8080 내용:

{"readyState":4,"responseText":"{\"timestamp\":
\"2019-06-19T02:51:51.331+0000\"," "status\":403,\"error\":
\"Forbidden\",\"message\":\"Forbidden\,\" path\ :\ /api/v1/
posts\"}","responseJSON":{"timestam
p":"2019-06-19T02:51:51.331+0000","status":403,"error":"Forbidd
en","message":"Fo
rbidden","path":"/api/v1/posts"},"status":403,"statusText":"error"}

확인

그럼 권한을 변경해서 다시 시도해 보겠습니다. h2-console로 가서 사용자의 role을 USER로 변경합니다.

그림 5-22 사용자 권한 변경

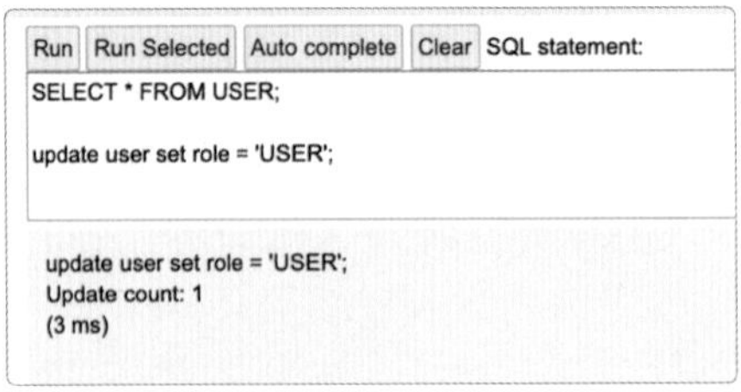

```
update user set role = 'USER';
```

세션에는 이미 GUEST인 정보로 저장되어있으니 로그아웃한 후 다시 로그인하여 세션 정보를 최신 정보로 갱신한 후에 글 등록을 합니다. 그럼 다음과 같이 정상적으로 글이 등록되는 것을 확인할 수 있습니다.

그림 5-23 권한 변경 후 등록 성공

기본적인 구글 로그인, 로그아웃, 회원가입, 권한관리 기능이 모두 구현되었습니다. 자 이제 조금씩 기능 개선을 진행해 보겠습니다.

5.4 어노테이션 기반으로 개선하기

일반적인 프로그래밍에서 개선이 필요한 나쁜 코드에는 어떤 것이 있을까요?

가장 대표적으로 **같은 코드가 반복**되는 부분입니다. 같은 코드를 계속해서 복사&붙여넣기로 반복하게 만든다면 이후에 수정이 필요할 때 모든 부분을 하나씩 찾아가며 수정해야만 합니다. 이렇게 될 경우 유지보수성이 떨어질수 밖에 없으며, 혹시나 수정이 반영되지 않은 반복 코드가 있다면 문제가 발생할 수밖에 없습니다.

자 그럼 앞서 만든 코드에서 개선할만한 것은 무엇이 있을까요? 필자는 IndexController에서 **세션값을 가져오는 부분**이라고 생각합니다.

```
SessionUser user = (SessionUser) httpSession.getAttribute("user");
```

index 메소드 외에 다른 컨트롤러와 메소드에서 세션값이 필요하면 그때마다 직접 세션에서 값을 가져와야 합니다. 같은 코드가 계속해서 반복되는 것은 불필요합니다. 그래서 이 부분을 **메소드 인자로 세션값을 바로 받을 수 있도록** 변경해 보겠습니다.

config.auth 패키지에 다음과 같이 @LoginUser 어노테이션을 생성합니다.

> src/main/java/com/jojoldu/book/springboot/config/auth/LoginUser

```
import java.lang.annotation.ElementType;
import java.lang.annotation.Retention;
import java.lang.annotation.RetentionPolicy;
import java.lang.annotation.Target;
```

```
@Target(ElementType.PARAMETER) // ①
@Retention(RetentionPolicy.RUNTIME)
public @interface LoginUser { // ②
}
```

📁코드설명

① **@Target(ElementType.PARAMETER)**
- 이 어노테이션이 생성될 수 있는 위치를 지정합니다.
- PARAMETER로 지정했으니 메소드의 파라미터로 선언된 객체에서만 사용할 수 있습니다.
- 이 외에도 클래스 선언문에 쓸 수 있는 TYPE 등이 있습니다.

② **@interface**
- 이 파일을 어노테이션 클래스로 지정합니다.
- LoginUser라는 이름을 가진 어노테이션이 생성되었다고 보면 됩니다.

그리고 같은 위치에 LoginUserArgumentResolver를 생성합니다. LoginUserArgumentResolver라는 HandlerMethodArgumentResolver 인터페이스를 구현한 클래스입니다.

HandlerMethodArgumentResolver 는 한가지 기능을 지원합니다. 바로 조건에 맞는 경우 메소드가 있다면 HandlerMethodArgumentResolver의 구현체가 지정한 값으로 해당 메소드의 파라미터로 넘길 수 있습니다.

자세한 사용법은 직접 만들면서 배워보겠습니다.

src/main/java/com/jojoldu/book/springboot/config/auth/
LoginUserArgumentResolver

```
import lombok.RequiredArgsConstructor;
import org.springframework.core.MethodParameter;
import org.springframework.stereotype.Component;
import org.springframework.web.bind.support.
WebDataBinderFactory;
```

```java
import org.springframework.web.context.request.
NativeWebRequest;
import org.springframework.web.method.support.
HandlerMethodArgumentResolver;
import org.springframework.web.method.support.
ModelAndViewContainer;

import javax.servlet.http.HttpSession;

@RequiredArgsConstructor
@Component
public class LoginUserArgumentResolver implements
HandlerMethodArgumentResolver {

    private final HttpSession httpSession;

    @Override
    public boolean supportsParameter(MethodParameter
                                    parameter) { // ①
        boolean isLoginUserAnnotation = parameter.getParamete
                    rAnnotation(LoginUser.class) != null;
        boolean isUserClass = SessionUser.class.
                    equals(parameter.getParameterType());
        return isLoginUserAnnotation && isUserClass;
    }

    @Override // ②
    public Object resolveArgument(MethodParameter
            parameter, ModelAndViewContainer mavContainer,
            NativeWebRequest webRequest, WebDataBinderFactory
            binderFactory) throws Exception {
        return httpSession.getAttribute("user");
    }
}
```

📂코드설명

① supportsParameter( )

- 컨트롤러 메서드의 특정 파라미터를 지원하는지 판단합니다.
- 여기서는 파라미터에 @LoginUser 어노테이션이 붙어 있고, 파라미터 클래스 타입이 SessionUser.class인 경우 true를 반환합니다.

② resolveArgument( )
- 파라미터에 전달할 객체를 생성합니다.
- 여기서는 세션에서 객체를 가져옵니다.

@LoginUser를 사용하기 위한 환경은 구성되었습니다.
자 이제 이렇게 생성된 LoginUserArgumentResolver가 **스프링에서 인**
식될 수 있도록 WebMvcConfigurer에 추가하겠습니다. config 패키지에
WebConfig 클래스를 생성하여 다음과 같이 설정을 추가합니다.

src/main/java/com/jojoldu/book/springboot/config/WebConfig

```java
import lombok.RequiredArgsConstructor;
import org.springframework.context.annotation.Configuration;
import org.springframework.web.method.support.
HandlerMethodArgumentResolver;
import org.springframework.web.servlet.config.annotation.
WebMvcConfigurer;

import java.util.List;

@RequiredArgsConstructor
@Configuration
public class WebConfig implements WebMvcConfigurer {
    private final LoginUserArgumentResolver
loginUserArgumentResolver;

    @Override
    public void addArgumentResolvers(List<HandlerMethodArgume
ntResolver> argumentResolvers) {
        argumentResolvers.add(loginUserArgumentResolver);
    }
}
```

HandlerMethodArgumentResolver는 항상 WebMvcConfigurer의 addArgumentResolvers( )를 통해 추가해야 합니다. 다른 Handler-MethodArgumentResolver가 필요하다면 같은 방식으로 추가해 주면 됩니다.

최종적으로 패키지 구조는 다음과 같이 됩니다.

그림 5-24 패키지 구조

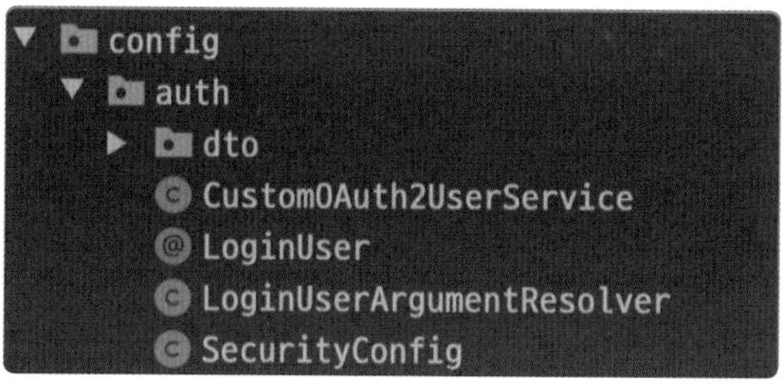

```
▼ 📁 config
   ▼ 📁 auth
      ▶ 📁 dto
         ⓒ CustomOAuth2UserService
         @ LoginUser
         ⓒ LoginUserArgumentResolver
         ⓒ SecurityConfig
```

모든 설정이 끝났으니 처음 언급한 대로 IndexController의 코드에서 반복되는 부분들을 모두 @LoginUser로 개선하겠습니다.

```
...
@RequiredArgsConstructor
@Controller
public class IndexController {

    private final PostsService postsService;

    @GetMapping("/")
    public String index(Model model, @LoginUser SessionUser
                                     user) { // ①
        model.addAttribute("posts", postsService.
                                     findAllDesc());
        if (user != null) {
            model.addAttribute("userName", user.getName());
        }
```

```
        return "index";
    }
}
```

📁코드설명

① **@LoginUser SessionUser user**

- 기존에 (User) httpSession.getAttribute("user") 로 가져오던 세션 정보 값이 개선
  되었습니다.
- 이제는 어느 컨트롤러든지 @LoginUser만 사용하면 세션 정보를 가져올 수 있게 되
  었습니다.

다시 애플리케이션을 실행해 로그인 기능이 정상적으로 작동하는 것을
확인합니다.

5.5 세션 저장소로 데이터베이스 사용하기

추가로 개선을 해볼까요? 지금 우리가 만든 서비스는 **애플리케이션을 재
실행**하면 로그인이 풀립니다.

왜 그럴까요? 이는 세션이 **내장 톰캣의 메모리에 저장**되기 때문입니다. 기
본적으로 세션은 실행되는 WAS$^{Web Application Server}$의 메모리에서 저장되고 호
출됩니다. 메모리에 저장되다 보니 **내장 톰캣처럼 애플리케이션 실행 시 실행
되는 구조에선 항상 초기화**가 됩니다.

즉, **배포할 때마다 톰캣이 재시작**되는 것입니다.

이 외에도 한 가지 문제가 더 있습니다. 2대 이상의 서버에서 서비스하
고 있다면 **톰캣마다 세션 동기화** 설정을 해야만 합니다. 그래서 실제 현업
에서는 세션 저장소에 대해 다음의 3가지 중 한 가지를 선택합니다.

(1) 톰캣 세션을 사용한다.

- 일반적으로 별다른 설정을 하지 않을 때 기본적으로 선택되는 방식입니다.

- 이렇게 될 경우 톰캣(WAS)에 세션이 저장되기 때문에 2대 이상의 WAS가 구동되는 환경에서는 톰캣들 간의 세션 공유를 위한 추가 설정이 필요합니다.

(2) MySQL과 같은 데이터베이스를 세션 저장소로 사용한다.

- 여러 WAS 간의 공용 세션을 사용할 수 있는 가장 쉬운 방법입니다.

- 많은 설정이 필요 없지만, 결국 로그인 요청마다 DB IO가 발생하여 성능상 이슈가 발생할 수 있습니다.

- 보통 로그인 요청이 많이 없는 백오피스, 사내 시스템 용도에서 사용합니다.

(3) Redis, Memcached와 같은 메모리 DB를 세션 저장소로 사용한다.

- B2C 서비스에서 가장 많이 사용하는 방식입니다.

- 실제 서비스로 사용하기 위해서는 Embedded Redis와 같은 방식이 아닌 외부 메모리 서버가 필요합니다.

여기서는 두 번째 방식인 **데이터베이스를 세션 저장소**로 사용하는 방식을 선택하여 진행하겠습니다. 선택한 이유는 **설정이 간단**하고 사용자가 많은 서비스가 아니며 비용 절감을 위해서입니다.

이후 AWS에서 이 서비스를 배포하고 운영할 때를 생각하면 레디스와 같은 메모리 DB를 사용하기는 부담스럽습니다. 왜냐하면, 레디스와 같은 서비스(엘라스틱 캐시)에 별도로 사용료를 지불해야 하기 때문입니다.

사용자가 없는 현재 단계에서는 데이터베이스로 모든 기능을 처리하는 게 부담이 적습니다. 만약 본인이 운영 중인 서비스가 커진다면 한번 고려해 보고, 이 과정에서는 데이터베이스를 사용하겠습니다.

- **spring-session-jdbc 등록**

먼저 build.gradle에 다음과 같이 의존성을 등록합니다. spring-session-jdbc 역시 현재 상태에선 바로 사용할 수 없습니다. spring web, spring jpa를 사용했던 것과 마찬가지로 의존성이 추가되어 있어야 사용할 수 있습니다. build.gradle에 spring-session-jdbc를 추가하겠습니다.

```
compile('org.springframework.session:spring-session-jdbc')
```

그리고 application.properties에 세션 저장소를 jdbc로 선택하도록 코드를 추가합니다. 설정은 다음 코드가 전부입니다. 이 외에 설정할 것이 없습니다.

```
spring.session.store-type=jdbc
```

모두 변경하였으니 다시 애플리케이션을 실행해서 로그인을 테스트한 뒤, h2-console로 접속합니다.

h2-console을 보면 세션을 위한 테이블 2개(SPRING_SESSION, SPRING_SESSION_ATTRIBUTES)가 생성된 것을 볼 수 있습니다. **JPA로 인해 세션 테이블이 자동 생성**되었기 때문에 별도로 해야 할 일은 없습니다. 방금 로그인했기 때문에 한 개의 세션이 등록돼있는 것을 볼 수 있습니다.

그림 5-25 H2 세션 스키마

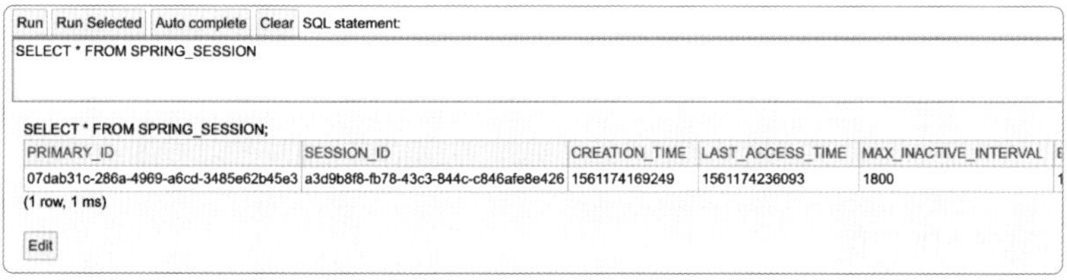

세션 저장소를 데이터베이스로 교체했습니다. 물론 지금은 기존과 동일하게 **스프링을 재시작하면 세션이 풀립니다.** 이유는 H2 기반으로 스프링이 재실행될 때 **H2도 재시작되기 때문**입니다. 이후 AWS 로 배포하게 되면 AWS의 데이터베이스 서비스인 RDS[Relational Database Service]를 사용하게 되니 이때부터는 세션이 풀리지 않습니다. 그 기반이 되는 코드를 작성한 것이니 걱정하지 말고 다음 과정을 진행하면 됩니다.

5.6 네이버 로그인

마지막으로 네이버 로그인을 추가해 보겠습니다.

네이버 API 등록

먼저 네이버 오픈 API로 이동합니다.

```
https://developers.naver.com/apps/#/register?api=nvlogin
```

다음과 같이 각 항목을 채웁니다.

그림 5-26 네이버 서비스 등록1

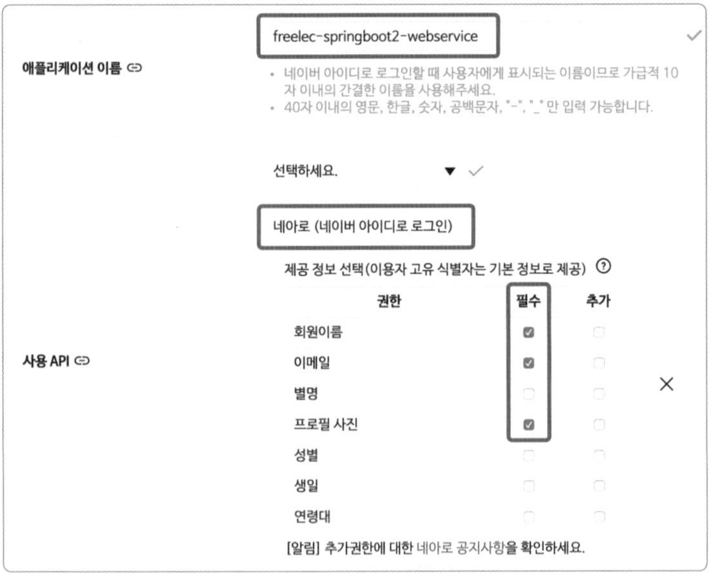

회원이름, 이메일, 프로필 사진은 필수이며 추가 정보는 필요한 경우 선택할 수 있습니다. 아래로 내려가서 구글에서와 마찬가지로 URL을 등록하면 됩니다.

그림 5-27 네이버 서비스 등록2

서비스 URL은 필수입니다. 여기서는 localhost:8080 으로 등록합니다.

Callback URL은 구글에서 등록한 리디렉션 URL과 같은 역할을 합니다. 여기서는 /login/oauth2/code/naver로 등록합니다. 등록을 완료하면 다음과 같이 ClientID와 ClientSecret가 생성됩니다.

그림 **5-28** 네이버 서비스 등록 완료

freelec-springboot2-webservice

| 개요 | API 설정 | 네아로
검수상태 | 멤버관리 | 로그 |

애플리케이션 정보

Client ID

Client Secret

재발급

네이버 아이디로 로그인

로고 이미지   없음

개발 상태   개발 중   네아로 검수요청

해당 키값들을 application-oauth.properties에 등록합니다. 네이버에
서는 스프링 시큐리티를 공식 지원하지 않기 때문에 그동안 Common-
OAuth2Provider에서 해주던 값들도 전부 수동으로 입력해야 합니다.

```
# registration
spring.security.oauth2.client.registration.naver.client-id=클
                                          라이언트ID
spring.security.oauth2.client.registration.naver.client-
                                    secret=클라이언트 비밀
spring.security.oauth2.client.registration.naver.redirect-
        uri={baseUrl}/{action}/oauth2/code/{registrationId}
spring.security.oauth2.client.registration.naver.
                authorization_grant_type=authorization_code
spring.security.oauth2.client.registration.naver.
                        scope=name,email,profile_image
spring.security.oauth2.client.registration.naver.client-
                                        name=Naver


# provider
```

```
spring.security.oauth2.client.provider.naver.authorization_
            uri=https://nid.naver.com/oauth2.0/authorize
spring.security.oauth2.client.provider.naver.token_
            uri=https://nid.naver.com/oauth2.0/token
spring.security.oauth2.client.provider.naver.user-info-
            uri=https://openapi.naver.com/v1/nid/me
spring.security.oauth2.client.provider.naver.user_name_
                        attribute=response // ①
```

🗁 코드설명

① user_name_attribute=response
* 기준이 되는 user_name의 이름을 네이버에서는 response로 해야 합니다.
* 이유는 네이버의 회원 조회 시 반환되는 JSON 형태 때문입니다.

네이버 오픈 API의 로그인 회원 결과는 다음과 같습니다.

```
{
  "resultcode": "00",
  "message": "success",
  "response": {
    "email": "openapi@naver.com",
    "nickname": "OpenAPI",
    "profile_image": "https://ssl.pstatic.net/static/pwe/
                            address/nodata_33x33.gif",
    "age": "40-49",
    "gender": "F",
    "id": "32742776",
    "name": "오픈 API",
    "birthday": "10-01"
  }
}
```

스프링 시큐리티에선 **하위 필드를 명시할 수 없습니다**. 최상위 필드들만
user_name으로 지정 가능합니다. 하지만 네이버의 응답값 최상위 필드는
resultCode, message, response입니다.

이러한 이유로 스프링 시큐리티에서 인식 가능한 필드는 저 3개 중에 골라야 합니다. 본문에서 담고 있는 response를 user_name으로 지정하고 이후 **자바 코드로 response의 id**를 user_name으로 지정하겠습니다.

스프링 시큐리티 설정 등록

구글 로그인을 등록하면서 대부분 코드가 확장성 있게 작성되었다 보니 네이버는 쉽게 등록 가능합니다. OAuthAttributes에 다음과 같이 **네이버 인지 판단하는 코드와 네이버 생성자**만 추가해 주면 됩니다.

```java
@Getter
public class OAuthAttributes {
    ...

    public static OAuthAttributes of(String registrationId,
String userNameAttributeName, Map<String, Object> attributes) {
        if("naver".equals(registrationId)) {
            return ofNaver("id", attributes);
        }

        return ofGoogle(userNameAttributeName, attributes);
    }

    ...

    private static OAuthAttributes ofNaver(String
      userNameAttributeName, Map<String, Object> attributes) {
        Map<String, Object> response = (Map<String, Object>)
                              attributes.get("response");

        return OAuthAttributes.builder()
                .name((String) response.get("name"))
                .email((String) response.get("email"))
                .picture((String) response.get("profile_image"))
                .attributes(response)
```

```
                    .nameAttributeKey(userNameAttributeName)
                    .build();
        }

        ...
}
```

마지막으로 index.mustache에 네이버 로그인 버튼을 추가합니다.

```
...
        {{^userName}}
            <a href="/oauth2/authorization/google" class="btn
            btn-success active" role="button">Google Login</a>

            <a href="/oauth2/authorization/naver" class="btn btn-
            secondary active" role="button">Naver Login</a> // ①
        {{/userName}}
    </div>
</div>
...
```

📁 코드설명

① /oauth2/authorization/naver

- 네이버 로그인 URL은 application-oauth.properties에 등록한 redirect-uri 값에 맞춰 자동으로 등록됩니다.
- /oauth2/authorization/ 까지는 고정이고 마지막 Path만 각 소셜 로그인 코드를 사용하면 됩니다.
- 여기서는 naver가 마지막 Path가 됩니다.

자 이제 메인 화면을 확인해 보면 네이버 버튼이 활성화된 것을 볼 수 있으며 네이버 로그인 버튼을 누르면 다음과 같이 동의 화면이 등장합니다.

그림 5-29 네이버 로그인 화면

그림 5-30 네이버 로그인 동의 화면

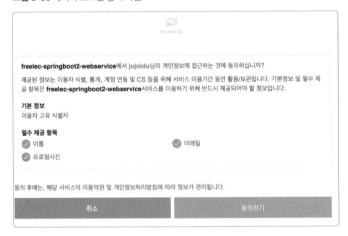

그럼 다음과 같이 로그인이 성공하는 것을 확인할 수 있습니다.

그림 5-31 네이버 로그인 성공 화면

네이버 로그인까지 성공하였습니다!

5.7 기존 테스트에 시큐리티 적용하기

마지막으로 기존 테스트에 시큐리티 적용으로 문제가 되는 부분들을 해결해 보겠습니다. 문제가 되는 부분들은 대표적으로 다음과 같은 이유 때문입니다.

기존에는 바로 API를 호출할 수 있어 테스트 코드 역시 바로 API를 호출하도록 구성하였습니다. 하지만, 시큐리티 옵션이 활성화되면 인증된 사용자만 API를 호출할 수 있습니다. 기존의 API 테스트 코드들이 모두 인증에 대한 권한을 받지 못하였으므로, 테스트 코드마다 인증한 사용자가 호출한 것처럼 작동하도록 수정하겠습니다.

인텔리제이 오른쪽 위에 [Gradle] 탭을 클릭합니다. [Tasks ⇨ verification ⇨ test]를 차례로 선택해서 **전체 테스트를 수행**합니다.

그림 5-32 Graldle 탭의 test Task

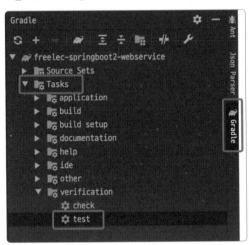

test를 실행해 보면 다음과 같이 롬복을 이용한 테스트 외에 스프링을 이용한 테스트는 모두 실패하는 것을 확인할 수 있습니다.

그림 5-33 전체 테스트 실패 (1)

그 이유를 하나씩 확인해 보겠습니다.

- 문제 1. CustomOAuth2UserService을 찾을 수 없음

첫 번째 실패 테스트인 "hello가_리턴된다"의 메시지를 보면 "No qualifying bean of type 'com.jojoldu.book.springboot.config.auth.CustomOAuth2-UserService'"라는 메시지가 등장합니다.

그림 5-34 테스트 실패 이유 (1)

이는 CustomOAuth2UserService를 생성하는데 필요한 **소셜 로그인 관련 설정값들이 없기 때문에** 발생합니다. 그렇다면! 이상합니다. 분명 application-oauth.properties에 설정값들을 추가했는데 왜 설정이 없다고 할까요?

이는 src/main 환경과 src/test 환경의 차이 때문입니다. 둘은 본인만의 환경 구성을 가집니다. 다만, src/main/resources/application.properties가 테스트 코드를 수행할 때도 적용되는 이유는 test에 application.properties 가 없으면 main의 설정을 그대로 가져오기 때문입니다. 다만, 자동으로 가져오는 옵션의 범위는 application.properties 파일까지입니다. 즉, application-oauth.properties는 test에 파일이 없다고 가져오는 파일은 아니라는 점입니다.

이 문제를 해결하기 위해 테스트 환경을 위한 application.properties를 만들겠습니다. 실제로 구글 연동까지 진행할 것은 아니므로 **가짜 설정값**을 등록합니다.

src/test/resources/application.properties

```
spring.jpa.show_sql=true
spring.jpa.properties.hibernate.dialect=org.hibernate.
dialect.MySQL5InnoDBDialect
spring.h2.console.enabled=true
spring.session.store-type=jdbc

# Test OAuth

spring.security.oauth2.client.registration.google.client-
id=test
spring.security.oauth2.client.registration.google.client-
secret=test
spring.security.oauth2.client.registration.google.
scope=profile,email
```

그림 5-35 테스트용 application.properties

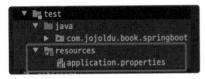

다시 그레이들로 테스트를 수행해 보면 다음과 같이 7개의 실패 테스
트가 4개로 줄어들었습니다.

그림 5-36 전체 테스트 실패 (2)

- 문제 2. 302 Status Code

두 번째로 "Posts_등록된다" 테스트 로그를 확인해 봅니다.

그림 5-37 Posts_등록된다 실패 로그

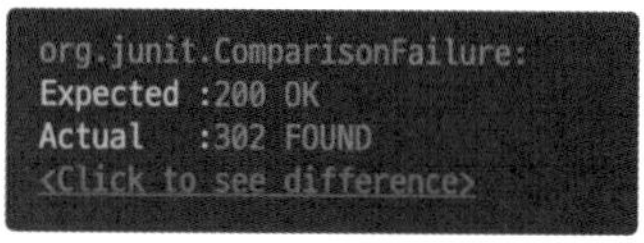

```
org.junit.ComparisonFailure:
Expected :200 OK
Actual   :302 FOUND
<Click to see difference>
```

응답의 결과로 200(정상 응답) Status Code를 원했는데 결과는 302(리다이렉션 응답) Status Code가 와서 실패했습니다. 이는 스프링 시큐리티 설정 때문에 **인증되지 않은 사용자의 요청은 이동**시키기 때문입니다. 그래서 이런 API 요청은 **임의로 인증된 사용자를 추가**하여 API만 테스트해 볼 수 있게 하겠습니다.

어려운 방법은 아니며, 이미 스프링 시큐리티에서 공식적으로 방법을 지원하고 있으므로 바로 사용해 보겠습니다. **스프링 시큐리티 테스트를 위한 여러 도구를 지원**하는 spring-security-test를 build.gradle에 추가합니다.

```
testCompile("org.springframework.security:spring-security-
test")
```

그리고 PostsApiControllerTest 의 2개 테스트 메소드에 다음과 같이 **임의 사용자 인증을 추가합니다.**

```
@Test
@WithMockUser(roles="USER") // ①
public void Posts_등록된다() throws Exception {
...

@Test
@WithMockUser(roles="USER")
public void Posts_수정된다() throws Exception {
...
```

📁코드설명

① @WithMockUser(roles="USER")
- 인증된 모의(가짜) 사용자를 만들어서 사용합니다.
- roles에 권한을 추가할 수 있습니다.
- 즉, 이 어노테이션으로 인해 ROLE_USER 권한을 가진 사용자가 API를 요청하는 것과 동일한 효과를 가지게 됩니다.

이정도만 하면 테스트가 될 것 같지만, 실제로 작동하진 않습니다. **@WithMockUser가 MockMvc에서만 작동하기 때문입니다.** 현재 PostsApiControllerTest는 @SpringBootTest로만 되어있으며 MockMvc를 전혀 사용하지 않습니다. 그래서 **@SpringBootTest에서 MockMvc를 사용하는 방법**을 소개합니다. 코드를 다음과 같이 변경합니다.

```
...

// ①
import org.springframework.http.MediaType;
```

```java
import org.springframework.security.test.context.support.
                                        WithMockUser;
import org.springframework.test.web.servlet.MockMvc;
import org.springframework.test.web.servlet.setup.
                                        MockMvcBuilders;
import org.springframework.web.context.WebApplicationContext;
import static org.springframework.security.test.web.servlet.
            setup.SecurityMockMvcConfigurers.springSecurity;
import static org.springframework.test.web.servlet.request.
                                        MockMvcRequestBuilders.post;
import static org.springframework.test.web.servlet.request.
                                        MockMvcRequestBuilders.put;
import static org.springframework.test.web.servlet.result.
                                MockMvcResultMatchers.status;

@RunWith(SpringRunner.class)
@SpringBootTest(webEnvironment = SpringBootTest.
WebEnvironment.RANDOM_PORT)
public class PostsApiControllerTest {
    ...

    @Autowired
    private WebApplicationContext context;

    private MockMvc mvc;

    @Before // ②
    public void setup() {
        mvc = MockMvcBuilders
                .webAppContextSetup(context)
                .apply(springSecurity())
                .build();
    }

    ...

    @Test
    @WithMockUser(roles="USER")
    public void Posts_등록된다() throws Exception {
        ...
```

```
        //when
        mvc.perform(post(url) // ③
                .contentType(MediaType.APPLICATION_JSON_UTF8)
                .content(new ObjectMapper().writeValueAsString
                                        (requestDto)))
                .andExpect(status().isOk());

        //then
        List<Posts> all = postsRepository.findAll();
        assertThat(all.get(0).getTitle()).isEqualTo(title);
        assertThat(all.get(0).getContent()).isEqualTo(content);
    }

    @Test
    @WithMockUser(roles="USER")
    public void Posts_수정된다() throws Exception {
        ...

        //when
        mvc.perform(put(url)
                .contentType(MediaType.APPLICATION_JSON_UTF8)
                .content(new ObjectMapper().writeValueAsString
                                        (requestDto)))
                .andExpect(status().isOk());

        //then
        List<Posts> all = postsRepository.findAll();
        assertThat(all.get(0).getTitle()).
                                isEqualTo(expectedTitle);
        assertThat(all.get(0).getContent()).
                                isEqualTo(expectedContent);
    }
}
```

🗂코드설명

① import …
- 모두 새로 추가되는 부분입니다.
- 나머지는 기존과 동일합니다.

② **@Before**

- 매번 테스트가 시작되기 전에 MockMvc 인스턴스를 생성합니다.

③ **mvc.perform**

- 생성된 MockMvc를 통해 API를 테스트 합니다.
- 본문(Body) 영역은 문자열로 표현하기 위해 ObjectMapper를 통해 문자열 JSON으로 변환합니다.

변경된 코드가 많으니 깃허브의 코드를 복사해도 됩니다.

https://github.com/jojoldu/freelec-springboot2-webservice

자 그리고 다시 전체 테스트를 수행해 보겠습니다.

그림 5-38 전체 테스트 실패 3

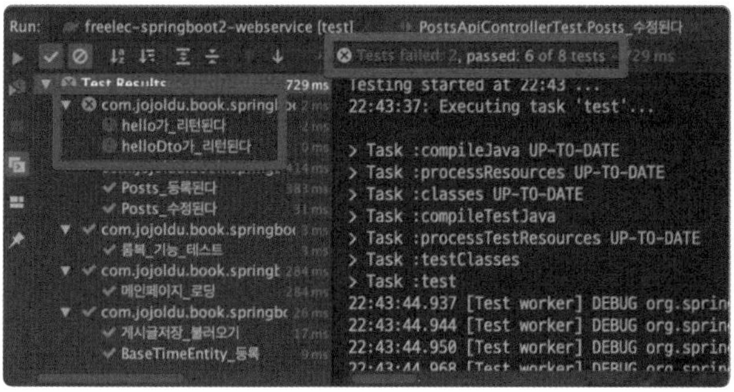

Posts 테스트도 정상적으로 수행되었습니다! 마지막 남은 테스트들을 정리해 보겠습니다.

■ 문제 3 @WebMvcTest에서 CustomOAuth2UserService을 찾을 수 없음

제일 앞에서 발생한 "Hello가 리턴된다" 테스트를 확인해 봅니다. 그럼 첫 번째로 해결한 것과 동일한 메시지인 "No qualifying bean of type 'com.jojoldu.book.springboot.config.auth.CustomOAuth2UserService'"입니다.

이 문제는 왜 발생했을까요?

HelloControllerTest는 1번과는 조금 다른점이 있습니다. 바로 @WebMvcTest를 사용한다는 점입니다. 1번을 통해 스프링 시큐리티 설정은 잘 작동했지만, @WebMvcTest는 CustomOAuth2UserService를 스캔하지 **않기 때문**입니다.

@WebMvcTest는 WebSecurityConfigurerAdapter, WebMvcConfigurer를 비롯한 @ControllerAdvice, @Controller를 읽습니다. 즉, @Repository, @Service, @Component는 스캔 대상이 아닙니다. 그러니 SecurityConfig는 읽었지만, SecurityConfig를 생성하기 위해 필요한 CustomOAuth2UserService는 읽을수가 없어 앞에서와 같이 에러가 발생한 것입니다. 그래서 이 문제를 해결하기 위해 다음과 같이 **스캔 대상에서 SecurityConfig를 제거**합니다.

> **●** @WebMvcTest의 secure 옵션은 2.1부터 Deprecated 되었습니다.

```
@WebMvcTest(controllers = HelloController.class,
        excludeFilters = {
        @ComponentScan.Filter(type = FilterType.ASSIGNABLE_
                        TYPE, classes = SecurityConfig.class)
        }
)
```

언제 삭제될지 모르니 사용하지 않으시는걸 추천합니다. 그리고 여기서도 마찬가지로 @WithMockUser를 사용해서 가짜로 인증된 사용자를 생성합니다.

```
@WithMockUser(roles="USER")
@Test
public void hello가_리턴된다() throws Exception {
    ...
}
```

```
@WithMockUser(roles="USER")
@Test
public void helloDto가_리턴된다() throws Exception {
    ...
}
```

이렇게 한 뒤 다시 테스트를 돌려보면 다음과 같은 추가 에러가 발생합
니다.

```
java.lang.IllegalArgumentException: At least one JPA
metamodel must be present!
```

이 에러는 @EnableJpaAuditing로 인해 발생합니다. @EnableJpa
Auditing를 사용하기 위해선 최소 하나의 **@Entity 클래스가 필요**합니다.
@WebMvcTest이다 보니 당연히 없습니다.

@EnableJpaAuditing가 @SpringBootApplication와 함께 있다보니
@WebMvcTest에서도 스캔하게 되었습니다. 그래서 @EnableJpaAuditing
과 @SpringBootApplication 둘을 분리하겠습니다. **Application.java**에서
@EnableJpaAuditing를 제거합니다.

```
// @EnableJpaAuditing가 삭제됨
@SpringBootApplication
public class Application {
    public static void main(String[] args) {
        SpringApplication.run(Application.class, args);
    }
}
```

그리고 config 패키지에 **JpaConfig**를 생성하여 @EnableJpaAuditing를
추가합니다.

> src/main/java/com/jojoldu/book/springboot/config/JpaConfig

```
import org.springframework.context.annotation.Configuration;
import org.springframework.data.jpa.repository.config.
EnableJpaAuditing;

@Configuration
@EnableJpaAuditing // JPA Auditing 활성화
public class JpaConfig {}
```

그림 5-39 JpaConfig 위치

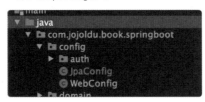

❶ @WebMvcTest는 일반적인 @Configuration은 스캔하지 않습니다.

그리고 다시 전체 테스트를 수행해 봅니다.

그림 5-40 전체 테스트 통과

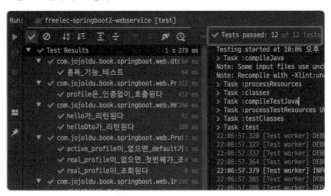

모든 테스트를 통과했습니다! 앞의 과정을 토대로 스프링 시큐리티 적용으로 깨진 테스트를 적절하게 수정할 수 있게 되었습니다.

우리는 앞서 인텔리제이로 스프링 부트 통합 개발환경을 만들고 테스트와 JPA로 데이터를 처리하고 머스테치로 화면을 구성했으며 시큐리티와 Oauth로 인증과 권한을 배워보며 간단한 게시판을 모두 완성했습니다.

예전만 하더라도 스프링 시큐리티를 사용하기가 쉽지 않았습니다. 하지만 계속 버전이 상향되어 최근 버전에서는 확장하기가 쉬워졌습니다. 꼭 필자의 선택인 스프링 부트 시큐리티 2.0을 쓰지 않고 1.5를 사용해도 되지만, 언젠가는 업데이트를 해야만 합니다. 이제 AWS를 이용해 나만의 서비스를 직접 배포하고 운영하는 과정을 진행하겠습니다.

이번 장에서는 다음을 배웠습니다.

- 스프링 부트 1.5와 스프링 부트 2.0에서 시큐리티 설정의 차이점

- 스프링 시큐리티를 이용한 구글/네이버 로그인 연동 방법

- 세션 저장소로 톰캣 / 데이터베이스 / 메모리 DB가 있으며 이 중 데이터베이스를 사용하는 이유

- ArgumentResolver 를 이용하면 어노테이션으로 로그인 세션 정보를 가져올 수 있다는 것

- 스프링 시큐리티 적용 시 기존 테스트 코드에서 문제 해결 방법

AWS 서버 환경을 만들어보자
- AWS EC2

이번 장에서는 AWS^Amazon Web Services라는 클라우드 서비스를 이용해 본격적으로 서버 배포를 진행해 보겠습니다. 이미 클라우드를 써보신 분들은 바로 다음 절로 넘어가도 되지만 처음 클라우드를 접하시는 분들은 차례로 읽어보면 됩니다.

외부에서 본인이 만든 서비스에 접근하려면 **24시간 작동하는 서버**가 필수입니다.

24시간 작동하는 서버에는 3가지 선택지가 있습니다.

- 집에 PC를 24시간 구동시킨다.

- 호스팅 서비스(Cafe 24, 코리아호스팅 등)을 이용한다.

- 클라우드 서비스(AWS, AZURE, GCP 등)을 이용한다.

일반적으로 비용은 호스팅 서비스나 집 PC를 이용하는 것이 저렴합니다. 만약 특정 시간에만 트래픽이 몰린다면 **유동적으로 사양을 늘릴 수 있는 클라우드가 유리**합니다.

> ▶ 24시간 중 특정 시간에만 트래픽이 급격히 올라가는 경우가 아니라, 전반적으로 일정한 트래픽이 유지된다는 가정하에 입니다.

클라우드에 대해서 잠깐 이야기 드리자면, 클라우드 서비스는 쉽게 말하면 인터넷(**클라우드**)을 통해 서버, 스토리지(파일 저장소), 데이터베이스, 네트워크, 소프트웨어, 모니터링 등의 컴퓨팅 서비스를 제공하는 것입니다. 단순히 물리 장비를 대여하는 것으로 생각하시는데, 그렇지는 않습니다.

예를 들어 AWS의 EC2는 서버 장비를 대여하는 것이지만, 실제로는 그 안의 로그 관리, 모니터링, 하드웨어 교체, 네트워크 관리 등을 기본적으로 지원하고 있습니다. 개발자가 직접 해야 할 일을 AWS가 전부 지원을 하는 것입니다.

이런 클라우드에는 몇 가지 형태가 있습니다.

(1) Infrastructure as a Service(IaaS, 아이아스, 이에스)

- 기존 물리 장비를 미들웨어와 함께 묶어둔 추상화 서비스입니다.

- 가상머신, 스토리지, 네트워크, 운영체제 등의 IT 인프라를 대여해 주는 서비스라고 보면 됩니다.

- AWS의 EC2, S3 등

(2) Platform as a Service (PaaS, 파스)

- 앞에서 언급한 IaaS에서 한 번 더 추상화한 서비스입니다.

- 한 번 더 추상화했기 때문에 **많은 기능이 자동화**되어 있습니다.

- AWS의 Beanstalk(빈스톡), Heroku(헤로쿠) 등

(3) Software as a Service (SaaS, 사스)

- 소프트웨어 서비스를 이야기합니다.

- 구글 드라이브, 드랍박스, 와탭 등

이 책에서는 여러 클라우드 서비스(AWS, Azure, GCP 등) 중 AWS를 선택합니다. 이유는 다음과 같습니다.

- 첫 가입 시 **1년간 대부분 서비스가 무료**입니다. 단, 서비스마다 제한이 있는데 이는 각 서비스를 설정할 때 설명하겠습니다.

- 클라우드에서는 기본적으로 지원하는 기능(모니터링, 로그관리, 백업, 복구, 클러스터링 등등) 이 많아 개인이나 소규모일 때 개발에 좀 더 집중할 수 있습니다.

- 많은 기업이 AWS로 이전 중이기 때문에 이직할 때 AWS 사용 경험은 도움이 됩니다. 국내에서는 AWS 점유율이 압도적입니다. 쿠팡, 우아한형제들, 리멤버 등 클라우드를 사용할 수 있는 회사에서는 대부분 AWS를 사용합니다.

- 사용자가 많아 국내 자료와 커뮤니티가 활성화되어 있습니다.

이 책에서 진행하는 모든 AWS 서비스는 IaaS를 사용합니다. AWS의 PaaS 서비스인 빈스톡^{Beanstalk}을 사용하면 대부분 작업이 간소화되지만, **프리티어로 무중단 배포가 불가능**합니다.

> 🔴 돈을 내고 2대 사용하면 가능합니다.

배포할 때마다 서버가 다운되면 제대로 된 서비스를 만들 수 없으니 무중단 배포는 필수이고 빈스톡은 사용할 수 없습니다. 그리고 AWS 초보자일 때는 **직접 하나씩 다 다뤄보는 것이** 공부하는 데 도움이 됩니다. 자 그럼 이제 AWS 회원 가입과 앞으로 배포할 서버인 EC2를 생성하고 설정해 보겠습니다.

6.1 AWS 회원 가입

AWS 가입을 위해서는 한 가지 필수 준비물이 있습니다. **Master 혹은 Visa 카드가 필요합니다.** 본인의 카드 중 Master 혹은 Visa 카드를 준비한 뒤 진행하겠습니다.

AWS 공식 사이트(https://aws.amazon.com/ko/)로 이동한 뒤 **무료 계정 만들기**를 선택합니다.

그림 6-1 AWS 메인 화면

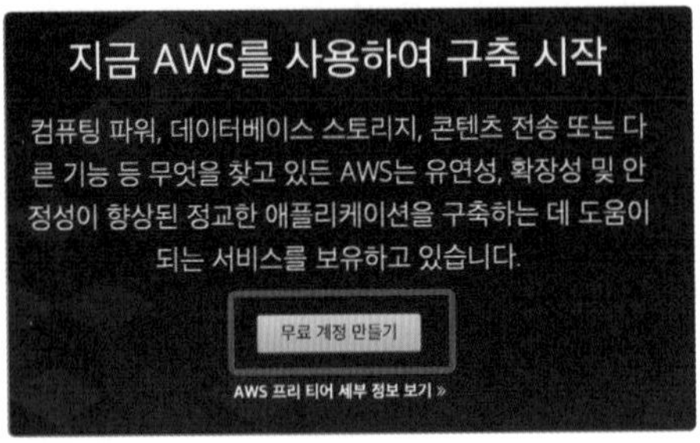

신규로 생성할 AWS 계정 정보를 등록합니다.

그림 6-2 AWS 회원 가입

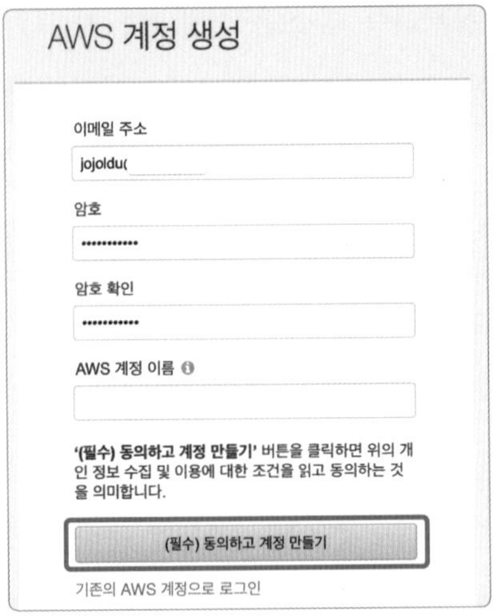

동의하고 다음으로 넘어가시면 영문 주소 입력란이 등장합니다. 영문 주소는 다음과 같이 네이버에서 **영문주소 검색을 하거나 본인의 주소 영문으로 검색**하면 되니 해당 정보를 입력합니다.

그림 6-3 네이버 영문 주소 검색

네이버로 확인한 영문 주소를 기재합니다. 여기서 계정 유형은 **개인**으로 선택해야 합니다.

그림 6-4 AWS 회원 가입

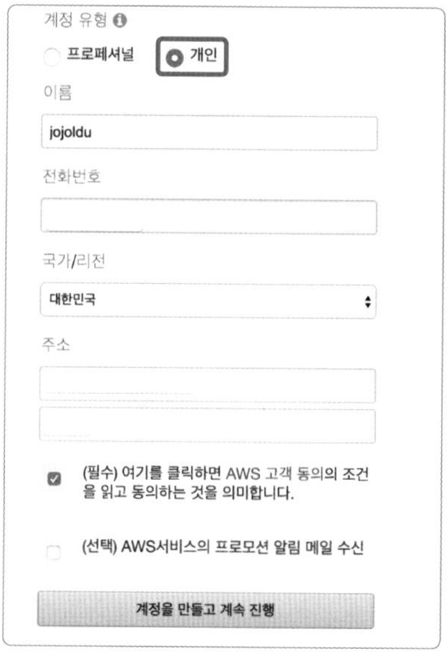

다음은 결제 정보란입니다. 준비한 Master 혹은 Visa 카드의 정보를 등록합니다. 이때 해당 카드에는 **최소 1달러가** 결제 가능해야 합니다. 보안 전송을 클릭하면 계좌 확인을 위한 1달러 결제가 진행됩니다. 문자로 결제 성공 알람이 오면 휴대폰 정보와 보안 문자를 기재합니다.

> 📌 한화로 대략 1200원 정도 됩니다. 유효한 카드 인지 확인하는 것이므로 실제 청구되지는 않습니다.

보안 문자를 정상적으로 입력했다면 등록한 전화번호로 전달된 4자리 코드를 등록합니다.

그림 6-5 카드 정보 등록

그림 6-6 자격 증명 확인

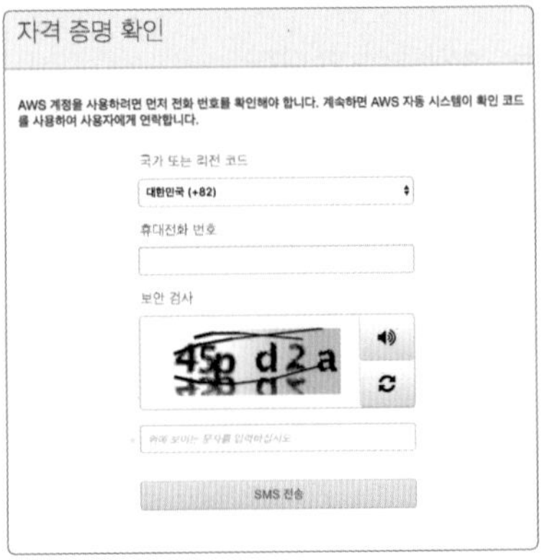

그림 6-7 확인 코드 입력

마지막으로 지원 플랜을 선택합니다. 무료로 사용하기 위함이니 무료
기본 플랜을 선택합니다.

그림 6-8 플랜 선택

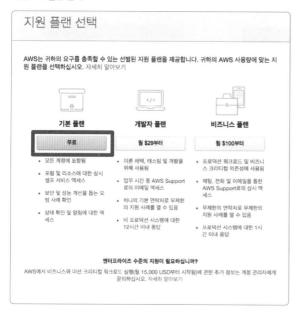

여기까지 했으면 AWS 회원가입이 끝났습니다! 화면 중앙에 있는 **콘솔
로그인** 버튼을 클릭해서 방금 가입한 정보로 로그인을 진행합니다. 가입
할 때 사용된 이메일 주소와 비밀번호를 차례로 입력합니다.

그림 6-9 콘솔 로그인

그림 **6-10** 이메일 주소와 비밀번호 입력

로그인 ❶

AWS 계정의 이메일 주소

또는 IAM 사용자로 로그인하기 위해 계정 ID 또는
계정 별칭 을 입력하십시오.

> jojoldu€

다음

AWS를 처음 사용하십니까?

AWS 계정 새로 만들기

루트 사용자 로그인 ❶

이메일: jojoldu@

비밀번호   비밀번호 찾기

••••••••••

로그인

다른 계정으로 로그인

AWS 계정 새로 만들기

정상적으로 로그인이 되셨으면 바로 EC2를 생성해 보겠습니다.

6.2 EC2 인스턴스 생성하기

EC2^Elastic Compute Cloud는 AWS에서 제공하는 성능, 용량 등을 유동적으로 사용할 수 있는 서버입니다. 보통 "AWS에서 리눅스 서버 혹은 윈도우 서버를 사용합니다"라고 하면 이 EC2를 이야기하는 것입니다.

> EC2의 이름은 Elastic Compute Cloud에서 C가 2개가 있어 C2라는 이름이 붙었습니다.
> AWS에서는 대부분 첫 글자가 중복되면 숫자로 표기합니다. 비슷한 예로 AWS의 S3는 Simple
> Storage Service를 줄여서 S가 3개라고 하여 S3입니다.

AWS에서 무료로 제공하는 프리티어 플랜에서는 EC2 사용에 다음과 같은 제한이 있습니다.

- 사양이 t2.micro만 가능합니다.
  - vCPU(가상 CPU) 1 Core, 메모리 1GB 사양입니다.
  - 보통 vCPU 는 물리 CPU 사양의 절반 정도의 성능을 가집니다.

- 월 750시간의 제한이 있습니다. 초과하면 비용이 부과됩니다.

  - 24시간 * 31일 = 744시간입니다.
  - 즉, 1대의 t2.micro만 사용한다면 24시간 사용할 수 있습니다.

앞의 제한 사항을 주의하면서 AWS를 사용하면 1년간 재미나게 써볼 수 있습니다. 자 그럼 EC2를 만들기 전에, 본인의 리전을 확인해 봅니다.

> 리전이란 AWS의 서비스가 구동될 지역을 이야기합니다. AWS는 도시별로 클라우드 센터를 지어 해당 센터에서 구축된 가상머신들을 사용할 수 있습니다. 이걸 리전이라고 합니다.
>
> 서울 리전이 생기기 전까지는 국내 서비스들은 도쿄 리전을 사용했습니다. 한국과 가장 가까운 지역이라 가장 네트워크가 빠르기 때문입니다. 현재는 서울 리전이 있어 국내에서 서비스한다면 무조건 서울 리전을 선택하면 됩니다.

다음과 같이 서울로 되어있지 않다면(보통은 처음 리전이 오아이주로 선택됩니다.) **서울로 변경**합니다.

그림 6-11 리전 확인

서울로 리전을 변경했다면 화면 중앙에 있는 검색창에서 **ec2** 를 입력하여 EC2 서비스를 클릭합니다.

그림 6-12 EC2 검색

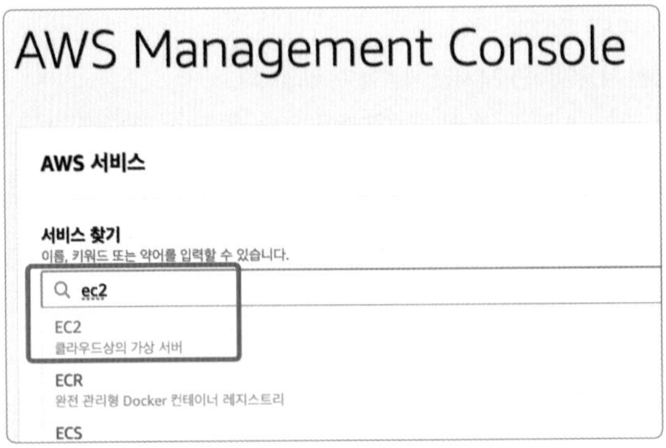

AWS Management Console

AWS 서비스

서비스 찾기
이름, 키워드 또는 약어를 입력할 수 있습니다.

Q ec2

EC2
클라우드상의 가상 서버

ECR
완전 관리형 Docker 컨테이너 레지스트리

ECS

EC2 대시보드가 나오는데, 여기서 중앙에 있는 [인스턴스 시작] 버튼을 클릭합니다. 인스턴스란 EC2 서비스에 생성된 가상머신을 이야기합니다.

그림 6-13 EC2 인스턴스 시작

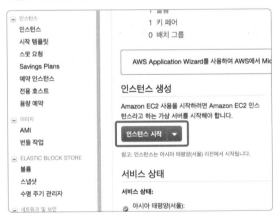

인스턴스를 생성하는 첫 단계는 AMI(Amazon Machine Image, 아마존 머신 이미지)를 선택하는 것입니다. 먼저 AMI에 대해 설명하면, AMI는 EC2 인스턴스를 시작하는 데

> ❶ VMWare와 같은 가상머신으로 리눅스를 설치해 본 경험을 떠올려보면 됩니다.

필요한 정보를 **이미지로 만들어 둔 것**을 이야기합니다. 인스턴스라는 가상 머신에 운영체제 등을 설치할 수 있게 구워 넣은 이미지로 생각하면 됩니다.

예를 들어 아마존 리눅스 1 AMI를 사용한다면 Amazon Linux 1 OS가 인스턴스에 설치되어 개발자가 사용할 수 있음을 의미합니다. 여기서는 Amazon Linux AMI를 선택합니다.   **▶** Amazon Linux AMI 2가 아닙니다.

그림 6-14 AMI 선택

아마존 리눅스 2 대신에 아마존 리눅스 1^{Amazon Linux AMI}을 선택한 이유는 **아직 국내 자료가 리눅스 1이 더 많기 때문**입니다. 보통 센토스^{Centos} 6 버전으로 진행되는 자료들은 아마존 리눅스 1에서 모두 사용할 수 있습니다.

아마존 리눅스 2는 센토스^{Centos} 7 버전 자료들을 그대로 사용할 수 있습니다. 그럼 굳이 센토스 AMI를 사용하지 않고 아마존 리눅스 AMI를 사용한 이유가 무엇일까요? 이유는 다음과 같습니다.

- 아마존이 개발하고 있기 때문에 지원받기가 쉽다.
- 레드햇 베이스이므로 레드햇 계열의 배포판을 많이 다뤄본 사람일수록 문제없이 사용할 수 있다.
- AWS의 각종 서비스와의 상성이 좋다.
- Amazon 독자적인 개발 리포지터리를 사용하고 있어 yum이 매우 빠르다.

AWS를 사용하는데 굳이 AWS에서 적극적으로 지원하는 운영체계를 선택하지 않을 이유가 없습니다. 아마존 리눅스 1 AMI를 선택하고 다음으로 넘어갑니다. 다음은 인 스턴스 유형을 선택하는 단계입니다. 인스턴스 유형에서는 프리티어로 표기된 t2.micro를 선택합니다.

> 💡 이외 다른 유형을 선 택할 경우 비용이 청구됩 니다.

그림 6-15 인스턴스 유형 선택

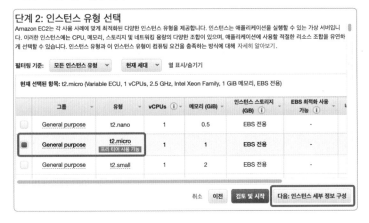

여기서 유형에 대해 짧게 소개하면 t2는 요금 타입을 이야기하며, micro 는 사양을 이야기합니다. t2 외에 t3도 있으며 보통 이들을 **T 시리즈**라고합 니다. T 시리즈는 범용 시리즈로 불리기도 합니다. 그만큼 다양한 사양을 사용할 수 있습니다.

> 💡 다른 시리즈는 nano, micro 등의 저사양이 존 재하지 않습니다.

이들은 다른 서비스와 달리 **크레딧**이란 일종의 CPU를 사용할 수 있는 포인트 개념이 있습니다. 인스턴스 크기에 따라 정해진 비율로 **CPU 크레 딧을 계속 받게 되며**, 사용하지 않을 때는 크레딧을 축적하고, 사용할 때 이 크레딧을 사용합니다.

정해진 사양보다 더 높은 트래픽이 오면 크레딧을 좀 더 적극적으로 사용하면서 트래픽을 처리하지만, **크레딧이 모두 사용되면 더이상 EC2를 사용할 수 없습니다.** 그래서 트래픽이 높은 서비스들은 T 시리즈를 쓰지 않고 다른 시리즈를 사용하기도 합니다. 다만 그전까지는 활용도가 높기 때문에 시작하는 단계에서는 좋은 선택입니다.

다음 단계는 세부정보 구성입니다. 기업에서 사용할 경우 화면상에 표기된 VPC, 서브넷 등을 세세하게 다루지만, 여기서는 혼자서 1대의 서버만 사용하니 별다른 설정을 하지 않고 넘어갑니다.

> VPC와 서브넷 등은 AWS 서비스들의 네트워크 환경을 구성하는 정도로만 이해하면 됩니다. 1인 개발 시 혹은 대량의 서버를 사용하지 않는다면 굳이 별도로 구성할 필요가 없으므로 여기서는 기본 생성되는 값을 사용합니다. 혹시나 좀 더 제대로 된 구성을 해보고 싶으신 분들은 AWS만 다루는 다른 서적을 참고하면 됩니다.

그림 6-16 인스턴스 세부정보 구성

다음 단계는 스토리지 선택입니다. 스토리지는 여러분이 흔히 **하드디스크**라고 부르는 서버의 디스크(SSD도 포함)를 이야기하며 **서버의 용량**을 얼마나 정할지 선택하는 단계입니다.

여기서 설정의 기본값은 8GB(기가바이트)입니다. 모르고 넘어가는 분들이 있는데 **30GB까지 프리티어로 가능**합니다. 물론 그 이상의 사이즈는 비용이 청구되니 프리티어의 최대치인 30GB로 변경합니다.

그림 6-17 스토리지 구성

태그에는 웹 콘솔에서 표기될 태그인 Name 태그를 등록합니다. 태그는 해당 인스턴스를 표현하는 여러 이름으로 사용될 수 있습니다. EC2의 이름을 붙인다고 생각하고 넣으면 됩니다.

> 🔖 인스타그램, 페이스북 등 SNS의 태그와 동일한 역할을 합니다.

여러 인스턴스가 있을 경우 이를 태그별로 구분하면 검색이나 그룹 짓기 편하므로 여기서 본인 서비스의 인스턴스를 나타낼 수 있는 값으로 등록합니다.

그림 6-18 태그 추가

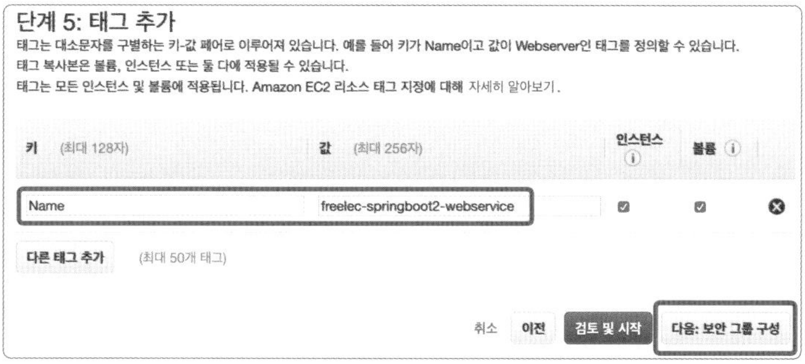

다음으로 보안 그룹입니다. 보안 그룹은 **방화벽**을 이야기합니다. '서버로 **80 포트 외에는 허용하지 않는다**'는 역할을 하는 방화벽이 AWS에서는 보안 그룹으로 사용됩니다.

기존에 생성된 보안 그룹이 없으므로 보안 그룹 이름엔 **유의미한 이름**으로 변경합니다.

그림 6-19 보안 그룹 추가

이 보안그룹 부분이 굉장히 중요한 부분입니다. 유형 항목에서 SSH이면서 포트 항목에서 22인 경우는 **AWS EC2에 터미널로 접속**할 때를 이야기합니다. pem 키가 없으면 접속이 안 되니 전체 오픈(0.0.0.0/0, ::/0)하는 경우를 종종 발견합니다. 이렇게 되면 이후 파일 공유 디렉토리나 깃허브 등에 실수로 pem 키가 노출되는 순간 서버에서 가상화폐가 채굴되는 것을 볼 수 있습니다.

보안은 언제나 높을수록 좋으니 pem 키 관리와 **지정된 IP에서만 ssh 접속이 가능**하도록 구성하는 것이 안전합니다. 그래서 본인 집의 IP를 기본적으로 추가하고(**내 IP를 선택하면 현재 접속한 장소의 IP가** 자동 지정됩니다) 카페와 같이 집 외에 다른 장소에서 접속할 때는 **해당 장소의 IP를 다시 SSH 규칙에 추가**하는 것이 안전합니다.

현재 프로젝트의 기본 포트인 8080을 추가하고 [검토 및 시작] 버튼을 클릭합니다. 검토 화면에서 보안 그룹 경고를 하는데, 이는 8080이 전체 오픈이 되어서 발생합니다. 8080을 열어 놓는 것은 위험한 일이 아니니 바로 [시작하기] 버튼을 클릭합니다.

그림 6-20 인스턴스 검토

인스턴스로 접근하기 위해서는 pem 키(비밀키)가 필요합니다. 그래서 인스턴스 마지막 단계는 할당할 pem 키를 선택하는 것입니다.

인스턴스는 지정된 pem 키(비밀키)와 매칭되는 공개키를 가지고 있어, 해당 pem 키 외에는 접근을 허용하지 않습니다.

일종의 **마스터키**이기 때문에 절대 유출되면 안 됩니다. pem 키는 이후 EC2 서버로 접속할 때 필수 파일이니 **잘 관리할 수 있는 디렉토리로 저장**합니다. 기존에 생성된 pem 키가 있다면 선택하고 없다면 신규로 생성합니다.

▮▶ 절대 잃어버리면 안 됩니다.

그림 6-21 인스턴스 검토

pem 키까지 내려받았다면 다음과 같이 인스턴스 생성 시작 페이지로 이동하고 인스턴스 id를 클릭하여 EC2 목록으로 이동합니다.

그림 6-22 인스턴스 생성 페이지

인스턴스가 생성 중인 것을 확인할 수 있으며 Name 태그로 인해 Name 이 노출되는 것도 확인 가능합니다.

그림 6-23 인스턴스 목록

생성이 다 되었다면 다음과 같이 IP와 도메인이 할당된 것을 확인할 수 있습니다.

그림 6-24 인스턴스 생성 완료

인스턴스도 결국 하나의 서버이기 때문에 IP가 존재합니다. 인스턴스 생성 시에 항상 새 IP를 할당하는데, 한 가지 조건이 더 있습니다. 같은 인스턴스를 중지하고 **다시 시작할 때도 새 IP가 할당**됩니다.

즉, 요금을 아끼기 위해 잠깐 인스턴스를 중지하고 다시 시작하면 IP가 변경되는 것입니다. 이렇게 되면 매번 접속해야 하는 IP가 변경돼서 PC에서 접근할 때마다 IP 주소를 확인해야 합니다. 굉장히 번거로우므로 인스턴스의 IP가 **매번 변경되지 않고 고정 IP를 가지게** 해야 합니다. 그래서 **고정 IP**를 할당하겠습니다.

- **EIP 할당**

AWS의 고정 IP를 Elastic IP(EIP, 탄력적 IP)라고 합니다. EC2 인스턴스 페이지의 왼쪽 카테고리에서 **탄력적 IP를 눌러 선택**하고 주소가 없으므로 [**새 주소 할당**] 버튼을 클릭해서 바로 [**할당**] 버튼을 클릭합니다.

그림 6-25 탄력적 IP 페이지 이동

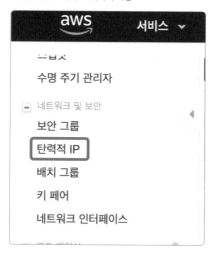

그림 6-26 새 주소 할당

그림 6-27 새 주소 할당 실행

새 주소 할당이 완료되면 **탄력적 IP가 발급**됩니다.

그림 6-28 새 주소 할당 완료

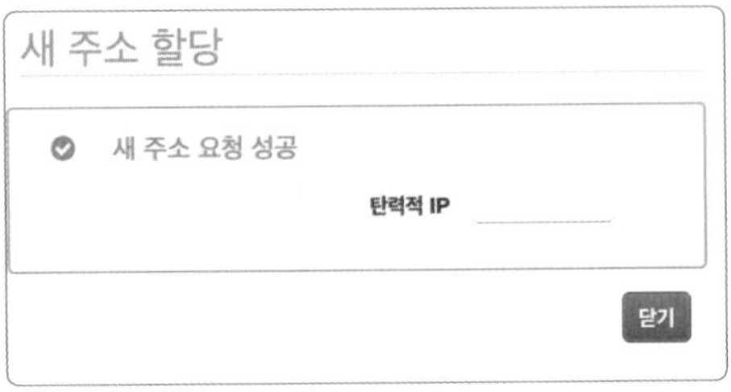

새 주소 할당

✓ 새 주소 요청 성공

탄력적 IP _____

닫기

방금 생성한 탄력적 IP와 방금 생성한 EC2 주소를 연결합니다. **방금 생성한 탄력적 IP를 확인**하고, 페이지 위에 있는 [작업] 버튼 ⇨ [주소 연결] 메뉴를 선택합니다.

그림 6-29 주소 연결 메뉴

새 주소 할당　작업 ▲

Q 태그 및 속...　검색　|< < 1~2/2 > >|

주소 릴리스
주소 연결
주소 연결 해제
태그 추가/편집

Name　　　　　　　　▲ 할당 ID

13.125.6.221　　eipalloc-00e4c7b

주소 연결을 위해 생성한 EC2 이름과 IP를 선택하고 [연결] 버튼을 클릭합니다.

그림 6-30 인스턴스 연결

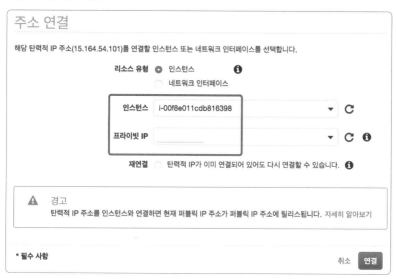

연결이 완료되면 왼쪽 카테고리에 있는 [인스턴스] 탭을 클릭해서 다시 **인스턴스 목록** 페이지로 이동합니다.

그림 6-31 인스턴스 목록 페이지

해당 인스턴스의 **퍼블릭, 탄력적 IP**가 모두 잘 연결되었는지 확인합니다.

그림 6-32 인스턴스 IP 확인

여기까지 진행했으면 EC2 인스턴스 생성 과정은 끝났습니다! 하지만,
주의할 점이 있습니다. 방금 생성한 탄력적 IP는 **생성하고 EC2 서버에 연
결하지 않으면** 비용이 발생합니다. 즉, **생성한 탄력적 IP는 무조건 EC2에 바로
연결해야 하며** 만약 더는 사용할 인스턴스가 없을 때도 탄력적 IP를 삭제
해야 합니다. 마찬가지로 비용 청구가 되므로 꼭 잊지 않고 삭제해야 합
니다.

그럼 이제 로컬 PC에서 EC2 인스턴스로 접속해 보겠습니다.

6.3 EC2 서버에 접속하기

방금 생성한 EC2로 접속을 해보겠습니다. 여기서는 많은 분이 사용하
는 운영체제인 Mac과 윈도우를 나눠서 진행하겠습니다.

- Mac & Linux는 터미널
- 윈도우는 putty

> **참고**
>
> 오랜 시간 접속이 안 되거나, 권한이 없어서 안 된다고 메시지가 나온다면 다음과 같이 확인해 보는 것이 좋습니다.
>
> ① HostName 값이 정확히 탄력적 IP로 되어있는지 확인
>
> ② EC2 인스턴스가 running 상태인지 확인
>
> ③ EC2 인스턴스의 보안그룹 → 인바운드 규칙에서 현재 본인의 IP가 등록되어 있는지 확인

- Mac & Linux

AWS와 같은 외부 서버로 SSH 접속을 하려면 매번 다음과 같이 긴 명령어를 입력해야 합니다.

```
ssh -i pem 키 위치 EC2의 탄력적 IP 주소
```

상당히 귀찮으므로 쉽게 ssh 접속을 할 수 있도록 설정하겠습니다. 좀 전에 받은 키페어 pem 파일을 ~/.ssh/로 복사합니다. ~/.ssh/ 디렉토리로 pem 파일을 옮겨 놓으면 ssh 실행 시 **pem 키 파일을 자동으로 읽어** 접속을 진행합니다.

이후부터는 별도로 **pem 키 위치를 명령어로 지정할 필요가 없게 됩니다.**

```
cp pem 키를 내려받은 위치 ~/.ssh/
```

그림 6-33 pem 키 복사

```
Last login: Fri Jun  7 07:55:54 on ttys003
idong-uk  ~ $ cp ~/Documents/pem/freelec-springboot2-webservice.pem ~/.ssh/
idong-uk  ~ $ ▊
```

pem 키가 잘 복사되었는지 ~/.ssh 디렉토리로 이동해서 파일 목록을 확인해 봅니다.

```
cd ~/.ssh/
ll
```

그림 6-34 pem 키 복사 확인

```
idong-uk  ~/.ssh  cd ~/.ssh
idong-uk  ~/.ssh  ll | grep freelec
-rw-------@ 1 idong-uk  staff  1.7K  6 24 21:26 freelec-springboot2-webservice.pem
idong-uk  ~/.ssh
```

복사되었다면 pem 키의 권한을 변경합니다.

```
chmod 600 ~/.ssh/pem키이름
```

그림 6-35 pem 키 권한 변경

```
          @ 1 idong-uk  staff  1.7K  1 24  2018 springboot-webservice.pe
idong-uk  ~/.ssh  chmod 600 ~/.ssh/freelec-springboot2-webservice.pem
idong-uk  ~/.ssh
```

권한을 변경하였다면 pem 키가 있는 ~/.ssh 디렉토리에 config 파일을 생성합니다.   ▶ 아무런 확장자가 없습니다.

```
vim ~/.ssh/config
```

다음과 같이 본인이 원하는 Host로 등록합니다. **Host를 앞으로 접속할 키** 값으로 보면 됩니다. 예를 들어 Host abc로 등록하시면 **ssh abc로 해당 EC2** 로 **접속**할 수 있게 됩니다. Host 외에 **HostName은 탄력적 IP 주소**를 사용하 면 됩니다.

그림 6-36 config 파일 수정

```
# freelec-springboot2-webservice
Host freelec-springboot2-webservice
    HostName
    User ec2-user
    IdentityFile ~/.ssh/freelec-springboot2-webservice.pem
```

```
# 주석
Host  본인이 원하는 서비스명
    HostName ec2의 탄력적 IP  주소
    User ec2-user
    IdentityFile ~/.ssh/pem키 이름
```

작성이 끝났으면 **:wq 명령어**로 저장 종료합니다.

```
:wq
```

생성된 config 파일은 실행 권한이 필요하므로 권한 설정을 다음과 같 이 설정합니다.

```
chmod 700 ~/.ssh/config
```

실행 권한까지 설정했다면 다음의 명령어로 접속해 봅니다.

> ssh config에 등록한 서비스명

그림 6-37 ssh 접속

yes를 입력하면 다음과 같이 EC2에 접속이 성공합니다.

그림 6-38 ssh 접속 성공

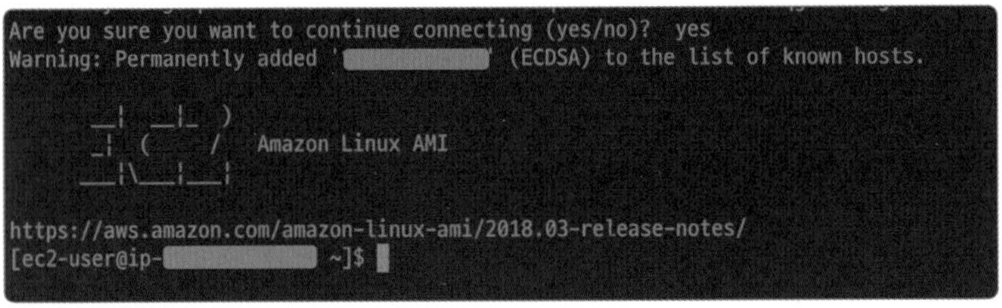

Mac에서 EC2 접속이 성공했습니다! 이제는 터미널에서 ssh 서비스명만 입력하면 접속할 수 있게 되었습니다.

- **Windows**

윈도우에서는 Mac과 같이 ssh 접속하기엔 불편한 점이 많아 별도의 클라이언트^putty를 설치하겠습니다. putty 사이트(https://www.putty.org/)에 접속하여 실행 파일을 내려받습니다.

그림 6-39 putty 사이트

실행 파일은 2가지입니다.

- putty.exe

- puttygen.exe

두 파일을 모두 내려받은 뒤, **puttygen.exe** 파일을 실행합니다.

그림 6-40 puttygen 실행

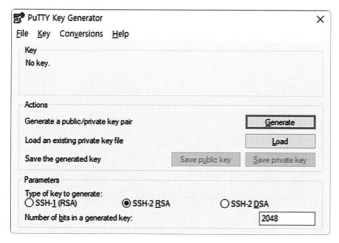

putty는 pem 키로 사용이 안 되며 pem 키를 ppk 파일로 변환을 해야만
합니다. puttygen은 이 과정을 진행해 주는 클라이언트입니다. puttygen
화면에서 상단 [Conversions ⇨ Import Key]를 선택해서 내려받은 pem 키를
선택합니다.

그림 6-41 Import Key

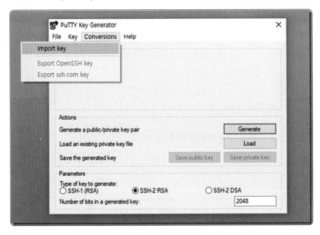

그림 6-42 pem 키 선택

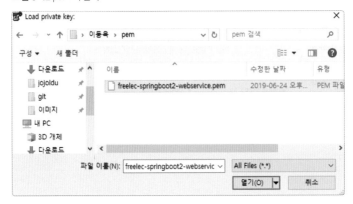

그럼 다음과 같이 자동으로 변환이 진행됩니다. [Save private key] 버튼을 클릭하여 ppk 파일을 생성합니다. 경고 메시지가 뜨면 [예]를 클릭하고 넘어갑니다.

그림 6-43 ppk 파일 생성

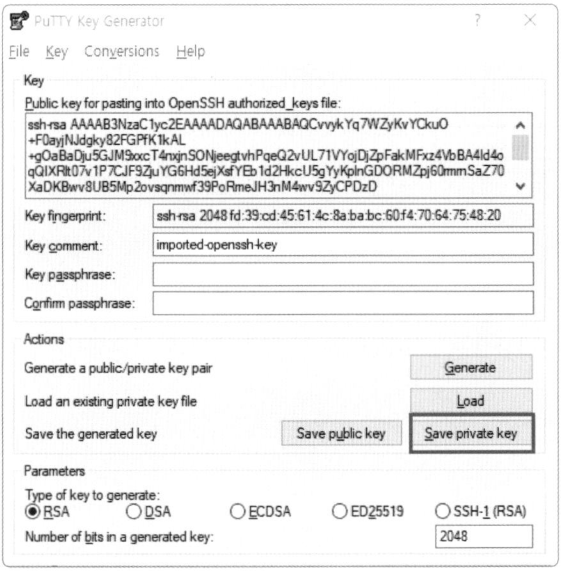

그림 6-44 경고 메시지

ppk 파일이 저장될 위치와 ppk 이름을 등록합니다.

그림 6-45 ppk 저장 위치와 이름 등록

ppk 파일이 잘 생성되었으면 **putty.exe** 파일을 실행하여 다음과 같이 각

항목을 등록합니다.

그림 6-46 putty 실행

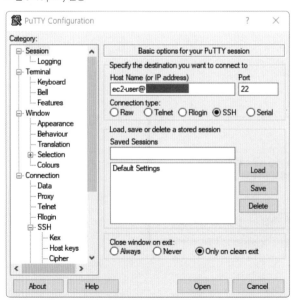

- HostName: username@public_Ip 를 등록합니다. 우리가 생성한 Amazon Linux 는 ec2-user가 username이라서 ec2-user@탄력적 IP 주소를 등록하면 됩니다.

- Port: ssh 접속 포트인 22를 등록합니다.

- Connectoin type: SSH를 선택합니다.

항목들을 모두 채웠다면 왼쪽 사이드바에 있는 [Connection ⇨ SSH ⇨ Auth]를 차례로 클릭해서 ppk 파일을 로드할 수 있는 화면으로 이동합니다. [Browse…] 버튼을 클릭합니다.

그림 6-47 ppk 파일 로드 화면

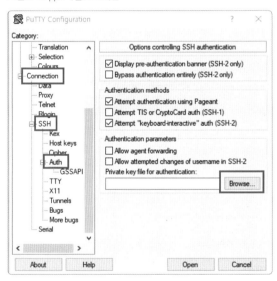

좀 전에 생성한 ppk 파일을 선택해서 불러옵니다. 정상적으로 불러왔다면 다시 [Session] 탭으로 이동하여 [Saved Sessions]에 **현재 설정들을 저장할 이름**을 등록하고 [Save] 버튼을 클릭합니다.

그림 6-48 ppk 파일 선택

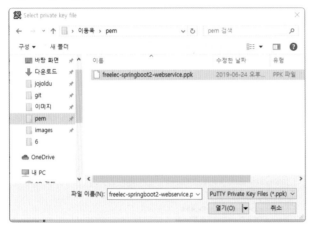

그림 6-49 Session 정보 저장

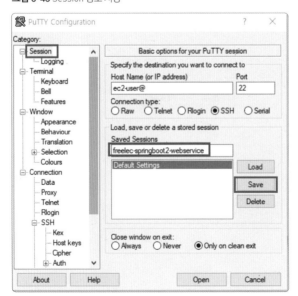

저장한 뒤 [open] 버튼을 클릭하면 다음과 같이 SSH 접속 알림이 등장합니다. [예]를 클릭합니다.

그림 6-50 SSH 접속 Alert

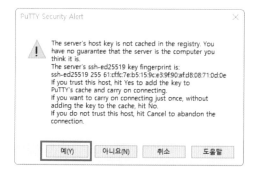

그럼 다음과 같이 SSH 접속이 성공한 것을 확인할 수 있습니다.

그림 6-51 윈도우에서 EC2 접속 성공

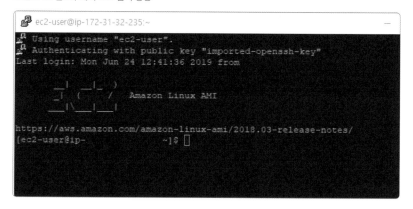

Mac과 윈도우에서 모두 EC2 접속을 진행해 보았습니다. 마지막으로 리눅스 운영서버에서 해야 할 몇 가지 설정 작업을 진행해 보겠습니다.

6.4 아마존 리눅스 1 서버 생성 시 꼭 해야 할 설정들

아마존 리눅스 1 서버를 처음 받았다면 몇 가지 설정들이 필요합니다. 이 설정들은 모두 자바 기반의 웹 애플리케이션 (톰캣과 스프링부트)가 작동해야 하는 서버들에선 필수로 해야 하는 설정들입니다.

- **Java 8 설치**: 현재 이 프로젝트의 버전은 Java 8입니다.
- **타임존 변경**: 기본 서버의 시간은 미국 시간대입니다. 한국 시간대가 되어야만 우리가 사용하는 시간이 모두 한국 시간으로 등록되고 사용됩니다.
- **호스트네임 변경**: 현재 접속한 서버의 별명을 등록합니다. 실무에서는 한 대의 서버가 아닌 수십 대의 서버가 작동되는 데, IP만으로 어떤 서버가 어떤 역할을 하는지 알 수 없습니다. 이를 구분하기 위해 보통 호스트 네임을 필수로 등록합니다.

방금 진행한 EC2 접속 과정을 통해서 EC2에 접속한 뒤에 다음 과정을 진행하면 됩니다.

- **Java 8 설치**

아마존 리눅스 1의 경우 기본 자바 버전이 7입니다. 이 책에서는 자바 8을 기본으로 사용하므로 자바 8을 EC2에 설치하겠습니다. EC2에서 다음의 명령어를 실행합니다.

```
sudo yum install -y java-1.8.0-openjdk-devel.x86_64
```

설치가 완료되었다면 인스턴스의 Java 버전을 8로 변경하겠습니다.

```
sudo /usr/sbin/alternatives --config java
```

다음과 같이 선택 화면에서는 Java8을 선택합니다(2 입력).

그림 6-52 Java 버전 선택

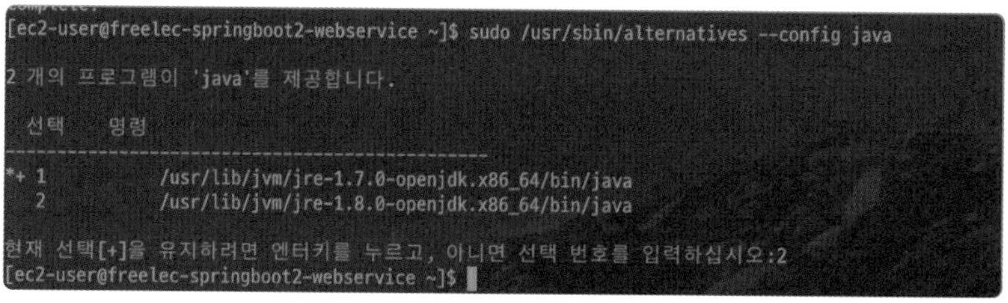

```
[ec2-user@freelec-springboot2-webservice ~]$ sudo /usr/sbin/alternatives --config java

2 개의 프로그램이 'java'를 제공합니다.

  선택    명령
-----------------------------------------------
*+ 1           /usr/lib/jvm/jre-1.7.0-openjdk.x86_64/bin/java
   2           /usr/lib/jvm/jre-1.8.0-openjdk.x86_64/bin/java

현재 선택[+]을 유지하려면 엔터키를 누르고, 아니면 선택 번호를 입력하십시오:2
[ec2-user@freelec-springboot2-webservice ~]$
```

버전이 변경되었으면 사용하지 않는 Java7을 삭제합니다.

```
sudo yum remove java-1.7.0-openjdk
```

현재 버전이 Java8이 되었는지 확인합니다.

```
java -version
```

그림 6-53 Java 버전 확인

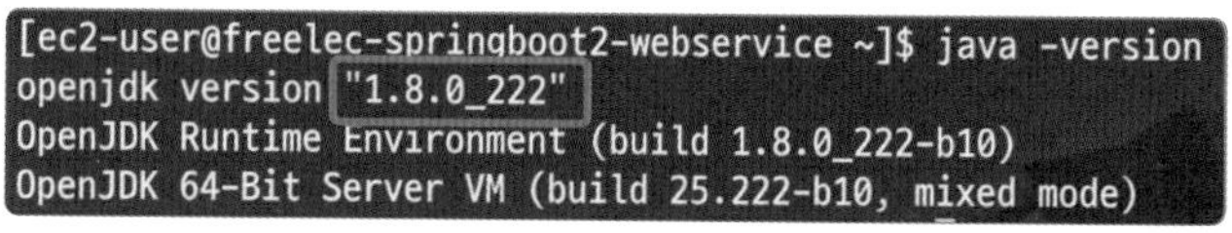

```
[ec2-user@freelec-springboot2-webservice ~]$ java -version
openjdk version "1.8.0_222"
OpenJDK Runtime Environment (build 1.8.0_222-b10)
OpenJDK 64-Bit Server VM (build 25.222-b10, mixed mode)
```

■ **타임존 변경**

EC2 서버의 기본 타임존은 UTC입니다. 이는 세계 표준 시간으로 한국의 시간대가 아닙니다. 즉, **한국의 시간과는 9시간 차이**가 발생합니다. 이렇게 되면 서버에서 수행되는 Java 애플리케이션에서 생성되는 시간도 모두 9시간씩 차이가 나기 때문에 꼭 수정해야 할 설정입니다. 서버의 타임존을 **한국 시간**[KST]로 변경하겠습니다.

다음 명령어를 차례로 수행합니다.

```
sudo rm /etc/localtime
sudo ln -s /usr/share/zoneinfo/Asia/Seoul /etc/localtime
```

정상적으로 수행었다면 **date** 명령어로 타임존이 KST로 변경된 것을 확인할 수 있습니다.

그림 6-54 타임존 확인

- **Hostname 변경**

여러 서버를 관리 중일 경우 **IP만으로 어떤 서비스의 서버인지** 확인이 어렵습니다.

그림 6-55 IP만 노출

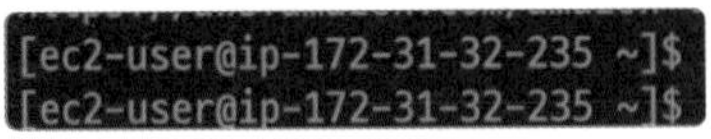

ⓘ ip-172-31-32-235가 무슨 서비스인지 어떻게 알 수 있을까요?

그래서 각 서버가 **어느 서비스인지 표현**하기 위해 HOSTNAME을 변경하겠습니다. 다음 명령어로 편집 파일을 열어봅니다.

```
sudo vim /etc/sysconfig/network
```

화면에서 노출되는 항목 중 HOSTNAME으로 되어있는 부분을 **본인이 원하는 서비스명**으로 변경합니다.

그림 6-56 기존 HOSTNAME과 변경 후 HOSTNAME

```
NETWORKING=yes
HOSTNAME=localhost.localdomain
NOZEROCONF=yes
~
```
변경 전

```
NETWORKING=yes
HOSTNAME=freelec-springboot2-webservice
NOZEROCONF=yes
~
```
변경 후

변경한 후 다음 명령어로 서버를 재부팅 합니다.

```
sudo reboot
```

재부팅이 끝나고 나서 다시 접속해 보면 HOSTNAME이 잘 변경된 것을 확인할 수 있습니다.

그림 6-57 변경 후 HOSTNAME

```
× idong-uk  ~/.ssh  ssh freelec-springboot2-webservice
Last login: Mon Jun 24 23:13:41 2019 from 121.165.253.95


       _|  _|_  )
       _|  (     /    Amazon Linux AMI
      ___|\___|___|

https://aws.amazon.com/amazon-linux-ami/2018.03-release-notes/
[ec2-user@freelec-springboot2-webservice ~]$ 
```

Hostname이 등록되었다면 한 가지 작업을 더 해야 합니다.

호스트 주소를 찾을 때 가장 먼저 검색해 보는 /etc/hosts에 변경한

hostname을 등록합니다.

> hostname이 /etc/hosts에 등록되지 않아 발생한 장애에 대한 자세한 내용은
> 우아한 형제들의 기술 블로그에 기록되어 있으니 한번 읽어보길 권합니다.
> '빌링 시스템 장애, 이러지 말란 Maria~'(http://woowabros.github.io/
> experience/2017/01/20/billing-event.html)

다음 명령어로 /etc/hosts 파일을 열어 봅니다.

```
sudo vim /etc/hosts
```

다음과 같은 화면에 방금 등록한 HOSTNAME을 등록합니다.

```
127.0.0.1   등록한 HOSTNAME
```

그림 6-58 /etc/hosts에 HOSTNAME 등록

```
127.0.0.1   localhost localhost.localdomain localho
::1         localhost6 localhost6.localdomain6

127.0.0.1   freelec-springboot2-webservice
~
```

:wq 명령어로 저장하고 종료한 뒤 정상적으로 등록되었는지 확인해 봅니다. 확인 방법은 다음 명령어로 합니다.

```
curl 등록한 호스트 이름
```

만약 잘못 등록되었다면 찾을 수 없는 주소라는 에러가 발생합니다.

그림 6-59 /etc/hosts에 등록 실패인 경우

```
[root@freelec-springboot2-webservice ~]# curl freelec-springboot2-webservice
curl: (6) Could not resolve host: freelec-springboot2-webservice
```

잘 등록하였다면 다음과 같이 80 포트로 접근이 안 된다는 에러가 발생합니다.

그림 6-60 /etc/hosts에 등록 성공인 경우

```
idong-uk   ~   curl freelec-springboot2-webservice
curl: (7) Failed to connect to freelec-springboot2-webservice port 80: Connection refused
idong-uk
```

이는 아직 80포트로 실행된 서비스가 없음을 의미합니다. 즉, curl 호스트 이름으로 실행은 잘 되었음을 의미합니다.

아직은 리눅스의 명령어가 익숙하지 않아서 어려울 수 있습니다. 그러나 장을 거듭하면서 계속된 명령어 사용으로 금방 익숙해질 것입니다. 이번 장에서 완성된 EC2 서버가 앞으로 계속 사용될 서버이니 꼭 이 과정을 다 진행해야 합니다. EC2 설정이 완료되었으니 이제 AWS의 데이터베이스 서비스인 RDS를 생성하고 설정해 보겠습니다

이번 장에서는 다음을 배웠습니다.

- AWS와 클라우드 서비스란?

- AWS의 관리형 가상 서버인 EC2 서비스 소개와 생성 방법

- EC2 인스턴스의 IP를 고정해주는 탄력적 IP에 대한 소개
  와 설정 방법

- EC2 인스턴스 접근을 위한 pem 키 사용 방법

- 리눅스 서버 생성 시 해야 할 설정들

AWS에 데이터베이스 환경을 만들어보자 -
AWS RDS

웹 서비스의 백엔드를 다룬다고 했을 때 **애플리케이션 코드를 작성하는 것만큼 중요한 것이 데이터베이스를 다루는 일입니다.** 규모 있는 회사에서는 데이터베이스를 전문적으로 처리하는 DBA라는 직군 담당자들이 있습니다. 해당 전문분야의 담당자가 있기에 상대적으로 개발자가 데이터베이스를 전문적으로 다룰 일이 적습니다.

다만 그건 대용량/대량의 데이터를 다루기 때문에 전문성이 필요한 것이지, **백엔드 개발자가 데이터베이스를 몰라도 된다를 의미하지는 않습니다.** 스타트업이나 개발 인원수가 적은 서비스에선 **개발자가 데이터베이스를 다뤄야만 합니다.**

어느 정도의 데이터베이스 구축, 쿼리 튜닝에 대해서 기본적인 지식이 필요합니다. 이번 장에서는 데이터베이스를 구축하고 앞 장에서 만든 EC2 서버와 연동을 해보겠습니다. 다만, **직접 데이터베이스를 설치하지 않습니다.** 직접 데이터베이스를 설치해서 다루게 되면 모니터링, 알람, 백업, HA 구성 등을 모두 직접 해야만 합니다. 처음 구축할 때 며칠이 걸릴 수 있는 일입니다.

AWS에서는 앞에서 언급한 작업을 모두 지원하는 **관리형 서비스인** RDS^{Relational Database Service}를 제공합니다. RDS는 AWS에서 지원하는 클라우드 기반 관계형 데이터베이스입니다. 하드웨어 프로비저닝, 데이터베이스 설정, 패치 및 백업과 같이 잦은 운영 작업을 자동화하여 개발자가 개발에 집중할 수 있게 지원하는 서비스입니다. 추가로 **조정 가능한 용량**을 지원하여 예상치 못한 양의 데이터가 쌓여도 비용만 추가로 내면 정상적으로 서비스가 가능한 장점도 있습니다.

이러한 RDS를 이용하여 본인만의 데이터베이스 환경을 구축해 보겠습니다.

7.1 RDS 인스턴스 생성하기

먼저 RDS 인스턴스를 생성하겠습니다. 다음과 같이 검색창에 rds를 입력해서 선택하고, RDS 대시보드에서 [데이터베이스 생성] 버튼을 클릭합니다.

그림 7-1 RDS 서비스 검색

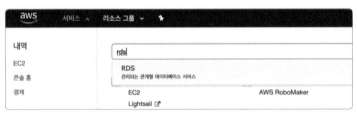

RDS 생성 과정이 진행됩니다. DB 엔진 선택 화면에서 MariaDB를 선택하도록 하겠습니다. 여기서 잠깐, 왜 MariaDB를 골라야 하는지 궁금증이 생길 수 있습니다. RDS에는 오라클, MSSQL, PostgreSQL 등이 있으며 당연히 **본인이 가장 잘 사용하는 데이터베이스**를 고르면 되지만, 꼭 다른 데이터베이스를 선택해야 할 이유가 있는 것이 아니라면 MySQL, MariaDB, PostgreSQL 중에 고르길 추천합니다. 필자는 그중에서도 MariaDB를 추천하며 이유를 소개합니다.

- 가격

- Amazon Aurora(오로라) 교체 용이성

RDS의 가격은 라이센스 비용 영향을 받습니다. 상용 데이터베이스인 오라클, MSSQL이 오픈소스인 MySQL, MariaDB, PostgreSQL보다는 **동일한 사양 대비 더 가격이 높습니다**. 결국 프리티어 기간인 1년이 지나면 비용을 지불하면서 RDS를 써야 합니다. 비용 문제를 생각해 볼 필요가 있습니다.

두 번째로 **Amazon Aurora 교체 용이성**입니다. Amazon Aurora는 AWS에서 **MySQL과 PostgreSQL을 클라우드 기반에 맞게 재구성한 데이터베이스** 입니다. 공식 자료에 의하면 RDS MySQL 대비 5배, RDS PostgreSQL 보다 3배의 성능을 제공합니다. 더군다나 **AWS에서 직접 엔지니어링**하고 있기 때문에 계속해서 발전하고 있습니다. 현재도 다른 데이터베이스와 비교해 다양한 기능을 제공하고 있습니다.

클라우드 서비스에 가장 적합한 데이터베이스이기 때문에 많은 회사가 Amazon Aurora를 선택합니다. 그러다 보니 호환 대상이 아닌 오라클, MSSQL을 굳이 선택할 필요가 없습니다. 이렇게 보면 Aurora를 선택하면 가장 좋을 것 같지만 시작하는 단계에서 Aurora를 선택하기 어렵습니다. **프리티어 대상이 아니며**, 최저 비용이 **월 10만 원 이상**이기 때문에 부담스럽습니다. 그래서 일단은 MariaDB로 시작하겠습니다.

차후 서비스 규모가 일정 규모 이상 커진 후에 Maria DB에서 Aurora로 이전하면 됩니다.

MariaDB에 대해 생소할 분들이 있을 것 같아 잠깐 소개하고 넘어가겠습니다. 국내외를 가리지 않고 오픈소스 데이터베이스 중 가장 인기 있는 제품을 고르라고 하면 MySQL을 꼽습니다. **단순 쿼리 처리 성능**이 어떤 제품보다 압도적이며 이미 오래 사용되어 왔기 때문에 성능과 신뢰성 등에서 꾸준히 개선되어 온 것도 장점입니다.

발전하던 MySQL이 2010년에 썬마이크로시스템즈와 오라클이 합병되면서 많은 MySQL 개발자들은 썬마이크로시스템즈을 떠나며 본인만의 프로젝트를 진행하게 됩니다. 이 중 MySQL의 창시자인 몬티 와이드니어가 만든 프로젝트가 MariaDB입니다.

MySQL을 기반으로 만들어졌기 때문에 쿼리를 비롯한 전반적인 사용법은 MySQL과 유사하니 사용 방법에 대해서는 크게 걱정하지 않아도 됩니다. 비슷한 사용법 외에도 MariaDB는 MySQL 대비 다음의 장점이 있습니다.

- 동일 하드웨어 사양으로 MySQL보다 향상된 성능
- 좀 더 활성화된 커뮤니티
- 다양한 기능
- 다양한 스토리지 엔진

구글 검색으로 "MYSQL에서 MARIADB로 마이그레이션 해야 할 10가지 이유"로 검색해 보면 좀 더 다양한 이유를 확인할 수 있습니다.

MySQL을 써왔다면 이번 기회에 MariaDB를 선택해서 진행해 보길 추천합니다. 자 그럼 MariaDB를 선택하여 다음으로 이동합니다.

그림 7-2 DBMS 선택

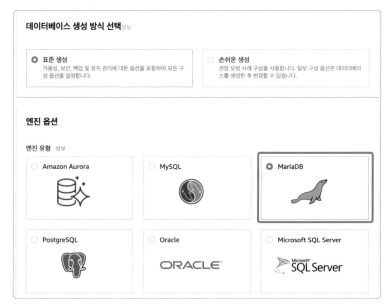

다음으로 넘어가면 사용 사례 항목이 나옵니다. 프리티어로 이용하려 면 프리티어를 선택해야 하니 [프리티어]를 선택합니다.

그림 7-3 사용 사례 선택

상세 설정에서는 다음 그림과 같은 설정을 합니다.

그림 7-4 상세 설정 1

DM 인스턴스 클래스: db.t2.micro - 1 vCPU, 1 GiB RAM / 할당된 스토리지: 20

화면을 아래로 내리면 **DB** 인스턴스와 마스터 사용자 정보를 등록할 수 있습니다.

그림 7-5 상세 설정 2

본인만의 DB 인스턴스 이름과 사용자 정보를 등록합니다. 여기서 사용된 사용자 정보로 실제 데이터베이스 접근하게 되니 어딘가 메모해 놓아도 좋습니다.

네트워크에선 퍼블릭 액세스를 [예]로 변경합니다. 이후 보안 그룹에서 지정된 IP만 접근하도록 막을 예정입니다.

그림 7-6 네트워크 및 보안

데이터베이스 옵션에서는 **이름을 제외한 나머지를 그림과 동일하게** 하면 됩니다. 파라미터 그룹의 변경을 이후에 진행할 예정이니 일단은 기본값으로 둡니다.

그림 7-7 데이터베이스 옵션

데이터베이스 옵션

데이터베이스 이름 정보

```
freelec_springboot2_webservice
```

데이터베이스 이름을 지정하지 않으면 Amazon RDS에서 데이터베이스를 생성하지 않습니다.

포트 정보
DB 인스턴스가 애플리케이션 연결에 사용할 TCP/IP 포트입니다.

```
3306
```

DB 파라미터 그룹 정보

```
default.mariadb10.2                                      ▼
```

옵션 그룹 정보

```
default:mariadb-10-2                                     ▼
```

모든 설정이 끝나서 [완료] 버튼을 클릭하면 다음과 같이 생성 과정이 진행됩니다. [DB 인스턴스 세부 정보 보기]를 클릭하면 생성 중인 데이터베이스의 상세 페이지로 이동합니다.

그림 7-8 데이터베이스 생성과 상세 정보 확인

DB 인스턴스를 생성 중입니다.
참고: 인스턴스를 시작하는 데 몇 분 정도 걸릴 수 있습니다.

DB 인스턴스에 연결 중

Amazon RDS가 DB 인스턴스를 프로비저닝한 후에는 SQL 클라이언트 애플리케이션 또는 유틸리티를 사용하여 인스턴스에 연결할 수 있습니다.
DB 인스턴스 연결에 대해 자세히 알아보기

전체 DB 인스턴스   DB 인스턴스 세부 정보 보기

데이터베이스가 다 생성되었다면 이제 본격적으로 설정을 해보겠습니다.

7.2 RDS 운영환경에 맞는 파라미터 설정하기

RDS를 처음 생성하면 몇 가지 설정을 필수로 해야 합니다. 우선 다음 3개의 설정을 차례로 진행해 보겠습니다.

- 타임존
- Character Set
- Max Connection

왼쪽 카테고리에서 [파라미터 그룹] 탭을 클릭해서 이동합니다.

그림 7-9 파라미터 그룹 탭

화면 오른쪽 위의 [파라미터 그룹 생성] 버튼을 클릭합니다.

그림 7-10 파라미터 그룹 생성 버튼

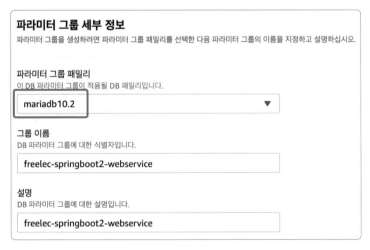

세부 정보 위쪽에 DB 엔진을 선택하는 항목이 있습니다. 여기서 **방금
생성한 MariaDB와 같은 버전**을 맞춰야 합니다. 앞에서 10.2.21 버전으로 생
성했기 때문에 같은 버전대인 10.2를 선택해야 합니다. 만약 10.3.xx 버전
으로 생성하였다면 10.3을 선택하면 됩니다.

그림 7-11 파라미터 그룹 세부 정보

　생성이 완료되면 파라미터 그룹 목록 창에 새로 생성된 그룹을 볼 수 있습니다. 해당 파라미터 그룹을 클릭합니다.

그림 7-12 파라미터 그룹 생성 완료

　클릭해서 이동한 상세 페이지의 오른쪽 위를 보면 [파라미터 편집] 버튼이 있습니다. 해당 버튼을 클릭해 **편집 모드로 전환**합니다.

그림 7-13 파라미터 그룹 편집

　편집 모드로 되었다면 이제 하나씩 설정값들을 변경해 보겠습니다. 먼저 time_zone을 검색하여 다음과 같이 [Asia/Seoul]을 선택합니다.

그림 7-14 타임존 수정

다음으로 Character Set을 변경합니다. Character Set은 항목이 많습니다. 아래 8개 항목 중 charactrer 항목들은 모두 utf8mb4로, collation 항목들은 utf8mb4_general_ci로 변경합니다. utf8과 utf8mb4의 차이는 **이모지 저장 가능 여부입니다.**

- character_set_client
- character_set_connection
- character_set_database
- character_set_filesystem
- character_set_results
- character_set_server
- collation_connection
- collation_server

그림 7-15 Character Set 수정

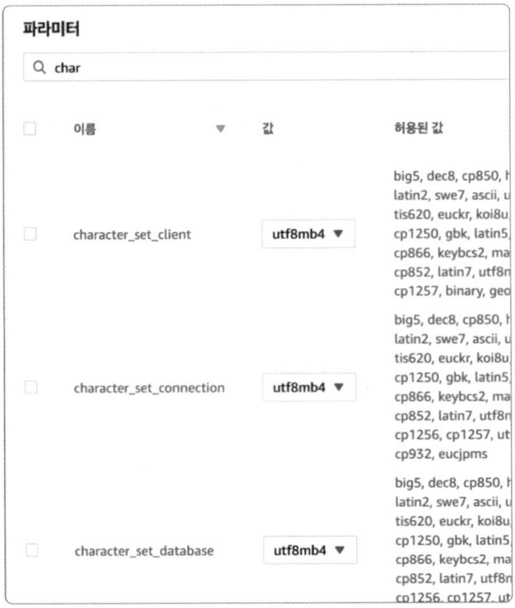

utf8은 이모지를 저장할 수 없지만, utf8mb4는 이모지를 저장할 수 있으므로 보편적으로 utf8mb4를 많이 사용합니다.

그림 7-16 이모지

마지막으로 Max Connection을 수정합니다. RDS의 Max Connectoin은 **인스턴스 사양에 따라 자동으로** 정해집니다. 현재 프리티어 사양으로는 약 60개의 커넥션만 가능해서 좀 더 넉넉한 값으로 지정합니다.

그림 7-17 Max Connection 수정

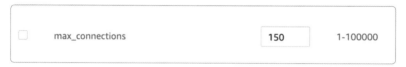

이후에 RDS 사양을 높이게 된다면 기본값으로 다시 돌려놓으면 됩니다. 설정이 다 되었다면 오른쪽 위의 [변경 사항 저장] 버튼을 클릭해 최종 저장합니다.

이렇게 생성된 파라미터 그룹을 데이터베이스에 연결하겠습니다.

그림 7-18 데이터베이스에 반영

옵션 항목에서 DB 파라미터 그룹은 default로 되어있습니다. DB 파라미터 그룹을 방금 생성한 신규 파라미터 그룹으로 변경합니다.

그림 7-19 데이터베이스 파라미터 그룹 변경

저장을 누르면 다음과 같이 수정 사항이 요약된 것을 볼 수 있습니다. 여기서 반영 시점을 [즉시 적용]으로 합니다.

그림 7-20 데이터베이스 수정 사항 요약

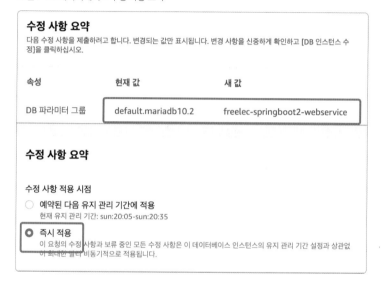

예약된 다음 유지 시간으로 하면 지금 하지 않고, 새벽 시간대에 진행하게 됩니다. 이 수정사항이 반영되는 동안 데이터베이스가 작동하지 않을 수 있으므로 예약 시간을 걸어두라는 의미지만, 지금은 서비스가 오픈되지 않았기 때문에 즉시 적용합니다. 그럼 다음과 같이 '변경 중' 상태가 나옵니다.

그림 7-21 데이터베이스 변경 작업 진행

간혹 파라미터 그룹이 제대로 반영되지 않을 때가 있습니다. 정상 적용
을 위해 한 번 더 재부팅을 진행합니다.

그림 7-22 데이터베이스 변경 작업 진행

재부팅까지 성공했다면 이제 로컬 PC에서 RDS에 한 번 접속해 보겠습
니다.

7.3 내 PC에서 RDS에 접속해 보기

로컬 PC에서 RDS로 접근하기 위해서 RDS의 보안 그룹에 본인 PC의 IP
를 추가하겠습니다. RDS의 세부정보 페이지에서 [보안 그룹] 항목을 클릭합
니다.

그림 7-23 데이터베이스 보안 그룹 선택

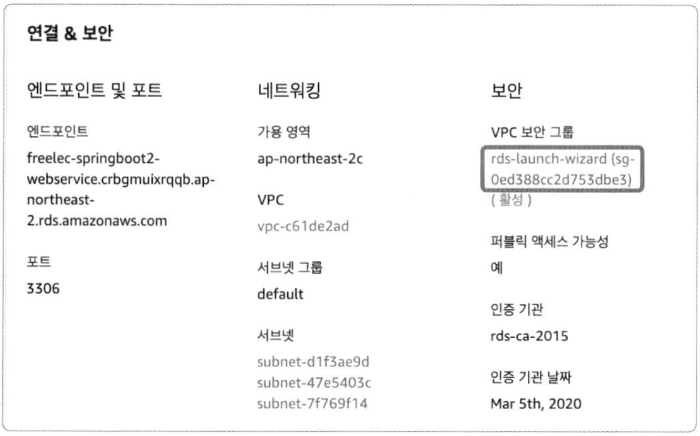
연결 & 보안
엔드포인트 및 포트
엔드포인트
freelec-springboot2-webservice.crbgmuixrqqb.ap-northeast-2.rds.amazonaws.com
포트
3306
네트워킹
가용 영역
ap-northeast-2c
VPC
vpc-c61de2ad
서브넷 그룹
default
서브넷
subnet-d1f3ae9d
subnet-47e5403c
subnet-7f769f14
보안
VPC 보안 그룹
rds-launch-wizard (sg-0ed388cc2d753dbe3)
(활성)
퍼블릭 액세스 가능성
예
인증 기관
rds-ca-2015
인증 기관 날짜
Mar 5th, 2020

RDS의 보안 그룹 정보를 그대로 두고, 브라우저를 새로 열어 봅니다. 그래서 브라우저 다른 창에서는 보안 그룹 목록 중 **EC2에 사용된 보안 그룹의 그룹 ID**를 복사합니다.

그림 7-24 EC2의 보안 그룹 복사

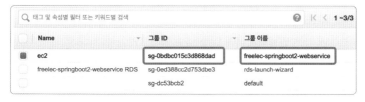

태그 및 속성별 필터 또는 키워드별 검색
1 ~3/3
Name
그룹 ID
그룹 이름
ec2
sg-0bdbc015c3d868dad
freelec-springboot2-webservice
freelec-springboot2-webservice RDS
sg-0ed388cc2d753dbe3
rds-launch-wizard
sg-dc53bcb2
default

복사된 보안 그룹 ID와 본인의 IP를 **RDS 보안 그룹의 인바운드**로 추가합니다.

그림 7-25 RDS 보안 그룹 인바운드 수정

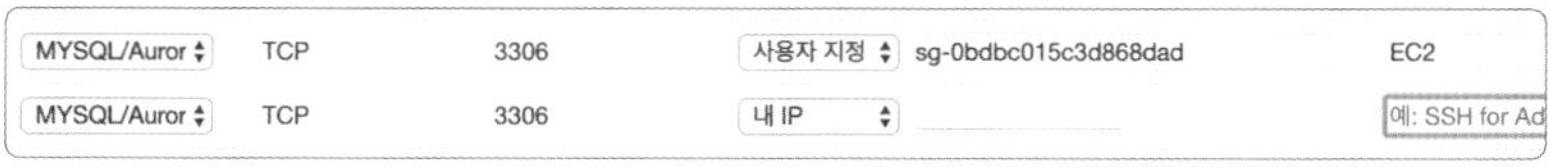
MYSQL/Auror
TCP
3306
사용자 지정
sg-0bdbc015c3d868dad
EC2
MYSQL/Auror
TCP
3306
내 IP
예: SSH for Ad

인바운드 규칙 유형에서는 **MYSQL/Aurora**를 선택하시면 자동으로 3306 포트가 선택됩니다.

- 보안 그룹 첫 번째 줄: 현재 내 PC의 IP를 등록합니다.
- 보안 그룹 두 번째 줄: **EC2의 보안 그룹을 추가합니다.**
  - 이렇게 하면 **EC2와 RDS 간에 접근이 가능**합니다.
  - EC2의 경우 이후에 2대 3대가 될 수도 있는데, 매번 IP를 등록할 수는 없으니 보편적으로 이렇게 보안 그룹 간에 연동을 진행합니다.

RDS와 개인 PC, EC2 간의 연동 설정은 모두 되었습니다. 로컬에서 한 번 테스트해 보겠습니다.

Database 플러그인 설치

로컬에서 원격 데이터베이스로 붙을 때 GUI 클라이언트를 많이 사용합니다. MySQL의 대표적인 클라이언트로 Workbench, SQLyog(유료), Sequel Pro(맥 전용), DataGrip(유료) 등이 있습니다.

각각의 도구마다 큰 차이가 없으니 **본인이 가장 좋아하는 툴을** 사용하면 됩니다. 이 책에서는 **인텔리제이에 Database 플러그인을** 설치해서 진행하겠습니다.

> 이 플러그인은 인텔리제이의 공식 플러그인은 아닙니다. 인텔리제이 유료 버전을 사용하면 공식적으로 강력한 기능의 데이터베이스 기능을 사용할 수 있습니다.

RDS 정보 페이지에서 **엔드 포인트**를 확인합니다. 이 엔드 포인트가 접근 가능한 URL이므로 메모장 같은 곳에 복사해 둡니다.

그림 7-26 RDS의 접속 URL

다시 인텔리제이로 이동해서 다음과 같이 database 플러그인을 검색합니다. 검색 결과 중 Database Navigator에서 [Install]을 클릭합니다.

그림 7-27 database 플러그인 검색

설치가 다 되었으면 인텔리제이 재시작을 한 뒤 Action 검색으로 Database Browser를 실행합니다.

- Action 검색
  - 맥OS: [Command + Shift + a]
  - 윈도우 / 리눅스: [Ctrl + Shift + a]

그림 7-28 database 플러그인 실행

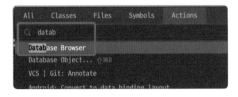

그럼 프로젝트 왼쪽 사이드바에 DB Browser
가 노출됩니다. DB Browser 탭 바로 하단에는 기
존에 노출되던 프로젝트 항목들입니다. 다시 자
바 코드를 볼 때는 해당 탭을 클릭하면 됩니다.

다음 그림과 같이 차례로 버튼을 클릭해서
MySQL 접속 정보를 열어 봅니다. MariaDB는
MySQL 기반이므로 MySQL을 사용하면 됩니다.

본인이 생성한 RDS의 정보를 차례로 등록
합니다.

그림 7-29 database 플러그인 실행

그림 7-30 RDS 접속 정보 등록

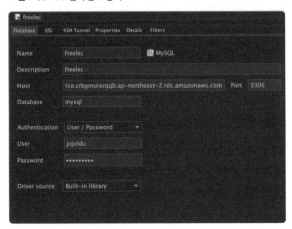

Host: 방금 전 복사한 RDS의 엔드 포인트를 등록합니다.

마스터 계정명과 비밀번호를 등록한 뒤, 화면 아래의 [Test Connection]을 클릭해 연결 테스트를 해봅니다.

그림 7-31 RDS 접속 정보 등록

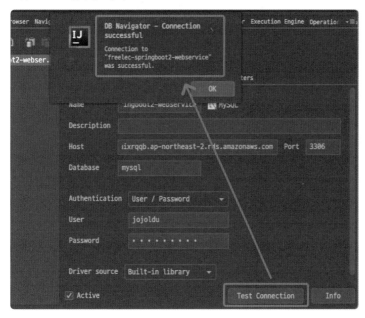

Connection Successful 메시지를 보았다면 [Apply ⇨OK] 버튼을 차례로 눌러 최종 저장을 합니다.

그럼 다음과 같이 인텔리제이에 RDS의 스키마가 노출됩니다. 위쪽에 있는 [Open SQL Console] 버튼을 클릭하고 [New SQL Console..] 항목을 선택해서 SQL을 실행할 콘솔창을 열어보겠습니다.

그림 7-32 RDS 스키마 노출 후 콘솔창 생성

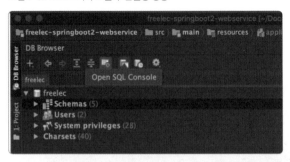

새로 생성될 콘솔창의 이름을 정합니다.

그림 7-33 신규 콘솔창 이름 등록

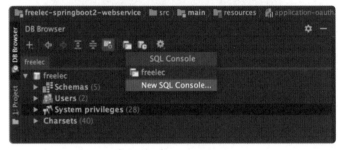

생성된 콘솔창에서 SQL을 실행해 보겠습니다. 쿼리가 수행될 database 를 선택하는 쿼리입니다.

```
use AWS RDS 웹 콘솔에서 지정한 데이터베이스명;
```

만약 본인이 RDS 생성 시 지정한 database 명을 잊었다면 인텔리제이 왼쪽의 Schema 항목을 보면 **MySQL에서 기본으로 생성하는 스키마 외에 다른 스키마**가 1개 추가되어 있으니 이를 확인하면 됩니다.

그림 7-34 데이터베이스 확인

쿼리는 다음과 같이 실행합니다. 쿼리문을 드래그로 선택한 뒤 화면 위쪽에 화살표로 된 [Execute Statement] 버튼을 클릭하면 됩니다.

그림 7-35 쿼리 실행

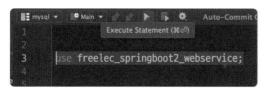

다음 그림과 같이 화면 아래의 Execute Console에서 SQL statement executed successfully 메시지가 떴다면 쿼리가 정상적으로 수행된 것입니다.

그림 7-36 쿼리 실행 성공 메시지

데이터베이스가 선택된 상태에서 **현재의** character_set, collation 설정을 확인합니다.

```
show variables like 'c%';
```

쿼리 결과를 보면 다른 필드들은 모두 utf8mb4가 잘 적용되었는데 character_set_database, collation_connection 2가지 항목이 latin1로 되어있습니다.

> 💡 기본 character가 latin1 입니다.

이 2개의 항목이 MariaDB에서만 RDS 파라미터 그룹으로는 변경이 안 됩니다. 그래서 직접 변경하겠습니다. 다음 쿼리를 실행합니다.

```
ALTER DATABASE 데이터베이스명
CHARACTER SET = 'utf8mb4'
COLLATE = 'utf8mb4_general_ci';
```

쿼리를 수행하였다면 다시 한번 character set을 확인해 봅니다.

그림 7-37 character set 변경 성공

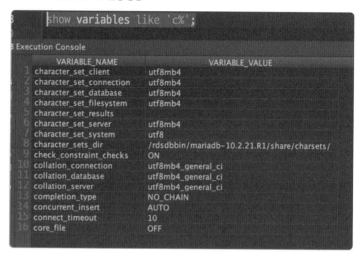

성공적으로 모든 항목이 utf8mb4로 변경된 것을 확인하였습니다.
빠르게 **타임존**까지 아래 쿼리로 확인해 봅니다.

```
select @@time_zone, now();
```

그림 7-38 타임존 확인

RDS 파라미터 그룹이 잘 적용되어 한국 시간으로 된 것을 확인하였습니다.

마지막으로 한글명이 잘 들어가는지 간단한 테이블 생성과 insert 쿼리를 실행해 봅니다.

> 테이블 생성은 인코딩 설정 변경 전에 생성되면 안 됩니다. 만들어질 당시의 설정값을 그대로 유지하고 있어, 자동 변경이 되지 않고 강제로 변경해야만 합니다. 웬만하면 테이블은 모든 설정이 끝난 후 생성하시는 것이 좋습니다.

다음 쿼리를 차례로 실행해 봅니다.

```
CREATE TABLE test (
  id bigint(20) NOT NULL AUTO_INCREMENT,
  content varchar(255) DEFAULT NULL,
  PRIMARY KEY (id)
) ENGINE=InnoDB;

insert into test(content) values ('테스트');

select * from test;
```

다음과 같이 한글 데이터도 잘 등록되는 것이 확인됩니다.

그림 7-39 한글 데이터 등록 확인

RDS에 대한 모든 설정이 끝났습니다!

이제 이렇게 설정된 RDS가 EC2와 잘 연동되는지 확인해 보겠습니다.

7.4 EC2에서 RDS에서 접근 확인

6장에서 진행한 대로 EC2에 ssh 접속을 진행합니다.

- 맥에선 ssh 서비스명
- 윈도우에선 putty

접속되었다면 MySQL 접근 테스트를 위해 MySQL CLI를 설치하겠습니다.

> ⚠ 실제 EC2의 MySQL 을 설치해서 쓰는게 아닌, 명령어 라인만 쓰기 위한 설치입니다.

```
sudo yum install mysql
```

그림 7-40 EC2에 MySQL CLI 설치

```
[ec2-user@freelec-springboot2-webservice ~]$ sudo yum install mysql
```

설치가 다 되었으면 로컬에서 접근하듯이 계정, 비밀번호, 호스트 주소를 사용해 RDS에 접속합니다.

```
mysql -u 계정 -p -h Host주소
```

필자의 경우 다음 명령어로 진행합니다.

```
mysql -u jojoldu -p -h freelec-springboot2-webservice.
crbgmuixrqqb.ap-northeast-2.rds.amazonaws.com
```

패스워드를 입력하라는 메시지가 나오면 패스워드까지 입력합니다. 다음과 같이 EC2에서 RDS로 접속되는 것을 확인할 수 있습니다.

그림 7-41 EC2에서 RDS 접속

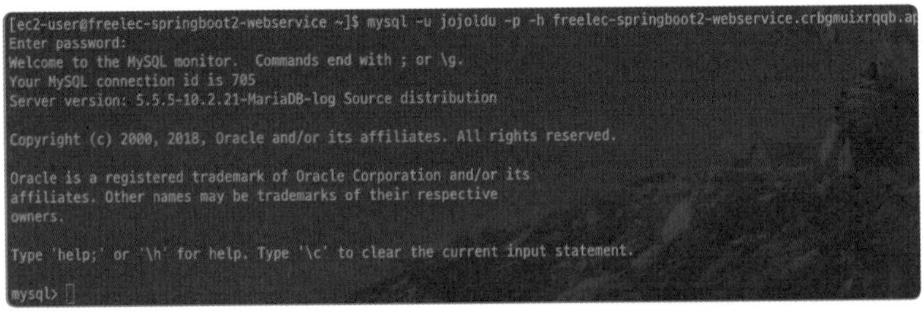

RDS에 접속되었으면 실제로 생성한 RDS가 맞는지 간단한 쿼리를 한번 실행해 보겠습니다.

```
show databases;
```

그림 7-42 데이터베이스 목록 확인

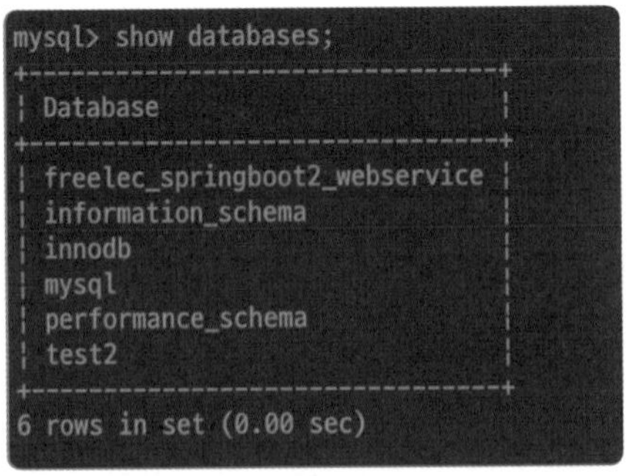

　우리가 생성했던 freelec_springboot2_webservice라는 데이터베이스가 있음을 확인했습니다.

　아무래도 직접 코드를 치는 것이 아니라서 지루하게 느껴졌을 텐데 끝까지 진행했다면 감사합니다. 다음 장부터는 여태껏 작업했던 내용을 토대로 실제로 스프링 부트 프로젝트를 EC2에 배포하고 RDS에 접근하는 방법을 진행하고 개선해보겠습니다.

이번 장에서는 다음을 배웠습니다.

- AWS의 관리형 데이터베이스 서비스인 RDS에 대한 소개와 생성 방법

- RDS로 서비스를 하는 데 필요한 여러 파라미터 설정들

- 인텔리제이 커뮤니티 버전으로 데이터베이스를 다루는 방법

- EC2와 RDS 간 연동 방법

EC2 서버에 프로젝트를 배포해 보자

1장에서 5장까지는 스프링 부트로 서비스 코드를 개발했고, 6장에서 7장까지는 배포 환경을 구성하였습니다. 이제 이들을 조합해 실제로 서비스를 한번 배포해 보겠습니다.

8.1 EC2에 프로젝트 Clone 받기

먼저 깃허브에서 코드를 받아올 수 있게 EC2에 깃을 설치하겠습니다. EC2로 접속해서 다음과 같이 명령어를 입력합니다.

```
sudo yum install git
```

설치가 완료되면 다음 명령어로 설치 상태를 확인합니다.

```
git --version
```

깃이 성공적으로 설치되면 git clone으로 프로젝트를 저장할 디렉토리를 생성하겠습니다.

```
mkdir ~/app && mkdir ~/app/step1
```

생성된 디렉토리로 이동합니다.

```
cd ~/app/step1
```

본인의 깃허브 웹페이지에서 https 주소를 복사합니다.

그림 8-1 깃허브 주소 복사

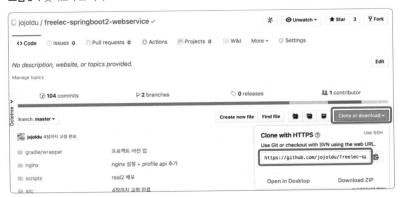

복사한 https 주소를 통해 git clone을 진행합니다.

```
git clone 복사한 주소
```

다음과 같이 클론이 진행되는 것을 볼 수 있습니다.

```
[ec2-user@freelec-springboot2-webservice step1]$ git clone
https://github.com/jojoldu/freelec-springboot2-webservice.git
'freelec-springboot2-webservice'에 복제합니다...
remote: Enumerating objects: 681, done.
remote: Counting objects: 100% (681/681), done.
remote: Compressing objects: 100% (341/341), done.
remote: Total 694 (delta 207), reused 584 (delta 116), pack-
reused 13
오브젝트를 받는 중: 100% (694/694), 114.91 KiB | 235.00 KiB/s, 완료.
델타를 알아내는 중: 100% (208/208), 완료.
```

git clone이 끝났으면 클론된 프로젝트로 이동해서 파일들이 잘 복사되었는지 확인합니다.

```
cd 프로젝트명
ll
```

다음과 같이 프로젝트의 코드들이 모두 있으면 됩니다.

```
[ec2-user@freelec-springboot2-webservice freelec-springboot2-
webservice]$ ll
합계 40
-rw-rw-r-- 1 ec2-user ec2-user   75  6월 29 11:03 README.md
drwxrwxr-x 8 ec2-user ec2-user 4096  7월  2 08:31 build
-rw-rw-r-- 1 ec2-user ec2-user 1066  7월  2 08:05 build.gradle
drwxrwxr-x 3 ec2-user ec2-user 4096  6월 29 11:03 gradle
-rwxrwxr-x 1 ec2-user ec2-user 5296  6월 29 11:03 gradlew
-rw-rw-r-- 1 ec2-user ec2-user 2176  6월 29 11:03 gradlew.bat
-rw-rw-r-- 1 ec2-user ec2-user  448  6월 29 11:03 schema.sql
-rw-rw-r-- 1 ec2-user ec2-user   53  6월 29 11:03 settings.
gradle
drwxrwxr-x 4 ec2-user ec2-user 4096  6월 29 11:03 src
```

그리고 코드들이 잘 수행되는지 테스트로 검증하겠습니다.

```
./gradlew test
```

5장의 "기존 테스트에 Security 적용하기"까지 잘 적용했다면 정상적으로 테스트를 통과합니다.

```
BUILD SUCCESSFUL in 3s
5 actionable tasks: 5 up-to-date
```

테스트가 실패해서 수정하고 깃허브에 푸시를 했다면 프로젝트 폴더 안에서 다음 명령어를 사용하면 됩니다.

```
git pull
```

만약 다음과 같이 gradlew 실행 권한이 없다는 메시지가 뜬다면

```
-bash: ./gradlew: Permission denied
```

다음 명령어로 실행 권한을 추가한 뒤 다시 테스트를 수행하면 됩니다.

```
chmod +x ./gradlew
```

깃을 통해 프로젝트를 클론clone과 풀pull까지 잘 진행되었습니다. 이제 이 프로젝트의 테스트, 빌드, 실행까지 진행하겠습니다.

> 현재 EC2엔 그레이들(Gradle)을 설치하지 않았습니다. 하지만, Gradle Task(ex: test)를 수행할 수 있습니다. 이는 프로젝트 내부에 포함된 gradlew 파일 때문입니다. 그레이들이 설치되지 않은 환경 혹은 버전이 다른 상황에서도 해당 프로젝트에 한해서 그레이들을 쓸 수 있도록 지원하는 Wrapper 파일입니다. 해당 파일을 직접 이용하기 때문에 별도로 설치할 필요가 없습니다.

8.2 배포 스크립트 만들기

작성한 코드를 실제 서버에 반영하는 것을 배포라고 합니다. 이 책에서 배포라 하면 다음의 과정을 모두 포괄하는 의미라고 보면 됩니다.

- git clone 혹은 git pull을 통해 새 버전의 프로젝트 받음
- Gradle이나 Maven을 통해 프로젝트 테스트와 빌드
- EC2 서버에서 해당 프로젝트 실행 및 재실행

　앞선 과정을 **배포할 때마다 개발자가 하나하나 명령어를 실행**하는 것은 불편함이 많습니다. 그래서 이를 쉘 스크립트로 작성해 스크립트만 실행하면 앞의 과정이 차례로 진행되도록 하겠습니다. 참고로 쉘 스크립트와 빔^{Vim}은 서로 다른 역할을 합니다. 쉘 스크립트는 .sh라는 파일 확장자를 가진 파일입니다. 노드 JS가 .js라는 파일을 통해 서버에서 작동하는 것처럼 쉘 스크립트 역시 리눅스에서 기본적으로 사용할 수 있는 스크립트 파일의 한종류입니다.

　빔은 리눅스 환경과 같이 GUI(윈도우와 같이 마우스를 사용할 수 있는 환경)가 아닌 환경에서 사용할 수 있는 편집 도구 입니다.

　리눅스에선 빔 외에도 이맥스^{Emacs}, 나노^{NANO} 등의 도구를 지원합니다만, 가장 대중적인 도구가 빔이다보니 이 책에서도 역시 빔으로 리눅스 환경에서의 편집을 진행하겠습니다.

　~/app/step1/에 deploy.sh 파일을 하나 생성합니다.

```
vim ~/app/step1/deploy.sh
```

　혹시나 빔을 처음 사용하는 분이라면 빔은 기타 에디터와 다르게 **빔만의 사용법이 있습니다.** 처음 시작하는 경우, 분명 쉽지 않겠지만, 자동화와 서버 환경에서 다양한 이점이 많으니 이번 기회에 알아두면 도움이 될 것입니다. 간단한 튜토리얼을 보고 시작해 봅시다.

　　간단한 사용법 정도만 빠르게 익혀보겠습니다. 추천하는 빔 가이드를 참고해서
　　익히길 바랍니다. http://bit.ly/2Q3BpvZ

빔의 사용법을 알고 있다면 다음의 코드를 추가합니다.

```bash
#!/bin/bash

REPOSITORY=/home/ec2-user/app/step1 ①
PROJECT_NAME=freelec-springboot2-webservice

cd $REPOSITORY/$PROJECT_NAME/ ②

echo "> Git Pull" ③

git pull

echo "> 프로젝트 Build 시작"

./gradlew build ④

echo "> step1 디렉토리로 이동"

cd $REPOSITORY

echo "> Build 파일 복사"

cp $REPOSITORY/$PROJECT_NAME/build/libs/*.jar $REPOSITORY/ ⑤

echo "> 현재 구동중인 애플리케이션 pid 확인"

CURRENT_PID=${pgrep -f ${PROJECT_NAME}.*.jar) ⑥

echo "현재 구동 중인 애플리케이션 pid: $CURRENT_PID"

if [ -z "$CURRENT_PID" ]; then ⑦
    echo "> 현재 구동 중인 애플리케이션이 없으므로 종료하지 않습니다."
else
    echo "> kill -15 $CURRENT_PID"
    kill -15 $CURRENT_PID
    sleep 5
fi
```

```
echo "> 새 애플리케이션 배포"

JAR_NAME=$(ls -tr $REPOSITORY/ | grep jar | tail -n 1) ⑧

echo "> JAR Name: $JAR_NAME"

nohup java -jar $REPOSITORY/$JAR_NAME 2>&1 & ⑨
```

📂코드설명

① **REPOSITORY=/home/ec2-user/app/step1**
- 프로젝트 디렉토리 주소는 스크립트 내에서 자주 사용하는 값이기 때문에 이를 **변수**로 저장합니다.
- 마찬가지로 PROJECT_NAME=freelec-springboot2-webservice도 동일하게 변수로 저장합니다.
- 쉘에서는 **타입 없이** 선언하여 저장합니다.
- 쉘에서는 $ 변수명으로 변수를 사용할 수 있습니다.

② **cd $REPOSITORY/$PROJECT_NAME/**
- 제일 처음 git clone 받았던 디렉토리로 이동합니다.
- 바로 위의 쉘 변수 설명을 따라 /home/ec2-user/app/step1/freelec-springboot2-webservice 주소로 이동합니다.

③ **git pull**
- 디렉토리 이동 후, master 브랜치의 최신 내용을 받습니다.

④ **./gradlew build**
- 프로젝트 내부의 gradlew로 build를 수행합니다.

⑤ **cp ./build/libs/*.jar $REPOSITORY/**
- build의 결과물인 jar 파일을 복사해 jar 파일을 모아둔 위치로 복사합니다.

⑥ **CURRENT_PID=$(pgrep -f springboot-webservice)**
- 기존에 수행 중이던 스프링 부트 애플리케이션을 종료합니다.
- pgrep은 process id만 추출하는 명령어입니다.
- -f 옵션은 프로세스 이름으로 찾습니다.

⑦ **if ~ else ~ fi**
- 현재 구동 중인 프로세스가 있는지 없는지를 판단해서 기능을 수행합니다.

- process id 값을 보고 프로세스가 있으면 해당 프로세스를 종료합니다.

⑧ JAR_NAME=$(ls -tr $REPOSITORY/ | grep jar | tail -n 1)

- 새로 실행할 jar 파일명을 찾습니다.
- 여러 jar 파일이 생기기 때문에 tail -n로 가장 나중의 jar 파일(최신 파일)을 변수에 저장합니다.

⑨ nohup java -jar $REPOSITORY/$JAR_NAME 2>&1 &

- 찾은 jar 파일명으로 해당 jar 파일을 nohup으로 실행합니다.
- 스프링 부트의 장점으로 특별히 외장 톰캣을 설치할 필요가 없습니다.
- 내장 톰캣을 사용해서 jar 파일만 있으면 바로 웹 애플리케이션 서버를 실행할 수 있습니다.
- 일반적으로 자바를 실행할 때는 java -jar라는 명령어를 사용하지만, 이렇게 하면 사용자가 터미널 접속을 끊을 때 애플리케이션도 같이 종료됩니다.
- 애플리케이션 실행자가 터미널을 종료해도 애플리케이션은 계속 구동될 수 있도록 nohup 명령어를 사용합니다.

이렇게 생성한 스크립트에 실행 권한을 추가합니다.

```
chmod +x ./deploy.sh
```

그리고 다시 확인해 보면 x 권한이 추가된 것을 확인할 수 있습니다.

```
[ec2-user@freelec-springboot2-webservice step1]$ ll
합계 8
-rwxrwxr-x 1 ec2-user ec2-user  898  7월  2 09:02 deploy.sh
drwxrwxr-x 7 ec2-user ec2-user 4096  7월  2 08:36 freelec-
springboot2-webservice
```

이제 이 스크립트를 다음 명령어로 실행합니다.

```
./deploy.sh
```

그럼 다음과 같이 로그가 출력되며 애플리케이션이 실행됩니다.

```
[ec2-user@freelec-springboot2-webservice step1]$ ./deploy.sh
> Git Pull
이미 업데이트 상태입니다.
> 프로젝트 Build 시작

BUILD SUCCESSFUL in 2s
6 actionable tasks: 6 up-to-date
> step1 디렉토리로 이동
> Build 파일 복사
> 현재 구동 중인 애플리케이션 pid 확인
현재 구동 중인 애플리케이션 pid:
> 현재 구동 중인 애플리케이션이 없으므로 종료하지 않습니다.
> 새 애플리케이션 배포
> JAR Name: freelec-springboot2-webservice-1.0-SNAPSHOT.jar
[ec2-user@freelec-springboot2-webservice step1]$ nohup:
appending output to `nohup.out'
```

잘 실행되었으니 nohup.out 파일을 열어 로그를 보겠습니다. nohup.out
은 실행되는 애플리케이션에서 출력되는 모든 내용을 갖고 있습니다.

```
vim nohup.out
```

nohup.out 제일 아래로 가면 ClientRegistrationRepository를 찾을 수 없
다(that could not be found.)는 에러가 발생하면 애플리케이션 실행에 실패
했다는 것을 알 수 있습니다.

```
***************************
APPLICATION FAILED TO START
***************************

Description:
```

```
Method springSecurityFilterChain in org.springframework.
security.config.annotation.web.configuration.
WebSecurityConfiguration required a bean of type 'org.
springframework.security.oauth2.client.registration.
ClientRegistrationRepository' that could not be found.

The following candidates were found but could not be
injected:
        - Bean method 'clientRegistrationRepository' in 'OA
uth2ClientRegistrationRepositoryConfiguration' not loaded
because OAuth2 Clients Configured Condition registered
clients is not available


Action:

Consider revisiting the entries above or defining a bean
of type 'org.springframework.security.oauth2.client.
registration.ClientRegistrationRepository' in your
configuration.
```

왜 이렇게 되었을까요?

8.3 외부 Security 파일 등록하기

이유는 다음과 같습니다. ClientRegistrationRepository를 생성하려면 clientId와 clientSecret가 필수입니다. 로컬 PC에서 실행할 때는 application-oauth.properties가 있어 문제가 없었습니다.

하지만 이 파일은 .gitignore로 git에서 제외 대상이라 깃허브에는 올라가 있지 않습니다.

애플리케이션을 실행하기 위해 공개된 저장소에 ClientId와 ClientSecret
을 올릴 수는 없으니 **서버에서 직접 이 설정들을 가지고 있게** 하겠습니다.

> 이 책의 예제는 모두 깃허브의 공개된 저장소를 기반으로 합니다. 이후에 사용하게 될 CI 서비스
> 인 Travis CI는 비공개된 저장소를 사용할 경우 비용이 부과됩니다.

먼저 step1이 아닌 app 디렉토리에 properties 파　　ⅰ 이후 step2, step3에
서도 쓰기 위해서입니다.
일을 생성합니다.

```
vim /home/ec2-user/app/application-oauth.properties
```

그리고 로컬에 있는 application-oauth.properties 파일 내용을 그대로 붙
여넣기를 합니다. 해당 파일을 저장하고 종료합니다(:wq). 그리고 방금 생
성한 application-oauth.properties을 쓰도록 deploy.sh 파일을 수정합니다.

```
...
nohup java -jar \
        -Dspring.config.location=classpath:/application.
properties,/home/ec2-user/app/application-oauth.properties \
        $REPOSITORY/$JAR_NAME 2>&1 &
```

📁코드설명

①-Dspring.config.location
- 스프링 설정 파일 위치를 지정합니다.
- 기본 옵션들을 담고 있는 application.properties과 OAuth 설정들을 담고 있는 application-oauth.properties의 위치를 지정합니다.
- classpath가 붙으면 jar 안에 있는 resources 디렉토리를 기준으로 경로가 생성됩니다.
- application-oauth.properties 은 절대경로를 사용합니다. 외부에 파일이 있기 때문입니다.

수정이 다 되었다면 다시 deploy.sh를 실행해 봅니다.

그럼! 다음과 같이 정상적으로 실행된 것을 확인할 수 있습니다.

```
o.s.b.w.embedded.tomcat.TomcatWebServer  : Tomcat started on
            port(s): 8080 (http) with context path ''
com.jojoldu.book.springboot.Application  : Started Application
            in 14.266 seconds (JVM running for 15.362)
o.a.c.c.C.[Tomcat].[localhost].[/]       : Initializing
        Spring DispatcherServlet 'dispatcherServlet'
o.s.web.servlet.DispatcherServlet        : Initializing
                        Servlet 'dispatcherServlet'
o.s.web.servlet.DispatcherServlet        : Completed
                        initialization in 25 ms
```

자 그럼 마지막으로 RDS에 접근하는 설정도 추가해 보겠습니다.

8.4 스프링 부트 프로젝트로 RDS 접근하기

RDS는 MariaDB를 사용 중입니다. 이 MariaDB에서 스프링부트 프로젝트를 실행하기 위해선 몇 가지 작업이 필요합니다. 진행할 작업은 다음과 같습니다.

- **테이블 생성**: H2에서 자동 생성해주던 테이블들을 MariaDB에선 직접 쿼리를 이용해 생성합니다.

- **프로젝트 설정**: 자바 프로젝트가 MariaDB에 접근하려면 데이터베이스 드라이버가 필요합니다. MariaDB에서 사용 가능한 드라이버를 프로젝트에 추가합니다.

- **EC2 (리눅스 서버) 설정**: 데이터베이스의 접속 정보는 중요하게 보호해야 할 정보입니다. 공개되면 외부에서 데이터를 모두 가져갈 수 있기 때문입니다. 프로젝트 안에 접속 정보를 갖고 있다면 깃허브와 같이 오픈된 공간에선 누구나 해킹할 위험이 있습니다. EC2 서버 내부에서 접속 정보를 관리하도록 설정합니다.

RDS 테이블 생성

먼저 RDS에 테이블을 생성하겠습니다. 여기선 JPA가 사용될 엔티티 테이블과 스프링 세션이 사용될 테이블 2가지 종류를 생성합니다. JPA가 사용할 테이블은 **테스트 코드 수행 시 로그로 생성되는 쿼리를 사용하면 됩니다.**

테스트 코드를 수행하면 다음과 같이 로그가 발생하니 create table부터 복사하여 RDS에 반영합니다.

```
Hibernate: create table posts (id bigint not null auto_
increment, created_date datetime, modified_date datetime,
author varchar(255), content TEXT not null, title
varchar(500) not null, primary key (id)) engine=InnoDB
Hibernate: create table user (id bigint not null auto_
increment, created_date datetime, modified_date datetime,
email varchar(255) not null, name varchar(255) not null,
picture varchar(255), role varchar(255) not null, primary key
(id)) engine=InnoDB
```

스프링 세션 테이블은 **schema-mysql.sql** 파일에서 확인할 수 있습니다. File 검색(Mac에선 Command+Shift+O, 윈도우/리눅스에선 Ctrl+Shift+N)으로 찾습니다.

그림 8-2 스프링 세션 테이블 스키마

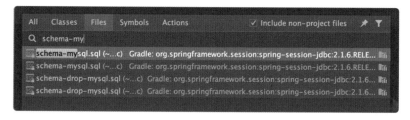

해당 파일에는 다음과 같은 세션 테이블이 있습니다.

```
CREATE TABLE SPRING_SESSION (
    PRIMARY_ID CHAR(36) NOT NULL,
    SESSION_ID CHAR(36) NOT NULL,
    CREATION_TIME BIGINT NOT NULL,
    LAST_ACCESS_TIME BIGINT NOT NULL,
    MAX_INACTIVE_INTERVAL INT NOT NULL,
    EXPIRY_TIME BIGINT NOT NULL,
    PRINCIPAL_NAME VARCHAR(100),
    CONSTRAINT SPRING_SESSION_PK PRIMARY KEY (PRIMARY_ID)
) ENGINE=InnoDB ROW_FORMAT=DYNAMIC;

CREATE UNIQUE INDEX SPRING_SESSION_IX1 ON SPRING_SESSION
(SESSION_ID);
CREATE INDEX SPRING_SESSION_IX2 ON SPRING_SESSION (EXPIRY_
TIME);
CREATE INDEX SPRING_SESSION_IX3 ON SPRING_SESSION (PRINCIPAL_
NAME);

CREATE TABLE SPRING_SESSION_ATTRIBUTES (
    SESSION_PRIMARY_ID CHAR(36) NOT NULL,
    ATTRIBUTE_NAME VARCHAR(200) NOT NULL,
    ATTRIBUTE_BYTES BLOB NOT NULL,
    CONSTRAINT SPRING_SESSION_ATTRIBUTES_PK PRIMARY KEY
                    (SESSION_PRIMARY_ID, ATTRIBUTE_NAME),
    CONSTRAINT SPRING_SESSION_ATTRIBUTES_FK FOREIGN KEY
                    (SESSION_PRIMARY_ID) REFERENCES SPRING_
                    SESSION(PRIMARY_ID) ON DELETE CASCADE
) ENGINE=InnoDB ROW_FORMAT=DYNAMIC;
```

이것 역시 복사하여 RDS에 반영합니다. RDS에 필요한 테이블은 모두 생성하였으니 프로젝트 설정으로 넘어갑니다.

프로젝트 설정

먼저 MariaDB 드라이버를 build.gradle에 등록합니다.   ① 현재는 H2 드라이
버만 있는 상태입니다.

```
compile("org.mariadb.jdbc:mariadb-java-client")
```

그리고 서버에서 구동될 환경을 하나 구성합니다.   ① 여기서 환경이란 스
프링의 profile을 이야기
src/main/resources/에 application-real.properties   합니다.

파일을 추가합니다. 앞에서 이야기한 대로 application-real.properties 로

파일을 만들면 profile=real인 환경이 구성된다고 보면 됩니다. 실제 운영

될 환경이기 때문에 보안/로그상 이슈가 될 만한 설정들을 모두 제거하며

RDS 환경 profile 설정이 추가됩니다.

```
spring.profiles.include=oauth,real-db
spring.jpa.properties.hibernate.dialect=org.hibernate.
dialect.MySQL5InnoDBDialect
spring.session.store-type=jdbc
```

모든 설정이 되었다면 깃허브로 푸시합니다.

EC2 설정

OAuth와 마찬가지로 RDS 접속 정보도 보호해야 할 정보이니 EC2 서

버에 직접 설정 파일을 둡니다.

app 디렉토리에 application-real-db.properties 파일을 생성합니다.

```
vim ~/app/application-real-db.properties
```

그리고 다음과 같은 내용을 추가합니다.

```
spring.jpa.hibernate.ddl-auto=none
spring.datasource.url=jdbc:mariadb://rds주소:포트명(기본은 3306)/
database이름
spring.datasource.username=db계정
spring.datasource.password=db계정 비밀번호
spring.datasource.driver-class-name=org.mariadb.jdbc.Driver
```

📂 코드설명

① spring.jpa.hibernate.ddl-auto=none

- JPA로 테이블이 자동 생성되는 옵션을 None(생성하지 않음)으로 지정합니다.
- RDS에는 실제 운영으로 사용될 테이블이니 절대 스프링 부트에서 새로 만들지 않도록 해야 합니다.
- 이 옵션을 하지 않으면 자칫 테이블이 모두 새로 생성될 수 있습니다.
- 주의해야 하는 옵션입니다.

마지막으로 deploy.sh가 real profile을 쓸 수 있도록 다음과 같이 개선합니다.

```
...
nohup java -jar \
    -Dspring.config.location=classpath:/application.
properties,/home/ec2-user/app/application-oauth.properties,/
home/ec2-user/app/application-real-db.properties,classpath:/
application-real.properties \
    -Dspring.profiles.active=real \
    $REPOSITORY/$JAR_NAME 2>&1 &
```

📂 코드설명

① -Dspring.profiles.active=real

- application-real.properties를 활성화시킵니다.
- application-real.properties의 spring.profiles.include=oauth,real-db 옵션 때문에 real-db 역시 함께 활성화 대상에 포함됩니다.

자 이렇게 설정된 후 다시 한번 deploy.sh를 실행해 봅니다. nohup.out 파일을 열어 다음과 같이 로그가 보인다면 성공적으로 수행된 것입니다.

```
Tomcat started on port(s): 8080 (http) with context path ''
Started Application in ~~ seconds (JVM running for ~~~)
```

curl 명령어로 html 코드가 정상적으로 보인다면 성공입니다!

```
curl localhost:8080
```

마지막으로 실제 브라우저에서 로그인을 시도해 보겠습니다.

8.5 EC2에서 소셜 로그인하기

curl 명령어를 통해 EC2에 서비스가 잘 배포된 것은 확인하였습니다. 이제 브라우저에서 확인해볼 텐데, 그 전에 다음과 같은 몇 가지 작업을 해보겠습니다.

- **AWS 보안 그룹 변경**

먼저 EC2에 스프링 부트 프로젝트가 8080 포트로 배포되었으니, 8080 포트가 보안 그룹에 열려 있는지 확인합니다.

그림 8-3 EC2 보안 그룹 체크

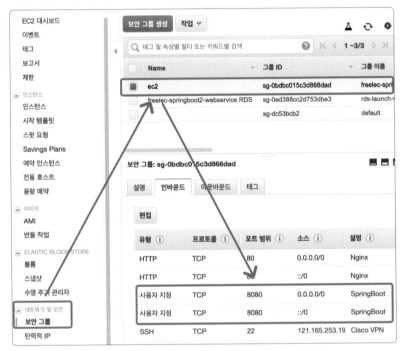

8080 열려 있다면 OK, 안 되어있다면 [편집] 버튼을 눌러 추가해 줍니다.

- **AWS EC2 도메인으로 접속**

왼쪽 사이드바의 [인스턴스] 메뉴를 클릭합니다. 본인이 생성한 EC2 인스턴스를 선택하면 다음과 같이 상세 정보에서 **퍼블릭 DNS**를 확인할 수 있습니다.

그림 8-4 EC2 퍼블릭 DNS

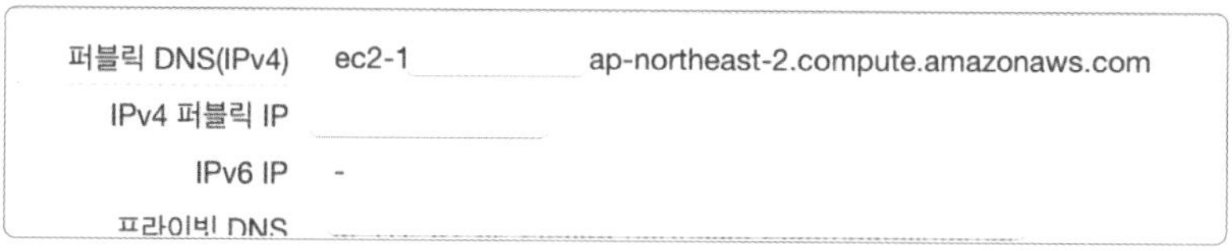
퍼블릭 DNS(IPv4)
ec2-1
ap-northeast-2.compute.amazonaws.com
IPv4 퍼블릭 IP
IPv6 IP
-
프라이빗 DNS

이 주소가 EC2에 자동으로 할당된 **도메인**입니다. 인터넷이 되는 장소 어디나 이 주소를 입력하면 우리의 EC2 서버에 접근할 수 있습니다.

자 그럼 이제 이 도메인 주소에 8080 포트를 붙여 브라우저에 입력합니다.

그림 8-5 EC2 퍼블릭 DNS로 접속

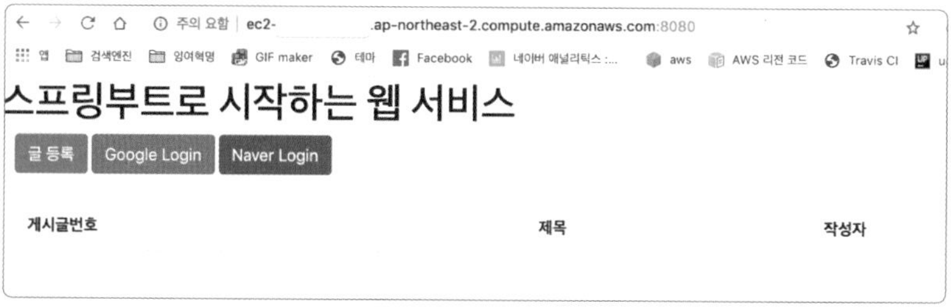
주의 요함 | ec2-
.ap-northeast-2.compute.amazonaws.com:8080
스프링부트로 시작하는 웹 서비스
글 등록
Google Login
Naver Login
게시글번호
제목
작성자

우리 서비스가 이제 도메인을 가진 서비스가 되었습니다! 여기까지 하면 끝일까요?

작업이 하나 더 남았습니다. 현재 상태에서는 해당 서비스에 **EC2의 도메인을 등록하지 않았기 때문**에 구글과 네이버 로그인이 작동하지 않습니다.

localhost만 등록한 것 기억이 나나요?

그래서 차례로 서비스에 등록하겠습니다. 먼저 구글에 등록합니다.

- **구글에 EC2 주소 등록**

구글 웹 콘솔(https://console.cloud.google.com/home/dashboard)로 접속하여 본인의 프로젝트로 이동한 다음 [API 및 서비스 ⇨ 사용자 인증 정보]로 이동합니다.

그림 8-6 구글 웹 콘솔

[OAuth 동의 화면] 탭을 선택하고 아래에서 **승인된 도메인**에 'http://' 없이 EC2의 퍼블릭 DNS를 등록합니다.

그림 8-7 OAuth 동의 화면과 승인된 도메인 등록

[사용자 인증 정보] 탭을 클릭해서 본인이 등록한 서비스의 이름을 클릭합니다.

그림 8-8 사용자 인증 정보

퍼블릭 DNS 주소에 :8080/login/oauth2/code/google 주소를 추가하여 승인된 리디렉션 URI에 등록합니다.

그림 8-9 EC2 퍼블릭 DNS로 접속

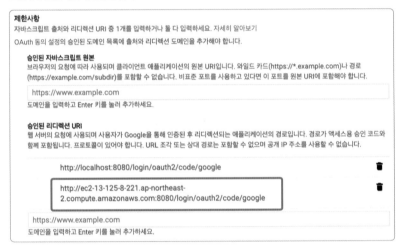

이렇게 하면 모든 작업이 끝났습니다!

EC2 DNS 주소로 이동해서 다시 구글 로그인을 시도해 보면 다음과 같이 로그인이 정상적으로 수행되는 것을 확인할 수 있습니다.

그림 8-10 EC2에서 구글 로그인 성공

- 네이버에 EC2 주소 등록

네이버 개발자 센터(https://developers.naver.com/apps/#/myapps)로 접속해서 본인의 프로젝트로 이동합니다.

그림 8-11 EC2에서 구글 로그인 성공

아래로 내려가 보면 **PC 웹** 항목이 있는데 여기서 **서비스 URL과 Callback URL** 2개를 수정합니다.

그림 8-12 네이버 애플리케이션 설정 페이지

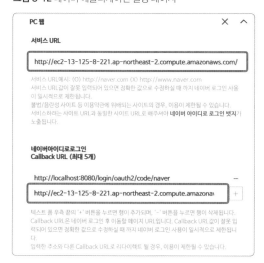

(1) 서비스 URL

- 로그인을 시도하는 서비스가 네이버에 등록된 서비스인지 판단하기 위한 항목입니다.

- 8080 포트는 제외하고 실제 도메인 주소만 입력합니다.

- 네이버에서 아직 지원되지 않아 하나만 등록 가능합니다.

- 즉, EC2의 주소를 등록하면 localhost가 안 됩니다.

- 개발 단계에서는 등록하지 않는 것을 추천합니다.

- localhost도 테스트하고 싶으면 네이버 서비스를 하나 더 생성해서 키를 발급받으면 됩니다.

(2) Callback URL

- 전체 주소를 등록합니다(EC2 퍼블릭 DNS:8080/login/oauth2/code/naver).

2개 항목을 모두 수정/추가하였다면 구글과 마찬가지로 네이버 로그인을 시도합니다. 그럼 다음과 같이 로그인이 정상적으로 수행되는 것을 확인할 수 있습니다.

그림 8-13 EC2에서 네이버 로그인 성공

구글과 네이버 로그인도 EC2와 연동 완료되었습니다!

간단하게나마 스프링 부트 프로젝트를 EC2에 배포해 보았습니다. 스크립트를 작성해서 간편하게 빌드와 배포를 진행한 것 같은데 불편한 점을 느끼셨나요? 현재 방식은 몇 가지 문제가 있습니다.

▪ 수동 실행되는 Test

- 본인이 짠 코드가 다른 개발자의 코드에 영향을 끼치지 않는지 확인하기 위해 전체 테스트를 수행해야만 합니다.
- 현재 상태에선 항상 개발자가 작업을 진행할 때마다 수동으로 전체 테스트를 수행해야만 합니다.

▪ 수동 Build

- 다른 사람이 작성한 브랜치와 본인이 작성한 브랜치가 합쳐졌을 때(Merge) 이상이 없는지는 Build를 수행해야만 알 수 있습니다.
- 이를 매번 개발자가 직접 실행해봐야만 합니다.

그래서! 다음 장에는 이런 수동 Test & Build를 자동화시키는 작업을 진행하겠습니다.

깃허브에 푸시를 하면 자동으로 Test & Build & Deploy가 진행되도록 개선하는 작업입니다. 그럼 바로 진행해 보겠습니다.

이번 장에서는 다음을 배웠습니다.

- AWS EC2 서비스에 스프링 부트 프로젝트를 배포하는 방법

- 간단한 쉘 스크립트 사용 방법

- 스프링 부트 프로젝트와 AWS RDS 연동 방법

- EC2에서 구글, 네이버 로그인 설정 방법

코드가 푸시되면 자동으로 배포해 보자 –
Travis CI 배포 자동화

24시간 365일 운영되는 서비스에서 배포 환경 구축은 필수 과제 중 하나입니다. 여러 개발자의 코드가 **실시간으로** 병합되고, 테스트가 수행되는 환경, master 브랜치가 푸시되면 배포가 자동으로 이루어지는 환경을 구축하지 않으면 실수할 여지가 너무나 많습니다. 이번 장에서는 바로 이런 배포 환경을 구성해 보겠습니다.

9.1 CI & CD 소개

8장에서 스프링 부트 프로젝트를 간단하게 EC2에 배포해 보았습니다. 스크립트를 개발자가 직접 실행함으로써 발생하는 불편을 경험했습니다. 그래서 CI, CD 환경을 구축하여 이 과정을 개선하려고 합니다.

근데, CI와 CD란 무엇일까요? 코드 버전 관리를 하는 VCS 시스템(Git, SVN 등)에 PUSH가 되면 자동으로 테스트와 빌드가 수행되어 **안정적인 배포 파일을 만드는 과정**을 CI(Continuous Integration - 지속적 통합)라고 하며, 이 빌드 결과를 자동으로 운영 서버에 무중단 배포까지 진행되는 과정을 CD(Continuous Deployment - 지속적인 배포)라고 합니다.

일반적으로 CI만 구축되어 있지는 않고, CD도 함께 구축된 경우가 대부분입니다. 왜 이렇게 CI/CD란 개념이 나왔는지 잠깐 설명드리겠습니다.

현대의 웹 서비스 개발에서는 하나의 프로젝트를 여러 개발자가 함께 개발을 진행합니다. 그러다 보니 각자가 개발한 코드가 합쳐야 할 때마다 큰 일이었습니다. 그래서 매주 **병합일**(코드 Merge만 하는 날)을 정하여 이날은 각자가 개발한 코드를 합치는 일만 진행했습니다.

> ⓘ 오죽하면 필자가 SI에 근무하던 시절에는 빌드 전문가라는 직종이 있었습니다.

이런 수작업 때문에 생산성이 좋을 수가 없었으며 개발자들은 지속해서 코드가 통합되는 환경(CI)을 구축하게 되었습니다. 개발자 각자가 원격 저장소(깃허브나 깃랩 등)로 푸시가 될 때마다 코드를 병합하고, 테스트 코드와 빌드를 수행하면서 자동으로 코드가 통합되어 **더는 수동으로 코드를 통합**할 필요가 없어지면서 자연스레 개발자들 역시 개발에만 집중할 수 있게 되었습니다.

CD 역시 마찬가지입니다. 한두 대의 서버에 개발자가 수동으로 배포를 할 수 있지만, 수십 대 수백 대의 서버에 배포를 해야 하거나 긴박하게 당장 배포를 해야 하는 상황이 오면 더는 수동으로 배포할 수가 없습니다. 그래서 이 역시 자동화하게 되었고, 개발자들이 개발에만 집중할 수 있게 되었습니다.

여기서 주의할 점은 단순히 **CI 도구를 도입했다고 해서 CI를 하고 있는 것은 아닙니다.** 마틴 파울러의 블로그(http://bit.ly/2Yv0vFp)를 참고해 보면 CI에 대해 다음과 같은 4가지 규칙을 이야기합니다.

- 모든 소스 코드가 살아 있고(현재 실행되고) 누구든 현재의 소스에 접근할 수 있는 단일 지점을 유지할 것
- 빌드 프로세스를 자동화해서 누구든 소스로부터 시스템을 빌드하는 단일 명령어를 사용할 수 있게 할 것
- 테스팅을 자동화해서 단일 명령어로 언제든지 시스템에 대한 건전한 테스트 수트를 실행할 수 있게 할 것
- 누구나 현재 실행 파일을 얻으면 지금까지 가장 완전한 실행 파일을 얻었다는 확신을 하게 할 것

여기서 특히나 중요한 것은 **테스팅 자동화**입니다. 지속적으로 통합하기 위해서는 무엇보다 이 프로젝트가 **완전한 상태임을 보장**하기 위해 테스트 코드가 구현되어 있어야만 합니다.

ⓘ 2장과 5장까지 계속 테스트 코드를 작성했던 것을 다시 읽어보는 것도 좋습니다.

테스트 코드 작성, TDD에 대해 좀 더 자세히 알고 싶은 분들은 명품 강의로 유명한 백명석님의 클린코더스 - TDD편(http://bit.ly/2xtKinX)을 꼭 보길 추천합니다.

CI와 CD가 어떤 것인지 조금 감이 오나요? 그럼 실제 CI/CD 툴을 하나씩 적용해 보겠습니다.

9.2 Travis CI 연동하기

Travis CI는 깃허브에서 제공하는 무료 CI 서비스입니다. 젠킨스와 같은 CI 도구도 있지만, 젠킨스는 설치형이기 때문에 이를 위한 EC2 인스턴스가 하나 더 필요합니다. 이제 시작하는 서비스에서 배포를 위한 EC2 인스턴스는 부담스럽기 때문에 오픈소스 웹 서비스인 Travis CI를 사용하겠습니다.

AWS에서 Travis CI와 같은 CI 도구로 CodeBuild를 제공합니다. 하지만 빌드 시간만큼 요금이 부과되는 구조라 초기에 사용하기에는 부담스럽습니다. 실제 서비스되는 EC2, RDS, S3 외에는 비용 부분을 최소화하는 것이 좋습니다.

Travis CI 웹 서비스 설정

https://travis-ci.org/에서 깃허브 계정으로 로그인을 한 뒤, 오른쪽 위에 [계정명 ⇨ Settings]를 클릭합니다.

그림 9-1 travis 설정창 이동

설정 페이지 아래쪽을 보면 깃허브 저장소 검색창이 있습니다. 여기서 저장소 이름을 입력해서 찾은 다음, 오른쪽의 상태바를 활성화시킵니다.

그림 9-2 깃허브 저장소 활성화

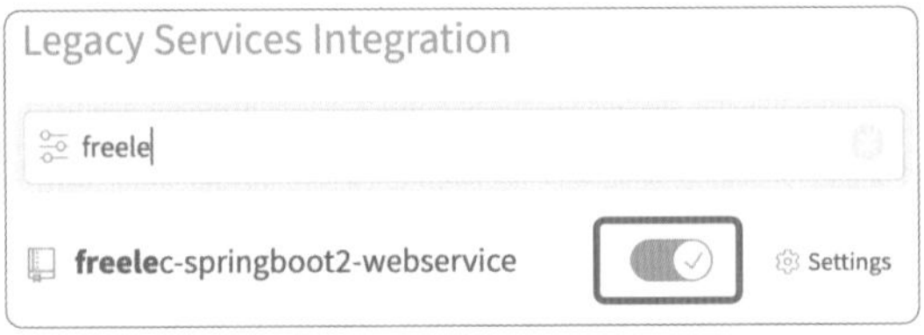

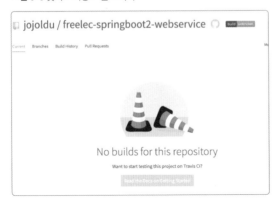

활성화한 저장소를 클릭하면 다음과 같이 저장소 빌드 히스토리 페이지로 이동합니다.

그림 9-3 깃허브 저장소 빌드 목록

Travis CI 웹사이트에서 설정은 이것이 끝입니다. 상세한 설정은 **프로젝트의 yml 파일로** 진행해야 하니, 프로젝트로 돌아가겠습니다.

프로젝트 설정

Travis CI의 상세한 설정은 프로젝트에 존재하는 .travis.yml 파일로 할 수 있습니다. 여기서 잠깐 처음 보는 파일 확장자 .yml가 있습니다. yml 파일 확장자를 YAML(야믈)이라고 합니다.

아마 웹 개발을 한 독자는 JSON이 친숙할 텐데요. YAML은 쉽게 말해서 **JSON에서 괄호를 제거한 것**입니다. YAML 이념이 "기계에서 파싱하기 쉽게, 사람이 다루기 쉽게"이다 보니 익숙하지 않은 독자라도 읽고 쓰기가 쉽습니다. 그러다 보니 현재 많은 프로젝트와 서비스들이 이 YAML을 적극적으로 사용 중입니다. Travis CI 역시 설정을 이 YAML을 통해서 하고 있습니다.

> 🔰 마찬가지로 AWS의 Code-Deploy 설정도 YAML 파일을 통해서 합니다.

그럼 Travis CI 설정을 진행해 보겠습니다. 프로젝트의 build.gradle과 같은 위치에서 .travis.yml을 생성한 후 다음의 코드를 추가합니다.

```
language: java
jdk:
  - openjdk8

branches:   ①
  only:
    - master

# Travis CI 서버의 Home
cache:   ②
  directories:
    - '$HOME/.m2/repository'
    - '$HOME/.gradle'
```

```
script: "./gradlew clean build"   ③

# CI 실행 완료 시 메일로 알람
notifications:   ④
  email:
    recipients:
      - 본인 메일 주소
```

📂코드설명

① **branches**
  - Travis CI를 어느 브랜치가 푸시될 때 수행할지 지정합니다.
  - 현재 옵션은 오직 master 브랜치에 push될 때만 수행합니다.

② **cache**
  - 그레이들을 통해 의존성을 받게 되면 이를 해당 디렉터리에 캐시하여, 같은 의존성은 다음 배포 때부터 다시 받지 않도록 설정합니다.

③ **script**
  - master 브랜치에 푸시되었을 때 수행하는 명령어입니다.
  - 여기서는 프로젝트 내부에 둔 gradlew을 통해 clean & build를 수행합니다.

④ **notifications**
  - Travis CI 실행 완료 시 자동으로 알람이 가도록 설정합니다.

자 그럼 여기까지 마친 뒤, master 브랜치에 커밋과 푸시를 하고, 좀 전의 Travis CI 저장소 페이지를 확인합니다.

그림 9-4 Travis CI 자동 실행

빌드가 성공한 것이 확인되면 .travis.yml에 등록한 이메일을 확인합니다.

그림 9-5 Travis CI 결과 수신

빌드가 성공했다는 것을 메일로도 잘 전달받아 확인했습니다!

9.3 Travis CI와 AWS S3 연동하기

S3란 AWS에서 제공하는 **일종의 파일 서버**입니다. 이미지 파일을 비롯한 정적 파일들을 관리하거나 지금 진행하는 것처럼 배포 파일들을 관리하는 등의 기능을 지원합니다. 보통 이미지 업로드를 구현한다면 이 S3를 이용하여 구현하는 경우가 많습니다. S3를 비롯한 AWS 서비스와 Travis CI를 연동하게 되면 전체 구조는 다음과 같습니다.

그림 9-6 Travis CI 연동시 구조

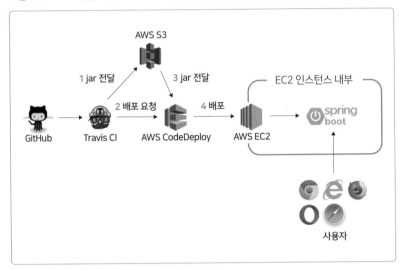

첫 번째 단계로 Travis CI와 S3를 연동하겠습니다. 실제 배포는 AWS CodeDeploy라는 서비스를 이용합니다. 하지만, S3 연동이 먼저 필요한 이유는 **Jar 파일을 전달하기 위해서**입니다.

CodeDeploy는 저장 기능이 없습니다. 그래서 Travis CI가 빌드한 결과물을 받아서 CodeDeploy가 가져갈 수 있도록 보관할 수 있는 공간이 필요합니다. 보통은 이럴 때 AWS S3를 이용합니다.

> CodeDeploy가 빌드도 하고 배포도 할 수 있습니다. CodeDeploy에서는 깃허브 코드를 가져오는 기능을 지원하기 때문입니다. 하지만 이렇게 할 때 빌드 없이 배포만 필요할 때 대응하기 어렵습니다.
>
> 빌드와 배포가 분리되어 있으면 예전에 빌드되어 만들어진 Jar를 재사용하면 되지만, CodeDeploy가 모든 것을 하게 될 땐 항상 빌드를 하게 되니 확장성이 많이 떨어집니다. 그래서 웬만하면 빌드와 배포는 분리하는 것을 추천합니다.

Travis CI와 AWS S3 연동을 진행해 보겠습니다.

AWS Key 발급

일반적으로 AWS 서비스에 **외부 서비스가 접근할 수 없습니다**. 그러므로 **접근 가능한 권한을 가진 Key**를 생성해서 사용해야 합니다. AWS에서는 이러한 인증과 관련된 기능을 제공하는 서비스로 IAM(Identity and Access Management)이 있습니다.

IAM은 AWS에서 제공하는 서비스의 접근 방식과 권한을 관리합니다. 이 IAM을 통해 Travis CI가 AWS의 S3와 CodeDeploy에 접근할 수 있도록 해보겠습니다. AWS 웹 콘솔에서 **IAM**을 검색하여 이동합니다. IAM 페이지 왼쪽 사이드바에서 [**사용자** ⇨ **사용자 추가**] 버튼을 차례로 클릭합니다.

그림 9-7 IAM 검색 후, IAM 사용자 추가

　생성할 사용자의 이름과 엑세스 유형을 선택합니다. 엑세스 유형은 **프로그래밍 방식 엑세스**입니다.

그림 9-8 엑세스 유형 선택

　권한 설정 방식은 3개 중 [기존 정책 직접 연결]을 선택합니다.

그림 9-9 사용자 권한 설정

　화면 아래 정책 검색 화면에서 **s3full**로 검색하여 체크하고 다음 권한으로 **CodeDeployFull**을 검색하여 체크합니다.

그림 9-10 S3 권한과 CodeDeploy 권한 추가

정책 필터
s3full
정책 이름
유형
사용 용도
AmazonS3FullAccess
AWS 관리형
없음
정책 필터
codedeployf
정책 이름
유형
사용 용도
AWSCodeDeployFu...
AWS 관리형
없음

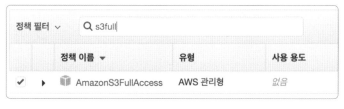

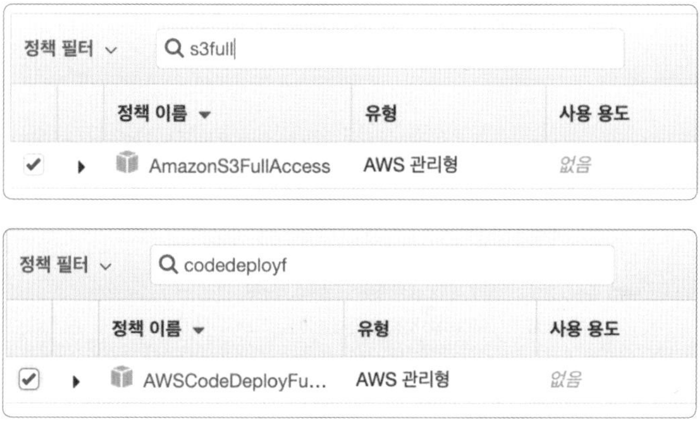

실제 서비스 회사에서는 권한도 **S3와 CodeDeploy를 분리해서 관리**하기도 합니다만, 여기서는 간단하게 둘을 합쳐서 관리하겠습니다. 2개의 권한이 설정되었으면 다음으로 넘어갑니다.

태그는 Name 값을 지정하는데, 본인이 인지 가능한 정도의 이름으로 만듭니다.

그림 9-11 태그 등록

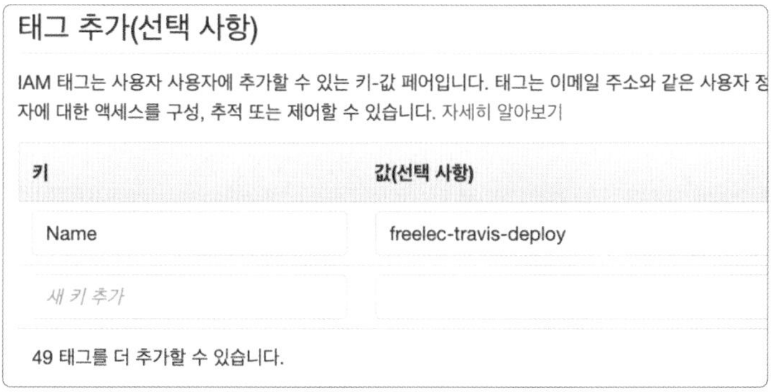

태그 추가(선택 사항)
IAM 태그는 사용자 사용자에 추가할 수 있는 키-값 페어입니다. 태그는 이메일 주소와 같은 사용자 정
자에 대한 액세스를 구성, 추적 또는 제어할 수 있습니다. 자세히 알아보기
키
값(선택 사항)
Name
freelec-travis-deploy
새 키 추가
49 태그를 더 추가할 수 있습니다.

마지막으로 본인이 생성한 권한 설정 항목을 확인합니다.

그림 9-12 권한 최종 확인

최종 생성 완료되면 다음과 같이 엑세스 키와 비밀 엑세스 키가 생성됩니다. 이 두 값이 Travis CI에서 사용될 키입니다.

그림 9-13 엑세스키 확인

이제 이 키를 Travis CI에 등록하겠습니다.

Travis CI에 키 등록

먼저 TravisCI의 설정 화면으로 이동합니다.

그림 9-14 TravisCI의 설정 화면

설정 화면을 아래로 조금 내려보면 Environment Variables 항목이 있습니다.

그림 9-15 TravisCI의 환경 변수

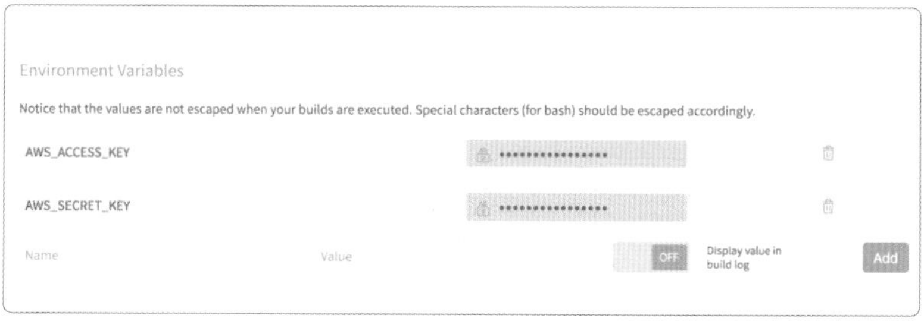

여기에 AWS_ACCESS_KEY, AWS_SECRET_KEY를 변수로 해서 IAM 사용자에서 발급받은 키 값들을 등록합니다.

- AWS_ACCESS_KEY: 엑세스 키 ID
- AWS_SECRET_KEY: 비밀 엑세스 키

여기에 등록된 값들은 이제 .travis.yml 에서 $AWS_ACCESS_KEY, $AWS_SECRET_KEY란 이름으로 사용할 수 있습니다.

> 🅘 쉘 스크립트에서 변수를 사용했던 것과 비슷합니다.

그럼 이제 이 키를 사용해서 Jar를 관리할 S3 버킷을 생성하겠습니다.

S3 버킷 생성

다음으로 S3^{Simple Storage Service}에 관해 설정을 진행하겠습니다. AWS의 S3 서비스는 일종의 **파일 서버**입니다. 순수하게 파일들을 저장하고 접근 권한을 관리, 검색 등을 지원하는 파일 서버의 역할을 합니다.

S3는 보통 게시글을 쓸 때 나오는 첨부파일 등록을 구현할 때 많이 이용합니다. 파일 서버의 역할을 하기 때문인데, Travis CI에서 생성된 **Build 파일을 저장**하도록 구성하겠습니다. S3에 저장된 Build 파일은 이후 AWS의 CodeDeploy에서 배포할 파일로 가져가도록 구성할 예정입니다. AWS 서비스에서 S3를 검색하여 이동하고 버킷을 생성합니다.

그림 9-16 S3 검색 후, 버킷 만들기

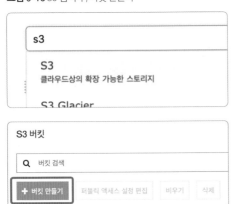

원하는 버킷명을 작성합니다. 이 버킷에 **배포할 Zip 파일이 모여있는 장소**임을 의미하도록 짓는 것을 추천합니다.

그림 9-17 버킷 이름 짓기

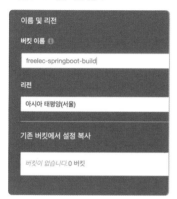

다음으로 넘어가서 버전관리를 설정합니다. 별다른 설정을 할 것이 없으니 바로 넘어갑니다.

그림 9-18 버킷 버전 설정

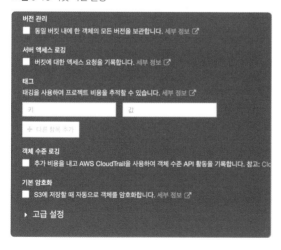

다음으로는 버킷의 보안과 권한 설정 부분입니다. 퍼블릭 액세스를 열어두는 분이 있을 텐데, **모든 차단**을 해야 합니다. 현재 프로젝트야 이미 깃허브에 오픈소스로 풀려있으니 문제없지만, 실제 서비스에서 할 때는 Jar 파일이 퍼블릭일 경우 누구나 내려받을 수 있어 코드나 설정값, 주요 키값들이 다 탈취될 수 있습니다.

퍼블릭이 아니더라도 우리는 IAM 사용자로 발급받은 키를 사용하니 접근 가능합니다. 그러므로 모든 액세스를 차단하는 설정에 체크합니다.

그림 9-19 버킷 만들기

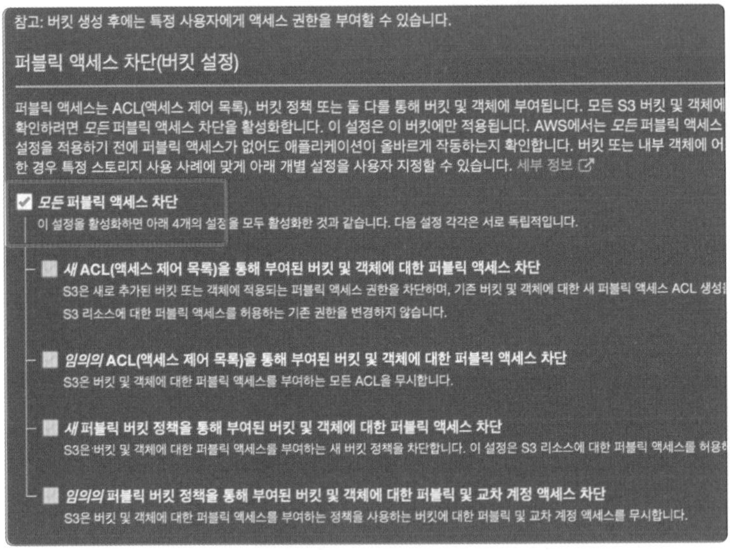

버킷이 생성되면 다음과 같이 버킷 목록에서 확인할 수 있습니다.

그림 9-20 버킷 생성 완료

S3가 생성되었으니 이제 이 S3로 배포 파일을 전달해 보겠습니다.

.travis.yml 추가

Travis CI에서 빌드하여 만든 Jar 파일을 S3에 올릴 수 있도록 9.2절에서 만든 .travis.yml에 다음 코드를 추가합니다.

```
...
before_deploy:
  - zip -r freelec-springboot2-webservice *
  - mkdir -p deploy
  - mv freelec-springboot2-webservice.zip deploy/freelec-
                        springboot2-webservice.zip

deploy:
  - provider: s3
    access_key_id: $AWS_ACCESS_KEY # Travis repo settings에 설
                                              정된 값
    secret_access_key: $AWS_SECRET_KEY # Travis repo settings
                                              에 설정된 값
    bucket: freelec-springboot-build # S3 버킷
    region: ap-northeast-2
    skip_cleanup: true
    acl: private # zip 파일 접근을 private으로
```

```
      local_dir: deploy # before_deploy에서 생성한 디렉토리
      wait-until-deployed: true
...
```

전체 코드는 다음과 같습니다. Travis CI Settings 항목에서 등록한 $AWS_ACCESS_KEY와 $AWS_SECRET_KEY가 변수로 사용됩니다.

```
language: java
jdk:
  - openjdk8

branches:
  only:
    - master

# Travis CI 서버의 Home
cache:
  directories:
    - '$HOME/.m2/repository'
    - '$HOME/.gradle'

script: "./gradlew clean build"

before_deploy: ①
  - zip -r freelec-springboot2-webservice * ②
  - mkdir -p deploy ③
  - mv freelec-springboot2-webservice.zip deploy/freelec-
                                springboot2-webservice.zip ④

deploy: ⑤
  - provider: s3
    access_key_id: $AWS_ACCESS_KEY # Travis repo settings에 설
                                         정된 값
    secret_access_key: $AWS_SECRET_KEY # Travis repo settings
                                           에 설정된 값
    bucket: freelec-springboot-build # S3 버킷
    region: ap-northeast-2
    skip_cleanup: true
```

```
      acl: private # zip 파일 접근을 private으로
      local_dir: deploy # before_deploy에서 생성한 디렉토리 ⑥
      wait-until-deployed: true

# CI 실행 완료시 메일로 알람
notifications:
  email:
    recipients:
      - 본인 메일 주소
```

🗁 코드설명

① **before_deploy**
- deploy 명령어가 실행되기 전에 수행됩니다.
- CodeDeploy는 **Jar 파일은 인식하지 못하므로** Jar+기타 설정 파일들을 모아 압축(zip)합니다.

② **zip -r freelec-springboot2-webservice**
- 현재 위치의 모든 파일을 freelec-springboot2-webservice 이름으로 압축(zip)합니다.
- 명령어의 마지막 위치는 본인의 프로젝트 이름이어야 합니다.

③ **mkdir -p deploy**
- deploy라는 디렉토리를 Travis CI가 실행 중인 위치에서 생성합니다.

④ **mv freelec-springboot2-webservice.zip deploy/freelec-springboot2-webservice.zip**
- freelec-springboot2-webservice.zip 파일을 deploy/freelec-springboot2-webservice.zip으로 이동시킵니다.

⑤ **deploy**
- S3로 파일 업로드 혹은 CodeDeploy로 배포 등 **외부 서비스와 연동될 행위들을 선**언합니다.

⑥ **local_dir: deploy**
- 앞에서 생성한 deploy 디렉토리를 지정합니다.
- **해당 위치의 파일들만** S3로 전송합니다.

설정이 다 되었으면 **깃허브로 푸시합니다**. Travis CI에서 자동으로 빌드
가 진행되는 것을 확인하고, 모든 빌드가 성공하는지 확인합니다. 다음 로
그가 나온다면 Travis CI의 빌드가 성공한 것입니다.

```
Installing deploy dependencies
Logging in with Access Key: ****************
Beginning upload of 1 files with 5 threads.
Preparing deploy
Deploying application
Done. Your build exited with 0.
```

그리고 S3 버킷을 가보면 업로드가 성공한 것을 확인할 수 있습니다.

그림 9-21 S3 업로드 성공

Travis CI를 통해 자동으로 파일이 올려진 것을 확인할 수 있습니다.

Travis CI와 S3 연동이 완료되었습니다. 이제 CodeDeploy로 배포까지
완료해 보겠습니다.

9.4 Travis CI와 AWS S3, CodeDeploy 연동하기

AWS의 배포 시스템인 CodeDeploy를 이용하기 전에 배포 대상인 EC2가 CodeDeploy를 연동 받을 수 있게 IAM 역할을 하나 생성하겠습니다.

EC2에 IAM 역할 추가하기

S3와 마찬가지로 IAM을 검색하고, 이번에는 [역할] 탭을 클릭해서 이동합니다. [역할 ⇨ 역할 만들기] 버튼을 차례로 클릭합니다.

그림 9-22 역할 만들기

앞에서 만들었던 **IAM**의 사용자와 역할은 어떤 차이가 있을까요?

- 역할
  - AWS 서비스에만 할당할 수 있는 권한
  - EC2, CodeDeploy, SQS 등
- 사용자
  - **AWS 서비스 외**에 사용할 수 있는 권한
  - 로컬 PC, IDC 서버 등

지금 만들 권한은 **EC2에서 사용할 것**이기 때문에 사용자가 아닌 역할로 처리합니다. 서비스 선택에서는 [AWS 서비스 ⇨ EC2]를 차례로 선택합니다.

그림 9-23 서비스 선택

정책에선 **EC2RoleForA**를 검색하여 AmazonEC2RoleforAWS-CodeDeploy를 선택합니다.

그림 9-24 정책 선택

태그는 본인이 원하는 이름으로 짓습니다.

그림 9-25 태그 등록

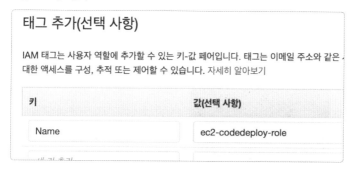

마지막으로 역할의 이름을 등록하고 나머지 등록 정보를 최종적으로 확인합니다.

그림 9-26 이름 등록 및 최종 확인

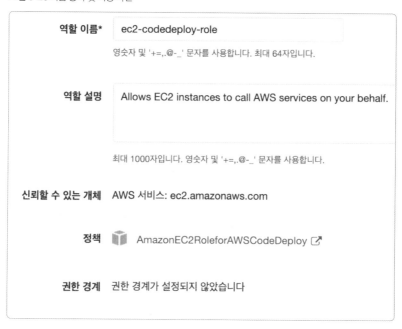

이렇게 만든 역할을 EC2 서비스에 등록하겠습니다. EC2 인스턴스 목록으로 이동한 뒤, 본인의 인스턴스를 마우스 오른쪽 버튼으로 눌러 [인스턴스 설정 ➡ IAM 역할 연결/바꾸기]를 차례로 선택합니다.

그림 9-27 IAM 역할 변경하기

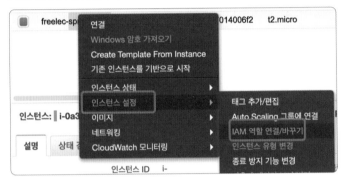

방금 생성한 역할을 선택합니다.

그림 9-28 IAM 역할 선택

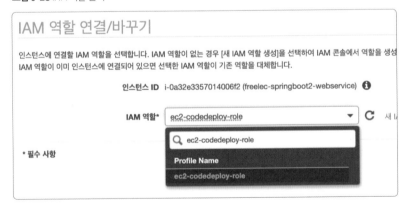

역할 선택이 완료되면 해당 EC2 인스턴스를 재부팅 합니다. 재부팅을 해야만 역할이 정상적으로 적용되니 꼭 한 번은 재부팅해 주세요.

그림 9-29 EC2 재부팅

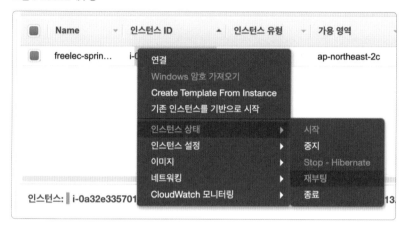

재부팅이 완료되었으면 CodeDeploy의 요청을 받을 수 있게 에이전트를 하나 설치하겠습니다.

CodeDeploy 에이전트 설치

EC2에 접속해서 다음 명령어를 입력합니다.

```
aws s3 cp s3://aws-codedeploy-ap-northeast-2/latest/install .
--region ap-northeast-2
```

내려받기가 성공했다면 다음과 같은 메시지가 콘솔에 출력됩니다.

```
download: s3://aws-codedeploy-ap-northeast-2/latest/install
to ./install
```

install 파일에 실행 권한이 없으니 실행 권한을 추가합니다.

```
chmod +x ./install
```

install 파일로 설치를 진행합니다.

```
sudo ./install auto
```

설치가 끝났으면 Agent가 정상적으로 실행되고 있는지 상태 검사를 합니다.

```
sudo service codedeploy-agent status
```

다음과 같이 running 메시지가 출력되면 정상입니다.

```
The AWS CodeDeploy agent is running as PID xxx
```

> 만약 설치 중에 다음과 같은 에러가 발생한다면 **루비라는 언어가 설치 안 된 상태라서** 그렇습니다.
>
> /usr/bin/env: ruby: No such file or directory
>
> 이럴 경우 yum install 로 루비를 설치하면 됩니다.
>
> sudo yum install ruby

CodeDeploy를 위한 권한 생성

CodeDeploy에서 EC2에 접근하려면 마찬가지로 권한이 필요합니다. AWS의 서비스이니 IAM 역할을 생성합니다. 서비스는 [AWS 서비스 ⇨ CodeDeploy]를 차례로 선택합니다.

그림 **그림 9-30** CodeDeploy 서비스 선택

AWS Backup	**CodeDeploy**	EMR
AWS Chatbot	CodeStar Notifications	ElastiCache
AWS Support	Comprehend	Elastic Beanstalk
Amplify	Config	Elastic Container Service
AppStream 2.0	Connect	Elastic Transcoder
AppSync	DMS	ElasticLoadBalancing
Application Auto Scaling	Data Lifecycle Manager	Forecast
Application Discovery Service	Data Pipeline	Global Accelerator
	DataSync	Glue
Batch	DeepLens	Greengrass
Chime	Directory Service	GuardDuty
CloudFormation	DynamoDB	Inspector
CloudHSM	EC2	IoT
CloudTrail	EC2 - Fleet	IoT Things Graph
CloudWatch Application Insights	EC2 Auto Scaling	KMS
CloudWatch Events		

사용 사례 선택

CodeDeploy
Allows CodeDeploy to call AWS services such as Auto Scaling on your behalf.

CodeDeploy는 권한이 하나뿐이라서 선택 없이 바로 다음으로 넘어가면 됩니다.

그림 **9-31** CodeDeploy 권한 선택

▼ 권한 정책 연결됨

선택한 역할 유형은 다음 정책을 필요로 합니다.

정책 필터 ∨　🔍 검색

정책 이름 ▼	사용 용도
▶ 🎁 AWSCodeDeployRole	없음

태그 역시 본인이 원하는 이름으로 짓습니다.

그림 9-32 CodeDeploy 태그 등록

CodeDeploy를 위한 역할 이름과 선택 항목들을 확인한 뒤 생성 완료를 합니다.

그림 9-33 CodeDeploy 생성 완료

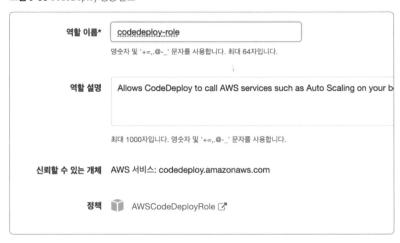

자 이제 CodeDeploy를 생성해 보겠습니다.

CodeDeploy 생성

CodeDeploy는 AWS의 배포 삼형제 중 하나입니다. 배포 삼형제에 대해 간단하게 소개하자면 다음과 같습니다.

- Code Commit
  - 깃허브와 같은 코드 저장소의 역할을 합니다.
  - 프라이빗 기능을 지원한다는 강점이 있지만, 현재 **깃허브에서 무료로 프라이빗 지원**을 하고 있어서 거의 사용되지 않습니다.

- Code Build
  - Travis CI와 마찬가지로 **빌드용 서비스**입니다.
  - 멀티 모듈을 배포해야 하는 경우 사용해 볼만하지만, 규모가 있는 서비스에서는 대부분 **젠킨스/팀시티 등을 이용**하니 이것 역시 사용할 일이 거의 없습니다.

- CodeDeploy
  - AWS의 배포 서비스입니다.
  - 앞에서 언급한 다른 서비스들은 대체재가 있고, 딱히 대체재보다 나은 점이 없지만, CodeDeploy는 **대체재가 없습니다**.
  - 오토 스케일링 그룹 배포, 블루 그린 배포, 롤링 배포, EC2 단독 배포 등 많은 기능을 지원합니다.

이 중에서 현재 진행 중인 프로젝트에서는 Code Commit의 역할은 깃허브가, Code Build의 역할은 Travis CI가 하고 있습니다. 그래서 우리가 추가로 사용할 서비스는 CodeDeploy입니다.

CodeDeploy 서비스로 이동해서 화면 중앙에 있는 [애플리케이션 생성] 버튼을 클릭합니다.

그림 9-34 CodeDeploy 생성 버튼

AWS CodeDeploy 배포 생성

첫 배포 애플리케이션을 생성하여 AWS CodeDeploy 시작하기

애플리케이션 생성

생성할 CodeDeploy의 이름과 컴퓨팅 플랫폼을 선택합니다. 컴퓨팅 플랫폼에선 [EC2/온프레미스]를 선택하면 됩니다.

그림 9-35 CodeDeploy 구성 선택

생성이 완료되면 배포 그룹을 생성하라는 메시지를 볼 수 있습니다. 화면 중앙의 [배포 그룹 생성] 버튼을 클릭합니다.

그림 9-36 CodeDeploy 배포 그룹 생성

배포 그룹 이름과 서비스 역할을 등록합니다. 서비스 역할은 좀 전에 생성한 CodeDeploy용 IAM 역할을 선택하면 됩니다.

그림 9-37 CodeDeploy 권한 선택

배포 그룹 이름

배포 그룹 이름 입력

freelec-springboot2-webservice-group

100자 제한

서비스 역할

서비스 역할 선택

AWS CodeDeploy가 대상 인스턴스에 액세스하도록 허용하는 CodeDe

codedeploy-role

배포 유형에서는 **현재 위치**를 선택합니다. 만약 본인이 배포할 서비스가 2대 이상이라면 블루/그린을 선택하면 됩니다. 여기선 1대의 EC2에만 배포하므로 선택하지 않습니다.

그림 9-38 CodeDeploy 권한 선택

배포 유형

애플리케이션 배포 방법 선택

◉ **현재 위치**
배포 그룹의 인스턴스를 최신 애플리케이션 개정으로 업데이트합니다.
배포 중에 각 인스턴스가 업데이트를 위해 잠시 오프라인 상태로 전환됩니다.

○ **블루/그린**
배포 그룹의 인스턴스를 새 인스턴스로 교체하고
개정을 해당 인스턴스에 배포합니다. 대체 환경의
런서에 등록된 후 원본 환경의 인스턴스는 등록 취
습니다.

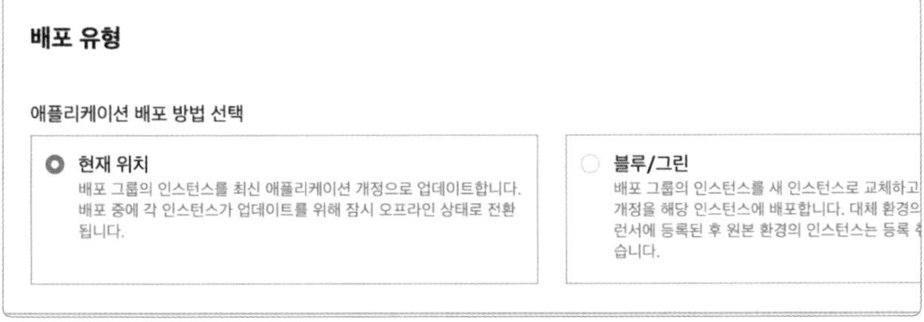

환경 구성에서는 [Amazon EC2 인스턴스]에 체크합니다.

그림 9-39 CodeDeploy 환경 선택

마지막으로 다음과 같이 배포 구성을 선택하고 로드밸런싱은 체크 해제합니다.

그림 9-40 CodeDeploy 배포 설정

배포 설정

배포 구성
기본 및 사용자 지정 배포 구성 목록에서 선택합니다. 배포 구성은 애플리

CodeDeployDefault.AllAtOnce

로드 밸런서

배포 프로세스 중에 수신 트래픽을 관리할 로드 밸런서를 선택합
후 인스턴스에 대한 트래픽을 다시 허용합니다.

☐ 로드 밸런싱 활성화

배포 구성이란 한번 배포할 때 몇 대의 서버에 배포할지를 결정합니다. 2대 이상이라면 1대씩 배포할지, 30% 혹은 50%로 나눠서 배포할지 등등 여러 옵션을 선택하겠지만, 1대 서버다 보니 전체 배포하는 옵션으로 선택하면 됩니다.

> **ⓘ** CodeDeployDefault. AllAtOnce는 한 번에 다 배포하는 것을 의미합니다.

배포 그룹까지 생성되셨다면 CodeDeploy 설정은 끝입니다. 이제 Travis CI와 CodeDeploy를 연동해 보겠습니다.

Travis CI, S3, CodeDeploy 연동

먼저 S3에서 넘겨줄 zip 파일을 저장할 디렉토리를 하나 생성하겠습니다. EC2 서버에 접속해서 다음과 같이 디렉토리를 생성합니다.

> **ⓘ** && 옵션이 있으면 연속해서 명령어를 사용할 수 있습니다.

```
mkdir ~/app/step2 && mkdir ~/app/step2/zip
```

Travis CI의 Build가 끝나면 S3에 zip 파일이 전송되고, 이 zip 파일은 /home/ec2-user/app/step2/zip로 복사되어 압축을 풀 예정입니다.

Travis CI의 설정은 .travis.yml로 진행했습니다.

AWS CodeDeploy의 설정은 appspec.yml로 진행합니다.

그림 **9-41** CodeDeploy 배포 설정

코드는 다음과 같습니다.

```
version: 0.0   ①
os: linux
files:
  - source:  /   ②
    destination: /home/ec2-user/app/step2/zip/   ③
    overwrite: yes   ④
```

📂코드설명

① **version: 0.0**

- CodeDeploy 버전을 이야기합니다.
- 프로젝트 버전이 아니므로 0.0 외에 다른 버전을 사용하면 오류가 발생합니다.

② **source**

- CodeDeploy에서 전달해 준 파일 중 destination으로 이동시킬 대상을 지정합니다.
- 루트 경로(/)를 지정하면 전체 파일을 이야기합니다.

③ **destination**

- source에서 지정된 파일을 받을 위치입니다.
- 이후 Jar를 실행하는 등은 destination에서 옮긴 파일들로 진행됩니다.

④ **overwrite**

- 기존에 파일들이 있으면 덮어쓸지를 결정합니다.
- 현재 yes라고 했으니 파일들을 덮어쓰게 됩니다.

.travis.yml에도 CodeDeploy 내용을 추가합니다. deploy 항목에 다음 코드를 추가합니다.

```
deploy:
    ...

  - provider: codedeploy
    access_key_id: $AWS_ACCESS_KEY # Travis repo settings에 설
                                      정된 값
```

```
    secret_access_key: $AWS_SECRET_KEY # Travis repo settings
                                        에 설정된 값
    bucket: freelec-springboot-build # S3 버킷
    key: freelec-springboot2-webservice.zip # 빌드 파일을 압축해서
                                        전달
    bundle_type: zip # 압축 확장자
    application: freelec-springboot2-webservice # 웹 콘솔에서 등록
                                한 CodeDeploy 애플리케이션
    deployment_group: freelec-springboot2-webservice-group #
                        웹 콘솔에서 등록한 CodeDeploy 배포 그룹
    region: ap-northeast-2
    wait-until-deployed: true
```

    S3 옵션과 유사합니다. 다른 부분은 CodeDeploy의 애플리케이션 이름
과 배포 그룹명을 지정하는 것입니다.

    전체 코드는 다음과 같습니다.

```
language: java
jdk:
  - openjdk8

branches:
  only:
    - master

# Travis CI 서버의 Home
cache:
  directories:
    - '$HOME/.m2/repository'
    - '$HOME/.gradle'

script: "./gradlew clean build"

before_deploy:
  - zip -r freelec-springboot2-webservice *
  - mkdir -p deploy
```

```yaml
      - mv freelec-springboot2-webservice.zip deploy/freelec-
                                    springboot2-webservice.zip

deploy:
  - provider: s3
    access_key_id: $AWS_ACCESS_KEY # Travis repo settings에 설
                                          정된 값
    secret_access_key: $AWS_SECRET_KEY # Travis repo settings
                                          에 설정된 값
    bucket: freelec-springboot-build # S3 버킷
    region: ap-northeast-2
    skip_cleanup: true
    acl: private # zip 파일 접근을 private으로
    local_dir: deploy # before_deploy에서 생성한 디렉토리
    wait-until-deployed: true

  - provider: codedeploy
    access_key_id: $AWS_ACCESS_KEY # Travis repo settings에 설
                                          정된 값
    secret_access_key: $AWS_SECRET_KEY # Travis repo settings
                                          에 설정된 값
    bucket: freelec-springboot-build # S3 버킷
    key: freelec-springboot2-webservice.zip # 빌드 파일을 압축해서 전달
    bundle_type: zip
    application: freelec-springboot2-webservice # 웹 콘솔에서 등록
                                    한 CodeDeploy 애플리케이션
    deployment_group: freelec-springboot2-webservice-group #
                            웹 콘솔에서 등록한 CodeDeploy 배포 그룹
    region: ap-northeast-2
    wait-until-deployed: true

# CI 실행 완료시 메일로 알람
notifications:
  email:
    recipients:
      - 본인 메일 주소
```

모든 내용을 작성했다면 프로젝트를 커밋하고 푸시합니다. 깃허브로 푸시가 되면 Travis CI가 자동으로 시작됩니다.

Travis CI가 끝나면 CodeDeploy 화면 아래에서 배포가 수행되는 것을 확인할 수 있습니다.

그림 9-42 CodeDeploy 진행 중

배포가 끝났다면 다음 명령어로 파일들이 잘 도착했는지 확인해 봅니다.

```
cd /home/ec2-user/app/step2/zip
```

파일 목록을 확인해 봅니다.

```
ll
```

그럼 다음과 같이 프로젝트 파일들이 잘 도착한 것을 확인할 수 있습니다.

```
-rw-rw-r-- 1 root root   75  7월  5 21:03 README.md
-rw-rw-r-- 1 root root   91  7월  5 21:03 appspec.yml
drwxr-xr-x 8 root root 4096  7월  5 21:03 build
-rw-rw-r-- 1 root root 1119  7월  5 21:03 build.gradle
drwxr-xr-x 3 root root 4096  7월  5 21:03 gradle
```

```
-rwxrwxr-x 1 root root 5296  7월  5 21:03 gradlew
-rw-rw-r-- 1 root root 2176  7월  5 21:03 gradlew.bat
-rw-rw-r-- 1 root root 1354  7월  5 21:03 schema.sql
-rw-rw-r-- 1 root root   53  7월  5 21:03 settings.gradle
drwxr-xr-x 4 root root 4096  7월  5 21:03 src
```

Travis CI와 S3, CodeDeploy가 연동이 완료되었습니다!

9.5 배포 자동화 구성

앞의 과정으로 Travis CI, S3, CodeDeploy 연동까지 구현되었습니다. 이제 이것을 기반으로 실제로 **Jar를 배포하여 실행까지** 해보겠습니다.

deploy.sh 파일 추가

먼저 step2 환경에서 실행될 deploy.sh를 생성하겠습니다. scripts 디렉토리를 생성해서 여기에 스크립트를 생성합니다.

그림 9-43 deploy.sh 위치

```
#!/bin/bash

REPOSITORY=/home/ec2-user/app/step2
PROJECT_NAME=freelec-springboot2-webservice

echo "> Build 파일 복사"
```

```
cp $REPOSITORY/zip/*.jar $REPOSITORY/

echo "> 현재 구동 중인 애플리케이션 pid 확인"

CURRENT_PID=$(pgrep -fl freelec-springboot2-webservice | grep
jar | awk '{print $1}')　　①

echo "현재 구동 중인 애플리케이션 pid: $CURRENT_PID"

if [ -z "$CURRENT_PID" ]; then
    echo "> 현재 구동 중인 애플리케이션이 없으므로 종료하지 않습니다."
else
    echo "> kill -15 $CURRENT_PID"
    kill -15 $CURRENT_PID
    sleep 5
fi

echo "> 새 애플리케이션 배포"

JAR_NAME=$(ls -tr $REPOSITORY/*.jar | tail -n 1)

echo "> JAR Name: $JAR_NAME"

echo "> $JAR_NAME 에 실행권한 추가"

chmod +x $JAR_NAME　　②

echo "> $JAR_NAME 실행"

nohup java -jar \
    -Dspring.config.location=classpath:/application.
properties,classpath:/application-real.properties,/home/ec2-
user/app/application-oauth.properties,/home/ec2-user/app/
application-real-db.properties \
    -Dspring.profiles.active=real \
    $JAR_NAME > $REPOSITORY/nohup.out 2>&1 &　　③
```

📁 코드설명

① CURRENT_PID

- 현재 수행 중인 스프링 부트 애플리케이션의 프로세스 ID를 찾습니다.
- 실행 중이면 종료하기 위해서입니다.
- 스프링 부트 애플리케이션 이름(freelec-springboot2-webservice)으로 된 다른 프로그램들이 있을 수 있어 freelec-springboot2-webservice로 된 jar(pgrep -fl freelec-springboot2-webservice | grep jar) 프로세스를 찾은 뒤 ID를 찾습니다(| awk '{print $1}').

② chmod +x $JAR_NAME

- Jar 파일은 실행 권한이 없는 상태입니다.
- nohup으로 실행할 수 있게 실행 권한을 부여합니다.

③ $JAR_NAME > $REPOSITORY/nohup.out 2>&1 &

- nohup 실행 시 CodeDeploy는 무한 대기합니다.
- 이 이슈를 해결하기 위해 nohup.out 파일을 표준 입출력용으로 별도로 사용합니다.
- 이렇게 하지 않으면 nohup.out 파일이 생기지 않고, **CodeDeploy 로그에 표준 입출력이 출력됩니다.**
- nohup이 끝나기 전까지 CodeDeploy도 끝나지 않으니 꼭 이렇게 해야만 합니다.

step1에서 작성된 deploy.sh와 크게 다르지 않습니다. 우선 **git pull**을 통해 **직접 빌드했던 부분을 제거**했습니다. 그리고 Jar를 실행하는 단계에서 몇 가지 코드가 추가되었습니다.

플러그인 중 BashSupport를 설치하면 .sh 파일 편집 시 도움을 받을 수 있습니다.

deploy.sh 파일은 여기에서 끝입니다.

다음으로 .travis.yml 파일을 수정하겠습니다.

.travis.yml 파일 수정

현재는 프로젝트의 모든 파일을 zip 파일로 만드는데, 실제로 필요한 파일들은 Jar, appspec.yml, 배포를 위한 스크립트들입니다. 이 외 나머지는 배포에 필요하지 않으니 포함하지 않겠습니다. 그래서 .travis.yml 파일의 before_deploy를 수정합니다.

> ℹ️ .travis.yml 파일은 Travis CI에서만 필요하지 CodeDeploy에서 필요하진 않습니다.

```
before_deploy:
  - mkdir -p before-deploy # zip에 포함시킬 파일들을 담을 디렉토리 생성 ①
  - cp scripts/*.sh before-deploy/ ②
  - cp appspec.yml before-deploy/
  - cp build/libs/*.jar before-deploy/
  - cd before-deploy && zip -r before-deploy * # before-
                                     deploy로 이동 후 전체 압축 ③
  - cd ../ && mkdir -p deploy # 상위 디렉토리로 이동 후 deploy 디렉토리 생성
  - mv before-deploy/before-deploy.zip deploy/freelec-
             springboot2-webservice.zip # deploy로 zip파일 이동
```

📂 코드설명

① **Travis CI는 S3로 특정 파일만 업로드가 안됩니다.**
   • 디렉토리 단위로만 업로드할 수 있기 때문에 before-deploy 디렉토리는 항상 생성합니다.

② **before-deploy에는 zip 파일에 포함시킬 파일들을 저장합니다.**

③ **zip -r 명령어를 통해 before-deploy 디렉토리 전체 파일을 압축합니다.**

이 외 나머지 코드는 수정할 것이 없습니다.

마지막으로 CodeDeploy의 명령을 담당할 appspec.yml 파일을 수정합니다.

appspec.yml 파일 수정

appspec.yml 파일에 다음 코드를 추가합니다. location, timeout, runas

의 들여쓰기를 주의해야 합니다. 들여쓰기가 잘못될 경우 배포가 실패합니다.

```
permissions:   ①
  - object: /
    pattern: "**"
    owner: ec2-user
    group: ec2-user

hooks:   ②
  ApplicationStart:
    - location: deploy.sh
      timeout: 60
      runas: ec2-user
```

📁 코드설명

① **permissions**
  - CodeDeploy에서 EC2 서버로 넘겨준 파일들을 모두 ec2-user 권한을 갖도록 합니다.

② **hooks**
  - CodeDeploy 배포 단계에서 실행할 명령어를 지정합니다.
  - ApplicationStart라는 단계에서 deploy.sh를 ec2-user 권한으로 실행하게 합니다.
  - timeout: 60으로 스크립트 실행 60초 이상 수행되면 실패가 됩니다(무한정 기다릴 수 없으니 시간 제한을 둬야만 합니다).

그래서 전체 코드는 다음과 같습니다.

```
version: 0.0
os: linux
files:
  - source:  /
    destination: /home/ec2-user/app/step2/zip/
    overwrite: yes

permissions:
```

```
  - object: /
    pattern: "**"
    owner: ec2-user
    group: ec2-user

hooks:
  ApplicationStart:
    - location: deploy.sh
      timeout: 60
      runas: ec2-user
```

모든 설정이 완료되었으니 깃허브로 커밋과 푸시를 합니다. Travis CI
에서 다음과 같이 성공 메시지를 확인하고 CodeDeploy에서도 배포가 성
공한 것을 확인합니다.

```
Preparing deploy
Deploying application
$ mkdir -p before-deploy
$ cp scripts/*.sh before-deploy/
$ cp appspec.yml before-deploy/
$ cp build/libs/*.jar before-deploy/
$ cd ../ && mkdir -p deploy
$ mv before-deploy/before-deploy.zip deploy/freelec-
springboot2-webservice.zip
Installing deploy dependencies
Logging in with Access Key: ****************
Triggered deployment "d-DUJ56AOR9".
Deployment successful.
Preparing deploy
Deploying application
Deploying ...
Done. Your build exited with 0.
```

그림 9-44 CodeDeploy 배포 성공

배포 그룹 배포 내역

🔍			
배포 ID	상태	개정 위치	이벤트 시작
○ d-OYM8BN8CN	⊘ 성공	s3://freelec-springboot-...	사용자 작업

웹 브라우저에서 EC2 도메인을 입력해서 확인해 봅니다.

그림 9-45 브라우저에서 확인

마지막으로 실제 배포하듯이 진행해 보겠습니다.

실제 배포 과정 체험

build.gradle에서 프로젝트 버전을 변경합니다.

```
version '1.0.1-SNAPSHOT'
```

간단하게나마 변경된 내용을 알 수 있게 src/main/resources/templates/
index.mustache 내용에 다음과 같이 Ver.2 텍스트를 추가합니다.

```
...
<h1>스프링 부트로 시작하는 웹 서비스 Ver.2</h1>
...
```

그리고 깃허브로 커밋과 푸시를 합니다. 그럼 다음과 같이 **변경된 코드
가 배포**된 것을 확인할 수 있습니다.

그림 9-46 Ver.2 배포 완료

신규 버전이 정상적으로 잘 배포되었습니다!

9.6 CodeDeploy 로그 확인

CodeDeploy와 같이 AWS가 지원하는 서비스에서는 오류가 발생했을
때 로그 찾는 방법을 모르면 오류를 해결하기가 어렵습니다. 그래서 배포
가 실패하면 어느 로그를 봐야 할지 간단하게 소개하려고 합니다.

CodeDeploy에 관한 대부분 내용은 /opt/codedeploy-agent/deployment-
root에 있습니다. 해당 디렉토리로 이동(cd /opt/codedeploy-agent/

deployment-root)한 뒤 목록을 확인해 보면 (II) 다음과 같은 내용을 확인할 수 있습니다.

```
drwxr-xr-x 7 root root 4096  7월  6 10:36 05737be4-8598-456e-
                                          8046-0a8a5db4bcb8 ①
drwxr-xr-x 2 root root 4096  7월  6 10:37 deployment-
                                          instructions
drwxr-xr-x 2 root root 4096  7월  6 09:26 deployment-logs ②
drwxr-xr-x 2 root root 4096  7월  6 10:37 ongoing-deployment
```

📁 코드설명

① **최상단의 영문과 대시(-)가 있는 디렉토리명은 CodeDeploy ID입니다.**
- 사용자마다 고유한 ID가 생성되어 각자 다른 ID가 발급되니 본인의 서버에는 다른 코드로 되어있습니다.
- 해당 디렉토리로 들어가 보면 **배포한 단위별로 배포 파일들이** 있습니다.
- 본인의 배포 파일이 정상적으로 왔는지 확인해 볼 수 있습니다.

② **/opt/codedeploy-agent/deployment-root/deployment-logs/codedeploy-agent-deployments.log**
- CodeDeploy 로그 파일입니다.
- CodeDeploy로 이루어지는 배포 내용 중 표준 입/출력 내용은 모두 여기에 담겨 있습니다.
- 작성한 echo 내용도 모두 표기됩니다.

테스트, 빌드, 배포까지 전부 자동화되었습니다. 이번 장은 특히나 인프라 내용이 많아서 어려웠을 것입니다. 처음 진행해 보는 독자분들이 전부 다 해냈다면 조금이나마 서버에 관한 내용을 익히게 된 것이니 도움이 되었기를 바랍니다.

이제는 작업이 끝난 내용을 **Master 브랜치에 푸시만 하면 자동으로 EC2에 배포가 됩니다.**

하지만, 문제가 한 가지 남았습니다. **배포하는 동안** 스프링 부트 프로젝트는 종료 상태가 되어 **서비스를 이용할 수 없다**는 것입니다. 어떻게 하면 배포하는 동안에도 서비스는 계속 유지될 수 있을까요?

　다음 장에서는 **서비스 중단 없는 배포** 방법을 소개하려고 합니다. 흔히 말하는 무중단 배포라고 생각하면 됩니다. 그럼 바로 다음 장에서 무중단 배포 방법을 진행해 보겠습니다.

이번 장에서는 다음을 배웠습니다.

- CI / CD에 대한 소개

- 깃허브의 무료 CI 서비스인 Travis CI에 대한 소개와 프로 젝트 연동 방법

- AWS의 CD 서비스인 CodeDeploy에 대한 소개와 프로젝 트 연동 방법

- 수동 배포 방식에서 자동화 방식으로의 개선

- CodeDeploy에서 오류 로그를 보는 방법

24시간 365일 중단 없는 서비스를 만들자

9장에서 Travis CI를 활용하여 배포 자동화 환경을 구축해 보았습니다. 하지만 배포하는 동안 애플리케이션이 종료된다는 문제가 남았습니다. 긴 기간은 아니지만, **새로운 Jar가 실행되기 전까진 기존 Jar를 종료시켜 놓기 때문에** 서비스가 중단됩니다.

반면 24시간 서비스하는 네이버나 카카오톡 같은 경우 배포하는 동안 서비스가 정지되지는 않습니다. 그럼, 어떻게 서비스 중단 없이 배포를 계속할 수 있는지 이번 장에서 확인하고 서비스에 적용해 보겠습니다.

10.1 무중단 배포 소개

예전에는 배포라고 하면 팀의 아주 큰 이벤트이기 때문에 다 같이 코드를 합치는 날과 배포를 하는 날을 정하고 진행했습니다. 특히 배포일에는 사용자가 적은 **새벽 시간에 개발자들이 모두 남아** 배 포 준비를 해야만 했고 배포가 잦아질 때는 새벽마 다 남아야만 했습니다.

ℹ️ 배포만 전문으로 하 는 팀이 따로 있었습니다.

더군다나 배포를 하고 나서 정말 치명적인 문제가 발견되면 어떻게 해야 할까요? 새벽 시간에 부랴부랴 문제를 해결하다가, 사용자 유입이 많아지는 아침이 되면 긴급점검을 공지를 올리고 수정해야만 했습니다.

이렇게 배포가 서비스를 정지해야만 가능할 때는 롤백조차 어려우므로 개발자들이 정말 많이 고생하게 됩니다. 그리고 서비스 입장에서도 배포 만 했다 하면 서비스가 정지돼야 하니 곤혹스럽습니다. 그래서 서비스를 정지하지 않고, 배포할 수 있는 방법들을 찾기 시작했고 이를 **무중단 배포**라고 합니다.

무중단 배포 방식에는 몇 가지가 있습니다.

- AWS에서 블루 그린(Blue-Green) 무중단 배포

- 도커를 이용한 웹서비스 무중단 배포

이외에도 **L4 스위치**를 이용한 무중단 배포 방법도 있지만, L4가 워낙 고가의 장비이다 보니 대형 인터넷 기업 외에는 쓸 일이 거의 없습니다.

이번 장에서 우리가 진행할 방법은 **엔진엑스**^{Nginx}를 이용한 무중단 배포입니다. 엔진엑스는 웹 서버, 리버스 프록시, 캐싱, 로드 밸런싱, 미디어 스트리밍 등을 위한 오픈소스 소프트웨어입니다.

이전에 아파치^{Apache}가 대세였던 자리를 완전히 빼앗은 가장 유명한 웹 서버이자 오픈소스입니다. 고성능 웹서버이기 때문에 대부분 서비스들이 현재는 엔진엑스를 사용하고 있습니다.

엔진엑스가 가지고 있는 여러 기능 중 리버스 프록시가 있습니다. 리버스 프록시란 엔진엑스가 **외부의 요청을 받아 백앤드 서버로 요청을 전달**하는 행위를 이야기합니다. 리버스 프록시 서버(엔진엑스)는 요청을 전달하고, 실제 요청에 대한 처리는 뒷단의 웹 애플리케이션 서버들이 처리합니다.

우리는 이 리버스 프록시를 통해 무중단 배포 환경을 구축해 볼 예정입니다. 엔진엑스를 이용한 무중단 배포를 하는 이유는 간단합니다. **가장 저렴하고 쉽기 때문**입니다.

▶ 물론 사내에서 비용 지원이 많다면 번거롭게 구축할 필요 없이 AWS 블루 그린 배포 방식을 선택하면 됩니다.

기존에 쓰던 EC2에 그대로 적용하면 되므로 배포를 위해 AWS EC2 인스턴스가 하나 더 필요하지 않습니다. 추가로 이 방식은 꼭 AWS와 같은 클라우드 인프라가 구축되어 있지 않아도 사용할 수 있는 범용적인 방법입니다. 즉, 개인 서버 혹은 사내 서버에서도 동일한 방식으로 구축할 수 있으므로 사용처가 많습니다.

구조는 간단합니다. 하나의 EC2 혹은 리눅스 서버에 엔진엑스 1대와 **스프링 부트 Jar를 2대**를 사용하는 것입니다.

- 엔진엑스는 80(http), 443(https) 포트를 할당합니다.
- 스프링 부트1은 8081포트로 실행합니다.
- 스프링 부트2는 8082포트로 실행합니다.

엔진엑스 무중단 배포 1은 다음과 같은 구조가 됩니다.

그림 10-1 엔진엑스 무중단 배포 1

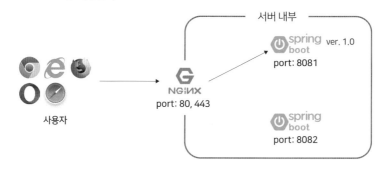

운영 과정은 다음과 같습니다.

① **사용자는 서비스 주소로 접속합니다**(80 혹은 443 포트).

② **엔진엑스는 사용자의 요청을 받아 현재 연결된 스프링 부트로 요**

청을 전달합니다.

· 스프링 부트1 즉, 8081 포트로 요청을 전달한다고 가정하겠습니다.

③ 스프링 부트2는 엔진엑스와 연결된 상태가 아니니 요청받지 못합니다.

1.1 버전으로 신규 배포가 필요하면, 엔진엑스와 연결되지 않은 스프링 부트2(8082 포트)로 배포합니다.

그림 10-2 엔진엑스 무중단 배포 2

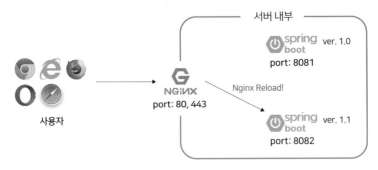

① 배포하는 동안에도 서비스는 중단되지 않습니다.

· 엔진엑스는 스프링 부트1을 바라보기 때문입니다.

② 배포가 끝나고 정상적으로 스프링 부트2가 구동 중인지 확인합니다.

③ 스프링 부트2가 정상 구동 중이면 nginx reload 명령어를 통해 8081 대신에 8082를 바라보도록 합니다.

④ nginx reload는 0.1초 이내에 완료됩니다.

이후 1.2 버전 배포가 필요하면 이번에는 스프링 부트1로 배포합니다.

그림 10-3 엔진엑스 무중단 배포 3

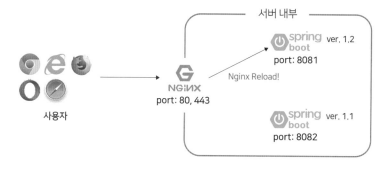

① 현재는 엔진엑스와 연결된 것이 스프링 부트2입니다.

② 스프링 부트1의 배포가 끝났다면 엔진엑스가 스프링 부트1을 바라보도록 변경하고 nginx reload를 실행합니다.

③ 이후 요청부터는 엔진엑스가 스프링 부트 1로 요청을 전달합니다.

이렇게 구성하게 되면 전체 시스템 구조는 다음과 같습니다.

그림 10-4 무중단 배포 전체 구조

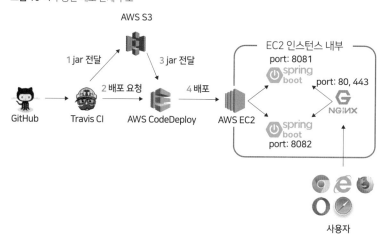

기존 구조에서 EC2 내부의 구조만 변경된 것이니 너무 크게 걱정하지 않아도 됩니다. 자 그럼 이제 시작하겠습니다!

10.2 엔진엑스 설치와 스프링 부트 연동하기

가장 먼저 EC2에 엔진엑스를 설치하겠습니다.

■ 엔진엑스 설치

EC2에 접속해서 다음 명령어로 엔진엑스를 설치합니다.

```
sudo yum install nginx
```

설치가 완료되었으면 다음 명령어로 엔진엑스를 실행합니다.

```
sudo service nginx start
```

엔진엑스가 잘 실행되었다면 다음과 같은 메시지를 볼 수 있습니다.

```
Starting nginx: [  OK  ]
```

외부에서 잘 노출되는지 확인해 보겠습니다.

■ 보안 그룹 추가

먼저 엔진엑스의 포트번호를 보안 그룹에 추가하겠습니다. 엔진엑스의 포트번호는 기본적으로 80입니다. 해당 포트 번호가 보안 그룹에 없으니 [EC2 ⇨ 보안 그룹 ⇨ EC2 보안 그룹 선택 ⇨ 인바운드 편집]으로 차례로 이동해서 변경합니다.

그림 10-5 80번 포트를 보안그룹에 추가

사용자 지정 TC ⇕	TCP	80	사용자 지정 ⇕	0.0.0.0/0, ::/0	Nginx	⊗

■ **리다이렉션 주소 추가**

8080이 아닌 80포트로 주소가 변경되니 구글과 네이버 로그인에도 변경된 주소를 등록해야만 합니다. 기존에 등록된 리디렉션 주소에서 8080 부분을 제거하여 추가 등록합니다. 앞서 진행된 8.5 절을 참고하여 구글과 네이버에 차례로 등록합니다.

그림 10-6 구글 승인된 리디렉션 URI 추가

제한사항

자바스크립트 출처와 리디렉션 URI 중 1개를 입력하거나 둘 다 입력하세요. 자세히 알아보기

OAuth 동의 설정의 승인된 도메인 목록에 출처와 리디렉션 도메인을 추가해야 합니다.

승인된 자바스크립트 원본

브라우저의 요청에 따라 사용되며 클라이언트 애플리케이션의 원본 URI입니다. 와일드 카드(https://*.e (https://example.com/subdir)를 포함할 수 없습니다. 비표준 포트를 사용하고 있다면 이 포트를 원본

> https://www.example.com

도메인을 입력하고 Enter 키를 눌러 추가하세요.

승인된 리디렉션 URI

웹 서버의 요청에 사용되며 사용자가 Google을 통해 인증된 후 리디렉션되는 애플리케이션의 경로입니다 함께 포함됩니다. 프로토콜이 있어야 합니다. URL 조각 또는 상대 경로는 포함할 수 없으며 공개 IP 주소

> http://localhost:8080/login/oauth2/code/google
>
> http://ec2-13-125-8-221.ap-northeast-2.compute.amazonaws.com:8080/login/oauth2/code/google
>
> http://ec2-13-125-8-221.ap-northeast-2.compute.amazonaws.com/login/oauth2/code/google

> https://www.example.com

도메인을 입력하고 Enter 키를 눌러 추가하세요.

그림 10-7 네이버 승인된 리디렉션 URI 추가

추가한 후에는 EC2의 도메인으로 접근하되, **8080 포트를 제거하고** 접근
해 봅니다. 즉, 포트번호 없이 도메인만 입력해서
브라우저에서 접속합니다.

> 80번 포트는 기본적
> 으로 도메인에서 포트번
> 호가 제거된 상태입니다.

그럼 다음과 같이 엔진엑스 웹페이지를 볼 수 있습니다.

그림 10-8 80번 포트로 접속

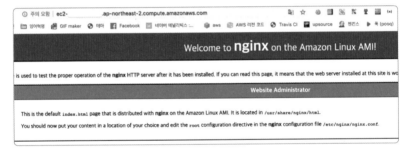

이제 스프링 부트와 연동해 보겠습니다.

■ 엔진엑스와 스프링 부트 연동

엔진엑스가 현재 실행 중인 스프링 부트 프로젝트를 바라볼 수 있도록
프록시 설정을 하겠습니다. 엔진엑스 설정 파일을 열어봅니다.

```
sudo vim /etc/nginx/nginx.conf
```

설정 내용 중 server 아래의 location / 부분을 찾아서 다음과 같이 추가
합니다.

그림 10-9 엔진엑스 설정 추가

```
server {
    listen        80 default_server;
    listen        [::]:80 default_server;
    server_name   localhost;
    root          /usr/share/nginx/html;

    # Load configuration files for the default server block.
    include /etc/nginx/default.d/*.conf;

    location / {
            proxy_set_header X-Real-IP $remote_addr;
            proxy_set_header X-Forwarded-For $proxy_add_x_forwarded_for;
            proxy_set_header Host $http_host;
    }

    # redirect server error pages to the static page /40x.html
    #
    error_page 404 /404.html;
        location = /40x.html {
    }
```

```
proxy_pass http://localhost:8080; ①
proxy_set_header X-Real-IP $remote_addr;
proxy_set_header X-Forwarded-For $proxy_add_x_forwarded_for; ②
proxy_set_header Host $http_host;
```

🗀 코드설명

① proxy_pass
- 엔진엑스로 요청이 오면 http://localhost:8080로 전달합니다.

② proxy_set_header XXX
- 실제 요청 데이터를 header의 각 항목에 할당합니다.
- 예) proxy_set_header X-Real-IP $remote_addr: Request Header의 X-Real-IP에 요청자의 IP를 저장합니다.

수정이 끝났으면 :wq 명령어로 저장하고 종료해서, 엔진엑스를 재시작하겠습니다.

```
sudo service nginx restart
```

다시 브라우저로 접속해서 엔진엑스 시작 페이지가 보이면 화면을 새로고침합니다.

그림 10-10 스프링 부트 연동 완료

엔진엑스가 스프링 부트 프로젝트를 프록시하는 것이 확인됩니다. 본격적으로 무중단 배포 작업을 진행해 보겠습니다.

10.3 무중단 배포 스크립트 만들기

무중단 배포 스크립트 작업 전에 API를 하나 추가하겠습니다. 이 API는
이후 배포 시에 8081을 쓸지, 8082를 쓸지 판단하는 기준이 됩니다.

profile API 추가

ProfileController를 만들어 다음과 같이 간단한 API 코드를 추가합니다.

```java
import lombok.RequiredArgsConstructor;
import org.springframework.core.env.Environment;
import org.springframework.web.bind.annotation.GetMapping;
import org.springframework.web.bind.annotation.
RestController;

import java.util.Arrays;
import java.util.List;


@RequiredArgsConstructor
@RestController
public class ProfileController {
    private final Environment env;

    @GetMapping("/profile")
    public String profile() {
        List<String> profiles = Arrays.asList(env.
                                getActiveProfiles()); ①
        List<String> realProfiles = Arrays.asList("real",
                                    "real1", "real2");
        String defaultProfile = profiles.isEmpty()? "default"
                                    : profiles.get(0);

        return profiles.stream()
                .filter(realProfiles::contains)
                .findAny()
```

```
                .orElse(defaultProfile);
    }
}
```

📂코드설명

① env.getActiveProfiles( )

- 현재 실행 중인 ActiveProfile을 모두 가져옵니다.
- 즉, real, oauth, real-db 등이 활성화되어 있다면(active) 3개가 모두 담겨 있습니다.
- 여기서 real, real1, real2는 모두 배포에 사용될 profile이라 이 중 하나라도 있으면 그 값을 반환하도록 합니다.
- 실제로 이번 무중단 배포에서는 real1과 real2만 사용되지만, step2를 다시 사용해 볼 수도 있으니 real도 남겨둡니다.

이 코드가 잘 작동하는지 테스트 코드를 작성해 보겠습니다. 해당 컨트롤러는 특별히 **스프링 환경이 필요하지는 않습니다.** 그래서 @SpringBootTest 없이 테스트 코드를 작성합니다.

```java
import org.junit.Test;
import org.springframework.mock.env.MockEnvironment;

import static org.assertj.core.api.Assertions.assertThat;

public class ProfileControllerUnitTest {

    @Test
    public void real_profile이_조회된다() {
        //given
        String expectedProfile = "real";
        MockEnvironment env = new MockEnvironment();
        env.addActiveProfile(expectedProfile);
        env.addActiveProfile("oauth");
        env.addActiveProfile("real-db");

        ProfileController controller = new
                        ProfileController(env);
```

```java
        //when
        String profile = controller.profile();

        //then
        assertThat(profile).isEqualTo(expectedProfile);
    }

    @Test
    public void real_profile이_없으면_첫_번째가_조회된다() {
        //given
        String expectedProfile = "oauth";
        MockEnvironment env = new MockEnvironment();

        env.addActiveProfile(expectedProfile);
        env.addActiveProfile("real-db");

        ProfileController controller = new
                                ProfileController(env);

        //when
        String profile = controller.profile();

        //then
        assertThat(profile).isEqualTo(expectedProfile);
    }

    @Test
    public void active_profile이_없으면_default가_조회된다() {
        //given
        String expectedProfile = "default";
        MockEnvironment env = new MockEnvironment();
        ProfileController controller = new
                            ProfileController(env);

        //when
        String profile = controller.profile();

        //then
        assertThat(profile).isEqualTo(expectedProfile);
    }
}
```

ProfileController나 Environment 모두 **자바 클래스(인터페이스)**이기 때문에 쉽게 테스트할 수 있습니다. Environment는 인터페이스라 가짜 구현체인 MockEnvironment(스프링에서 제공)를 사용해서 테스트하면 됩니다.

이렇게 해보면 **생성자 DI가 얼마나 유용한지** 알 수 있습니다. 만약 Environment를 @Autowired로 DI 받았다면 **이런 테스트 코드를 작성하지 못했습니다.** 항상 스프링 테스트를 해야만 했겠죠? 앞의 테스트가 성공적으로 다 통과했다면 컨트롤러 로직에 대한 이슈는 없습니다.

그리고 이 /profile이 **인증 없이도 호출될 수 있게** SecurityConfig 클래스에 제외 코드를 추가합니다.

```
.antMatchers("/", "/css/**", "/images/**", "/js/**", "/h2-
console/**", "/profile").permitAll()
```

📂코드설명

① permitAll 마지막에 "/profile"이 추가됩니다.

그리고 SecurityConfig 설정이 잘 되었는지도 테스트 코드로 검증합니다. 이 검증은 스프링 시큐리티 설정을 불러와야 하니 @SpringBootTest를 사용하는 테스트 클래스^{ProfileControllerTest}를 하나 더 추가합니다.

```
import org.junit.Test;
import org.junit.runner.RunWith;
import org.springframework.beans.factory.annotation.
Autowired;
import org.springframework.boot.test.context.SpringBootTest;
import org.springframework.boot.test.web.client.
TestRestTemplate;
import org.springframework.boot.web.server.LocalServerPort;
import org.springframework.http.HttpStatus;
import org.springframework.http.ResponseEntity;
import org.springframework.test.context.junit4.SpringRunner;
```

```
import static org.assertj.core.api.Assertions.assertThat;

@RunWith(SpringRunner.class)
@SpringBootTest(webEnvironment = SpringBootTest.
WebEnvironment.RANDOM_PORT)
public class ProfileControllerTest {

    @LocalServerPort
    private int port;

    @Autowired
    private TestRestTemplate restTemplate;

    @Test
    public void profile은_인증없이_호출된다() throws Exception {
        String expected = "default";

        ResponseEntity<String> response = restTemplate.
                getForEntity("/profile", String.class);
        assertThat(response.getStatusCode()).
                              isEqualTo(HttpStatus.OK);
        assertThat(response.getBody()).isEqualTo(expected);
    }
}
```

여기까지 모든 테스트가 성공했다면 깃허브로 푸시하여 배포 합니다. 배포가 끝나면 브라우저에서 /profile로 접속해서 profile이 잘 나오는지 확인합니다.

그림 10-11 profile 조회

여기까지 되었으면 잘 구성된 것이니 다음으로 넘어갑니다.

real1, real2 profile 생성

현재 EC2 환경에서 실행되는 profile은 real밖에 없습니다. 해당 profile
은 Travis CI 배포 자동화를 위한 profile이니 무중단 배포를 위한 profile 2개
(real1, real2)를 src/main/resources 아래에 추가합니다.

application-real1.properties

```
server.port=8081
spring.profiles.include=oauth,real-db
spring.jpa.properties.hibernate.dialect=org.hibernate.
dialect.MySQL5InnoDBDialect
spring.session.store-type=jdbc
```

application-real2.properties

```
server.port=8082
spring.profiles.include=oauth,real-db
spring.jpa.properties.hibernate.dialect=org.hibernate.
dialect.MySQL5InnoDBDialect
spring.session.store-type=jdbc
```

2개의 profile은 real profile과 크게 다른 점은 없지만, 한 가지가 다릅
니다.

server.port가 8080이 아닌 8081/8082로 되어 있습니다. 이 부분만 주의해서 생성하고 생성된 후에는 깃허브로 푸시하면서 마무리합니다.

엔진엑스 설정 수정

무중단 배포의 핵심은 **엔진엑스 설정**입니다. 배포 때마다 엔진엑스의 프록시 설정(스프링 부트로 요청을 흘려보내는)이 순식간에 교체됩니다. 여기서 프록시 설정이 교체될 수 있도록 설정을 추가하겠습니다.

엔진엑스 설정이 모여있는 /etc/nginx/conf.d/ 에 service-url.inc라는 파일을 하나 생성합니다.

```
sudo vim /etc/nginx/conf.d/service-url.inc
```

그리고 다음 코드를 입력합니다.

```
set $service_url http://127.0.0.1:8080;
```

저장하고 종료한 뒤(:wq) 해당 파일은 엔진엑스가 사용할 수 있게 설정합니다. 다음과 같이 nginx.conf 파일을 열겠습니다.

```
sudo vim /etc/nginx/nginx.conf
```

location / 부분을 찾아 다음과 같이 변경합니다.

```
include /etc/nginx/conf.d/service-url.inc;

location / {
        proxy_pass $service_url;
```

그림 10-12 service_url 추가

```
include /etc/nginx/conf.d/service-url.inc;

location / {
        proxy_pass $service_url;
        proxy_set_header X-Real-IP $remote_addr;
        proxy_set_header X-Forwarded-For $proxy_add_x_forwarded_for;
        proxy_set_header Host $http_host;
}
```

저장하고 종료한 뒤(:wq) **재시작**합니다.

```
sudo service nginx restart
```

다시 브라우저에서 정상적으로 호출되는지 확인합니다. 확인되었다면 엔진엑스 설정까지 잘 된 것입니다.

배포 스크립트들 작성

먼저 step2와 중복되지 않기 위해 EC2에 step3 디렉토리를 생성합니다.

```
mkdir ~/app/step3 && mkdir ~/app/step3/zip
```

무중단 배포는 앞으로 step3를 사용하겠습니다. 그래서 appspec.yml 역시 step3로 배포되도록 수정합니다.

```
version: 0.0
os: linux
files:
  - source:  /
    destination: /home/ec2-user/app/step3/zip/
    overwrite: yes
```

무중단 배포를 진행할 스크립트들은 총 5개입니다.

- stop.sh: 기존 엔진엑스에 연결되어 있진 않지만, 실행 중이던 스프링 부트 종료

- start.sh: 배포할 신규 버전 스프링 부트 프로젝트를 stop.sh로 종료한 'profile'로 실행

- health.sh: 'start.sh'로 실행시킨 프로젝트가 정상적으로 실행됐는지 체크

- switch.sh: 엔진엑스가 바라보는 스프링 부트를 최신 버전으로 변경

- profile.sh: 앞선 4개 스크립트 파일에서 공용으로 사용할 'profile'과 포트 체크 로직

appspec.yml에 앞선 스크립트를 사용하도록 설정합니다.

```
hooks:
  AfterInstall:
    - location: stop.sh # 엔진엑스와 연결되어 있지 않은 스프링 부트를 종료합니다.
      timeout: 60
      runas: ec2-user
  ApplicationStart:
    - location: start.sh # 엔진엑스와 연결되어 있지 않은 Port로 새 버전의
                              스프링 부트를 시작합니다.
      timeout: 60
      runas: ec2-user
  ValidateService:
    - location: health.sh # 새 스프링 부트가 정상적으로 실행됐는지 확인합니다.
      timeout: 60
      runas: ec2-user
```

Jar 파일이 복사된 이후부터 차례로 앞선 스크립트들이 실행된다고 보면 됩니다. 다음은 각 스크립트입니다. 이 스크립트들 역시 scripts 디렉토리에 추가합니다.

그림 10-13 scripts 디렉토리 구조

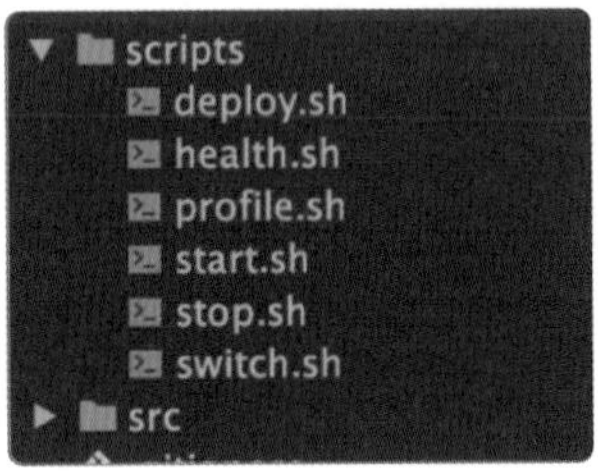

profile.sh

```
#!/usr/bin/env bash

# 쉬고 있는 profile 찾기: real1이 사용 중이면 real2가 쉬고 있고, 반대면
                                        real1이 쉬고 있음
function find_idle_profile()
{
    RESPONSE_CODE=$(curl -s -o /dev/null -w "%{http_code}"
                            http://localhost/profile)    ①

    if [ ${RESPONSE_CODE} -ge 400 ] # 400 보다 크면(즉, 40x/50x
                                        에러 모두 포함)
    then
        CURRENT_PROFILE=real2
    else
        CURRENT_PROFILE=$(curl -s http://localhost/profile)
    fi

    if [ ${CURRENT_PROFILE} == real1 ]
    then
      IDLE_PROFILE=real2    ②
    else
      IDLE_PROFILE=real1
    fi

    echo "${IDLE_PROFILE}"    ③
```

```
}

# 쉬고 있는 profile의 port 찾기
function find_idle_port()
{
    IDLE_PROFILE=$(find_idle_profile)

    if [ ${IDLE_PROFILE} == real1 ]
    then
      echo "8081"
    else
      echo "8082"
    fi
}
```

📂코드설명

① **$(curl -s -o /dev/null -w "%{http_code}" http://localhost/profile)**

- 현재 엔진엑스가 바라보고 있는 스프링 부트가 정상적으로 수행 중인지 확인합니다.
- 응답값을 HttpStatus로 받습니다.
- 정상이면 200, 오류가 발생한다면 400~503 사이로 발생하니 400 이상은 모두 예외로 보고 real2를 **현재 profile로 사용**합니다.

② **IDLE_PROFILE**

- 엔진엑스와 연결되지 않은 profile입니다.
- 스프링 부트 프로젝트를 이 profile로 연결하기 위해 반환합니다.

③ **echo "${IDLE_PROFILE}"**

- bash라는 스크립트는 **값을 반환하는 기능이 없습니다**.
- 그래서 제일 마지막 줄에 echo로 결과를 출력 후, 클라이언트에서 그 값을 잡아서 ($(find_idle_profile)) 사용합니다.
- 중간에 echo를 사용해선 안 됩니다.

stop.sh

```
#!/usr/bin/env bash

ABSPATH=$(readlink -f $0)
```

```bash
ABSDIR=$(dirname $ABSPATH)    ①
source ${ABSDIR}/profile.sh    ②

IDLE_PORT=$(find_idle_port)

echo "> $IDLE_PORT 에서 구동 중인 애플리케이션 pid 확인"
IDLE_PID=$(lsof -ti tcp:${IDLE_PORT})

if [ -z ${IDLE_PID} ]
then
  echo "> 현재 구동 중인 애플리케이션이 없으므로 종료하지 않습니다."
else
  echo "> kill -15 $IDLE_PID"
  kill -15 ${IDLE_PID}
  sleep 5
fi
```

📂코드설명

① ABSDIR=$(dirname $ABSPATH)
  - 현재 stop.sh가 속해 있는 경로를 찾습니다.
  - 하단의 코드와 같이 profile.sh의 경로를 찾기 위해 사용됩니다.

② source ${ABSDIR}/profile.sh
  - 자바로 보면 일종의 import 구문입니다.
  - 해당 코드로 인해 stop.sh에서도 profile.sh의 여러 function을 사용할 수 있게 됩니다.

start.sh

```bash
#!/usr/bin/env bash

ABSPATH=$(readlink -f $0)
ABSDIR=$(dirname $ABSPATH)
source ${ABSDIR}/profile.sh

REPOSITORY=/home/ec2-user/app/step3
```

```
PROJECT_NAME=freelec-springboot2-webservice

echo "> Build 파일 복사"
echo "> cp $REPOSITORY/zip/*.jar $REPOSITORY/"

cp $REPOSITORY/zip/*.jar $REPOSITORY/

echo "> 새 애플리케이션 배포"
JAR_NAME=$(ls -tr $REPOSITORY/*.jar | tail -n 1)

echo "> JAR Name: $JAR_NAME"

echo "> $JAR_NAME 에 실행권한 추가"

chmod +x $JAR_NAME

echo "> $JAR_NAME 실행"

IDLE_PROFILE=$(find_idle_profile)

echo "> $JAR_NAME 를 profile=$IDLE_PROFILE 로 실행합니다."
nohup java -jar \
    -Dspring.config.location=classpath:/application.
properties,classpath:/application-$IDLE_PROFILE.properties,/
home/ec2-user/app/application-oauth.properties,/home/ec2-
user/app/application-real-db.properties \
    -Dspring.profiles.active=$IDLE_PROFILE \
    $JAR_NAME > $REPOSITORY/nohup.out 2>&1 &
```

📁코드설명

① 기본적인 스크립트는 step2의 deploy.sh와 유사합니다.

② 다른 점이라면 **IDLE_PROFILE**을 통해 properties 파일을 가져오고(application-
   $IDLE_PROFILE.properties), active profile을 지정하는 것(-Dspring.profiles.
   active=$IDLE_PROFILE) 뿐입니다.

③ 여기서도 **IDLE_PROFILE**을 사용하니 profile.sh을 가져와야 합니다.

health.sh

```bash
#!/usr/bin/env bash

ABSPATH=$(readlink -f $0)
ABSDIR=$(dirname $ABSPATH)
source ${ABSDIR}/profile.sh
source ${ABSDIR}/switch.sh

IDLE_PORT=$(find_idle_port)

echo "> Health Check Start!"
echo "> IDLE_PORT: $IDLE_PORT"
echo "> curl -s http://localhost:$IDLE_PORT/profile "
sleep 10

for RETRY_COUNT in {1..10}
do
  RESPONSE=$(curl -s http://localhost:${IDLE_PORT}/profile)
  UP_COUNT=$(echo ${RESPONSE} | grep 'real' | wc -l)

  if [ ${UP_COUNT} -ge 1 ]
  then # $up_count >= 1 ("real" 문자열이 있는지 검증)
      echo "> Health check 성공"
      switch_proxy
      break
  else
      echo "> Health check의 응답을 알 수 없거나 혹은 실행 상태가 아닙니다."
      echo "> Health check: ${RESPONSE}"
  fi

  if [ ${RETRY_COUNT} -eq 10 ]
  then
    echo "> Health check 실패. "
    echo "> 엔진엑스에 연결하지 않고 배포를 종료합니다. "
    exit 1
  fi
```

```
   echo "> Health check 연결 실패. 재시도..."
   sleep 10
done
```

📁 코드설명

① 엔진엑스와 연결되지 않은 포트로 스프링 부트가 잘 수행되었는지 체크합니다.

② 잘 떴는지 확인되어야 엔진엑스 프록시 설정을 변경(switch_proxy)합니다.

③ 엔진엑스 프록시 설정 변경은 switch.sh에서 수행합니다.

---

switch.sh

```bash
#!/usr/bin/env bash

ABSPATH=$(readlink -f $0)
ABSDIR=$(dirname $ABSPATH)
source ${ABSDIR}/profile.sh

function switch_proxy() {
    IDLE_PORT=$(find_idle_port)

    echo "> 전환할 Port: $IDLE_PORT"
    echo "> Port 전환"
    echo "set \$service_url http://127.0.0.1:${IDLE_PORT};" |
sudo tee /etc/nginx/conf.d/service-url.inc

    echo "> 엔진엑스 Reload"
    sudo service nginx reload
}
```

📁 코드설명

① echo "set \$service_url http://127.0.0.1:${IDLE_PORT};"
  • 하나의 문장을 만들어 파이프라인(|)으로 넘겨주기 위해 echo를 사용합니다.

- 엔진엑스가 변경할 프록시 주소를 생성합니다.
- 쌍따옴표 (")를 사용해야 합니다.
- 사용하지 않으면 $service_url을 그대로 인식하지 못하고 변수를 찾게 됩니다.

② | sudo tee /etc/nginx/conf.d/service-url.inc
- 앞에서 넘겨준 문장을 service-url.inc에 덮어씁니다.

③ sudo service nginx reload
- 엔진엑스 설정을 **다시 불러옵니다.**
- **restart와는 다릅니다.**
- restart는 잠시 끊기는 현상이 있지만, reload는 끊김 없이 다시 불러옵니다.
- 다만, 중요한 설정들은 반영되지 않으므로 restart를 사용해야 합니다.
- 여기선 **외부의 설정 파일**인 service-url을 다시 불러오는 거라 reload로 가능합니다.

> 스크립트 코드를 다 작성하기 어려우면 깃허브(https://github.com/jojoldu/freelec-springboot2-webservice/tree/master/scripts) 코드를 그대로 사용해도 됩니다.

스크립트까지 모두 완성했습니다. 그럼 실제로 무중단 배포를 진행해 보겠습니다.

10.4 무중단 배포 테스트

배포 테스트를 하기 전, 한 가지 추가 작업을 진행하도록 하겠습니다. 잦은 배포로 Jar 파일명이 겹칠 수 있습니다. 매번 버전을 올리는 것이 귀찮으므로 자동으로 버전값이 변경될 수 있도록 조치하겠습니다.

> 📝 물론 회사에서 사용할 때는 버전을 수동으로 빡빡하게 관리하겠지만 여기서는 개인 프로젝트이니 자동으로 전환합니다.

> **build.gradle**

```
version '1.0.1-SNAPSHOT-'+new Date().format("yyyyMMddHHmmss")
```

📁 코드설명

① build.gradle은 Groovy 기반의 빌드툴입니다.

② 당연히 Groovy 언어의 여러 문법을 사용할 수 있는데, 여기서는 new Date( )로 빌드할 때마다 그 시간이 버전에 추가되도록 구성하였습니다.

여기까지 구성한 뒤 최종 코드를 깃허브로 푸시합니다. 배포가 자동으로 진행되면 CodeDeploy 로그로 잘 진행되는지 확인해 봅니다.

```
tail -f /opt/codedeploy-agent/deployment-root/deployment-
logs/codedeploy-agent-deployments.log
```

그럼 다음과 같은 메시지가 차례로 출력됩니다.

```
LifecycleEvent - AfterInstall
Script - stop.sh
[stdout]> 8081 에서 구동 중인 애플리케이션 pid  확인
[stdout]> 현재 구동 중인 애플리케이션이 없으므로 종료하지 않습니다.
LifecycleEvent - ApplicationStart
Script - start.sh
[stdout]> Build 파일 복사
[stdout]> cp /home/ec2-user/app/step3/zip/*.jar /home/ec2-
                                        user/app/step3/
[stdout]> 새 애플리케이션 배포
[stdout]> JAR Name: /home/ec2-user/app/step3/freelec-
springboot2-webservice-1.0.4-SNAPSHOT-20190708232952.jar
[stdout]> /home/ec2-user/app/step3/freelec-springboot2-
webservice-1.0.4-SNAPSHOT-20190708232952.jar 에 실행권한 추가
[stdout]> /home/ec2-user/app/step3/freelec-springboot2-
webservice-1.0.4-SNAPSHOT-20190708232952.jar  실행
```

```
[stdout]> /home/ec2-user/app/step3/freelec-springboot2-
webservice-1.0.4-SNAPSHOT-20190708232952.jar 를 profile=real1
                                            로 실행합니다.
LifecycleEvent - ValidateService
Script - health.sh
[stdout]> Health Check Start!
[stdout]> IDLE_PORT: 8081
[stdout]> curl -s http://localhost:8081/profile
[stdout]> Health check의 응답을 알 수 없거나 혹은 실행 상태가 아닙니다.
[stdout]> Health check:
[stdout]> Health check 연결 실패. 재시도...
[stdout]> Health check 성공
[stdout]> 전환할 Port: 8081
[stdout]> Port 전환
[stdout]set $service_url http://127.0.0.1:8081;
[stdout]> 엔진엑스 Reload
[stdout]Reloading nginx: [  OK  ]
```

스프링 부트 로그도 보고 싶다면 다음 명령어로 확인할 수 있습니다.

```
vim ~/app/step3/nohup.out
```

그럼 스프링 부트 실행 로그를 직접 볼 수 있습니다. 한 번 더 배포하면
그때는 real2로 배포됩니다. 이 과정에서 브라우저 새로고침을 해보면 전
혀 중단 없는 것을 확인할 수 있습니다. 2번 배포를 진행한 뒤에 다음과
같이 자바 애플리케이션 실행 여부를 확인합니다.

```
ps -ef | grep java
```

다음과 같이 2개의 애플리케이션이 실행되고 있음을 알 수 있습니다.

```
java -jar -Dspring.config.location=...-Dspring.profiles.
active=real1 /home/ec2-user/app/step3/~~.jar
java -jar -Dspring.config.location=...-Dspring.profiles.
active=real2 /home/ec2-user/app/step3/~~~.jar
```

이제 이 시스템은 마스터 브랜치에 푸시가 발생하면 자동으로 서버 배포가 진행되고, 서버 중단 역시 전혀 없는 시스템이 되었습니다.

어떤 개념이든 처음이 가장 어렵다고 생각합니다. 이야기로만, 글로만 접했던 무중단 배포 환경을 가장 빨리 익히는 방법은 역시 실제로 구축해보는 것입니다. 이번 장은 그동안 무중단 배포를 궁금해 했던 분들께 좋은 첫걸음이 되었을 것이라 생각합니다.

마지막 11장에서는 1인 프로젝트를 진행할 때 여러 가지 팁과 주의 사항을 살펴보겠습니다.

이번 장에서는 다음을 배웠습니다.

- 무중단 배포 소개

- 웹 서버이자 로드밸런서의 역할을 하는 엔진엑스에 대한 소개

- 엔진엑스를 이용한 무중단 배포 방법

- source 명령어를 이용한 쉘 스크립트 파일 import 방법